도메인 주도 설계 첫걸음

소프트웨어 아키텍처와
비즈니스 전략의 일치를 위한
핵심 패턴, 원칙, 실천법

도메인 주도 설계
첫걸음

소프트웨어 아키텍처와
비즈니스 전략의 일치를 위한
핵심 패턴, 원칙, 실천법

지은이 블라드 코노노프

옮긴이 김민석, 오창윤

펴낸이 박찬규   엮은이 이대엽   디자인 북누리   표지디자인 Arowa & Arowana

펴낸곳 위키북스   전화 031-955-3658, 3659   팩스 031-955-3660

주소 경기도 파주시 문발로 115 세종출판벤처타운 311호

가격 25,000   페이지 340   책규격 175 x 235mm

1쇄 발행 2022년 05월 30일
2쇄 발행 2024년 06월 20일
ISBN 979-11-5839-335-9 (93000)

등록번호 제406-2006-000036호   등록일자 2006년 05월 19일
홈페이지 wikibook.co.kr   전자우편 wikibook@wikibook.co.kr

도메인 주도 설계
첫걸음

소프트웨어 아키텍처와

비즈니스 전략의 일치를 위한

핵심 패턴, 원칙, 실천법

블라드 코노노프 지음

김민석, 오창윤 옮김

O'REILLY®   위키북스

추천사

도메인 주도 설계(DDD: Domain-Driven Design)는 비즈니스 관점에서 소프트웨어를 구축할 때 협업적 접근 방식에 사용되는 일련의 실무를 제공한다. 여기서 비즈니스 관점이 곧 도메인이고 해결하고자 하는 문제다. DDD는 에릭 에반스(Eric Evans)가 2003년 DDD 커뮤니티에서 "블루북(The Blue Book)"으로 알려진 책, 《도메인 주도 설계》(위키북스, 2011)를 출판하면서 유래했다.

도메인 주도 설계는 복잡성을 해결하고 명확한 길을 제공하는 것이 목적이지만, 덜 복잡한 소프트웨어 프로젝트에도 적용할 만한 수많은 훌륭한 아이디어가 있다. DDD는 소프트웨어 개발에 소프트웨어 개발자만 참여하는 것은 아니라는 것을 상기시킨다. 개발되는 소프트웨어의 사용자인 도메인 전문가는 소프트웨어가 해결하는 비즈니스 문제에 대한 중요한 이해를 제공하는 역할을 한다. 우선 전략적 설계(strategic design) 단계에서 개발자와 비즈니스 전문가는 초기부터 협력하여 비즈니스 문제, 즉 도메인을 이해하고 문제를 서로 연결된 풀기 쉬운 작은 크기로 쪼갠다. 이러한 도메인 전문가와의 협력은 비즈니스 영역의 참여자가 별도로 소프트웨어와 관련된 기술 언어를 배울 필요 없이 도메인 언어만으로 소통하게 해준다.

DDD 기반 프로젝트의 두 번째 단계는 '전술적 설계(tactical design)'로서, 앞서 발견한 전략적 설계를 소프트웨어 아키텍처와 구현으로 전환시키는 단계다. DDD는 도메인을 잘 구성해서 복잡성을 회피할 수 있는 가이드와 패턴을 제공한다. 전술적 설계 단계에서도 도메인 전문가와의 협력은 계속되는데, 도메인 전문가는 소프트웨어 개발팀이 개발한 코드에서도 자신들의 도메인 언어를 알아볼 수 있다.

"블루북"이 출판된 이후 수년 동안 수많은 조직에서 이 책이 제공하는 아이디어의 혜택을 받았고, 아울러 경험 많은 DDD 실무자 커뮤니티도 성장했다. 그리고 이런 DDD의 협력적 특성 덕분에 커뮤니티에서는 자신들의 경험과 관점을 공유하고 팀이 아이디어를 채택하고 혜택을 누리는 데 도움을 주는 도구를 만들 수 있었다. 2019년 익스플로러 DDD(Explorer DDD)의 기조 연설에서 에릭 에반스는 실무뿐 아니라 아이디어를 좀 더 효과적으로 공유하는 방법을 찾아서 DDD를 계속해서 발전시키도록 커뮤니티를 독려했다.

이런 것을 보면 내가 왜 이 책 《도메인 주도 설계 첫걸음》에 열광하는지 알 것이다. 나는 블라드의 콘퍼런스 연설과 글을 통해 이미 그의 팬이 되었다. 블라드는 매우 복잡한 프로젝트의 DDD

실무에서 힘들게 얻은 수많은 경험이 있고 그 지식을 기꺼이 공유해왔다. 이 책에서 그는 DDD의 역사가 아닌 개념을 독특한 방식의 '이야기'로 들려줌으로써 배움에 대한 훌륭한 관점을 제공한다. 또한 이 책은 초보자를 대상으로 하지만, 오랫동안 DDD에 대해 말하고 글을 썼던 실무자인 나 역시도 그의 관점에서 많은 것을 배웠다. 나는 이 책이 출간되기 전에도 플루럴사이트(Pluralsight)[1]의 DDD 기초 과정에서 그의 책을 인용하고 싶었고 고객과 대화할 때 이미 이런 관점의 일부를 공유했다.

DDD를 시작하는 것은 혼란스러울 수 있다. 프로젝트의 복잡성을 줄이기 위해 DDD를 사용하듯이, 블라드는 이 책의 주제 자체의 복잡성을 줄이는 데도 DDD를 도입한다. 그리고 DDD의 원리를 이해하는 그 이상을 보여준다. 이 책의 후반부에서는 이벤트스토밍(EventStorming)과 같이 DDD로부터 진화한 중요한 실무를 공유하고, DDD가 마이크로서비스와 어떻게 연결되는지, 그리고 잘 알려진 소프트웨어 패턴과 어떻게 통합될 수 있는지 논의한다. 나는 이 책이 최고의 DDD 입문서이자 숙련된 실무자도 읽을 가치가 있다고 생각한다.

– 줄리 러만(Julie Lerman)
소프트웨어 코치, 오라일리 도서의 저자,
시리얼 DDD 대변인

---

[1] (옮긴이) 플루럴사이트(Pluralsight)는 온라인 교육 서비스다. https://www.pluralsight.com/

서문

생애 처음으로 실제 소프트웨어 엔지니어링 일을 시작한 날을 생생히 기억한다. 황홀하기도 하고 두렵기도 했다. 고등학교 시절 지역 비즈니스를 위한 소프트웨어를 해킹한 후로 '진짜 프로그래머'가 되어 국내 최대 아웃소싱 회사에서 코드를 개발하고 싶었다.

출근 첫 날 처음 만난 동료가 요령을 알려줬다. 회사 이메일 설정과 근태관리 시스템 설정을 마친 후, 마침내 회사의 코딩 스타일과 표준이라는 흥미로운 내용으로 넘어갔다. '우리 회사에서는 항상 잘 설계된 코드를 작성하고 계층형 아키텍처를 사용합니다'라고 했다. 데이터 접근, 비즈니스 로직, 표현 계층이라는 세 개 계층의 정의를 검토한 후 계층에서 필요한 기술과 프레임워크에 대해 논의했다. 당시 데이터를 저장하는 데 결정된 솔루션은 마이크로소프트 SQL 서버 2000이었고, 데이터 접근 계층에서는 ADO.NET을 사용하여 통합했다. 표현 계층에는 데스크톱 애플리케이션용 윈폼즈(WinForms) 또는 웹용 ASP.NET 웹폼즈(WebForms)가 대세였다. 이 두 계층에 많은 시간을 보낸 터라 비즈니스 로직 계층이 관심을 받지 못했을 때 당황했다.

"비즈니스 로직 계층은 어떤가요?"

"그 계층은 직관적이에요. 비즈니스 로직을 구현하는 곳이에요."

"그런데 비즈니스 로직이 뭔가요?"

"아, 비즈니스 로직은 요구사항을 구현할 때 필요한 모든 반복문과 'if-else' 문장이에요."

그날부터 비즈니스 로직이 정확히 무엇이고 도대체 잘 설계된 코드로 어떻게 구현해야 하는지 찾기 위한 여정이 시작됐다. 답을 찾는 데 3년 이상이 걸렸다.

답은 에릭 에반스의 책《도메인 주도 설계: 소프트웨어의 복잡성을 다루는 지혜》에 있었다. 결국 내가 옳았다. 비즈니스 로직은 정말로 중요하다. 불행히도 에릭이 공유했던 지혜를 이해하는 데 다시 3년이 걸렸다. 그 책은 매우 진보된 책이었고 영어가 제3외국어였던 나에게는 도움이 되지 못했다.

하지만 결국에는 모든 것이 제대로 됐고, 나는 DDD 방법론을 따르게 되었다. DDD의 원칙과 패턴, 비즈니스 로직을 모델링하고 구현하는 복잡한 과정, 내가 개발하는 소프트웨어 중심에 있는 복잡성을 해결하는 방법을 배웠다. 어려웠지만, 그것은 매우 가치 있었다. 도메인 주도 설계에 입문한 것은 나의 경력을 바꾸는 중요한 경험이었다.

책을 쓰게 된 이유

지난 10년 동안 여러 회사에서 도메인 주도 설계를 소개하고, 대면 수업과 온라인 과정에서 가르쳤다. 가르치는 사람 관점을 갖게 되니 지식을 심화하는 데도 도움이 되고, 도메인 주도 설계의 원칙과 패턴을 설명하는 방법을 개선하는 데도 도움이 되었다. 늘 그렇듯이, 가르치는 것은 배우는 것보다 어렵다. 나는 일리야후 골드랏(Eliyahu M. Goldratt)[2]의 작품과 가르침에 열렬한 팬이다. 그는 아무리 복잡한 시스템도 올바른 각도에서 바라보면 본질적으로 단순하다고 말하곤 했다. DDD를 가르치는 수년 동안, 나는 도메인 주도 설계의 본질적인 단순함을 찾는 방법론 모델을 찾아왔다.

이 책은 이러한 나의 노력의 결과다. 모든 이들로 하여금 도메인 주도 설계를 더 쉽게 이해하고 적용하도록 만드는 것이 이 책의 목적이다. 나는 현대화된 소프트웨어 시스템을 설계할 때 DDD는 절대적으로 매우 중요하다고 생각한다. 이 책은 도메인 주도 설계를 적용하는 일상 업무에 필요한 도구를 제공한다.

권장하는 독자

도메인 주도 설계의 원칙과 패턴은 주니어, 시니어, 지원팀, 수석 등 모든 레벨의 소프트웨어 엔지니어에게 유용하다고 생각한다. DDD는 소프트웨어를 모델링하고 효과적으로 구현하는 데 필요한 도구와 기법을 제공할 뿐만 아니라, 소프트웨어 엔지니어링에서 자주 간과되는 관점인 맥락에 대해 밝혀준다. 시스템의 비즈니스 문제에 대한 지식을 갖추면, 더 효율적으로 적절한 솔루션을 선택할 수 있다. 즉, 부족하거나 지나치지 않고 비즈니스의 필요와 목적에 맞는 솔루션을 말한다.

도메인 주도 설계는 소프트웨어 아키텍트에게 더욱 중요하며 소프트웨어 아키텍트가 되려는 이들에게는 더욱더 중요하다. 전략적 설계 의사결정 도구는 대형 시스템을 서비스와 마이크로서비스 또는 하위 시스템 등의 구성요소로 분해하고 서로 연결해서 시스템을 구성하는 방법을 설계하는 데 도움을 준다.

궁극적으로 이 책에서는 소프트웨어를 설계하는 방법뿐만 아니라 비즈니스 맥락의 변화와 설계를 함께 발전시키는 방법에 대해 논의한다. 이러한 소프트웨어 엔지니어링의 중요한 관점은

---

2 (옮긴이) https://en.wikipedia.org/wiki/Eliyahu_M._Goldratt

시간이 지남에 따라 시스템의 설계를 '정상 상태로' 유지하고 커다란 진흙 덩어리(a big ball of mud)[3]로 변질되는 것을 방지하는 데 도움을 준다.

이 책의 구성

이 책은 전략적 설계, 전술적 설계, DDD 실무, 그리고 DDD와 다른 방법론 및 패턴과의 관계, 이렇게 총 네 개 파트로 나뉜다. 1부에서는 대형 소프트웨어 설계 의사결정에 필요한 도구와 기법을 다룬다. 2부는 시스템의 비즈니스 로직을 구현하는 다양한 방법에 대해 코드를 중심으로 다룬다. 3부에서는 실제 프로젝트에 DDD를 적용하는 전략과 기법을 논의한다. 4부에서는 계속해서 도메인 주도 설계에 대해 논의하지만, 다른 방법론과 패턴 맥락에서 DDD를 살펴본다.

다음은 각 장에서 다루는 내용을 요약한 것이다.

- 1장에서는 소프트웨어 엔지니어링 프로젝트의 맥락(비즈니스 도메인, 비즈니스 도메인의 목적, 이를 지원하기 위한 소프트웨어의 구현 전략)을 정의한다.

- 2장에서는 효과적인 커뮤니케이션과 지식 공유를 위한 도메인 주도 설계 실무인 '유비쿼터스 언어'의 개념을 소개한다.

- 3장에서는 비즈니스 도메인의 복잡성을 해결하고 시스템의 고수준 아키텍처 구성요소인 바운디드 컨텍스트를 설계하는 방법을 논의한다.

- 4장에서는 바운디드 컨텍스트 간 소통과 통합을 구성하는 다양한 패턴을 탐구한다.

- 5장에서는 간단한 비즈니스 로직 실무를 다루는 두 개의 패턴으로 비즈니스 로직 구현 패턴에 대한 논의를 시작한다.

- 6장에서는 단순한 비즈니스 로직부터 복잡한 비즈니스 로직까지 고도화하고 복잡성을 해결하는 도메인 모델 패턴을 소개한다.

- 7장에서는 시간의 관점을 추가하고 비즈니스 로직을 모델링하고 구현하는 훨씬 발전된 방법인 이벤트 소싱 도메인 모델을 소개한다.

- 8장에서는 좀 더 높은 수준으로 관점을 옮겨서 구성요소를 구조화하는 세 가지 아키텍처 패턴을 설명한다.

- 9장에서는 시스템의 구성요소의 작동을 조율하는 데 필요한 패턴을 제시한다.

- 10장에서는 앞서 논의한 패턴을 적용할 때 설계 의사결정 과정을 간소화해줄 수많은 경험에 기반한 간단한 법칙과 연결지어 본다.

---

3 (옮긴이) 복잡하게 설계되고 구현된 유지보수가 힘든 소프트웨어를 이르는 말

- 11장에서는 시간의 관점에서 소프트웨어 설계를 살펴보고 소프트웨어 설계가 그 수명 동안 어떻게 변화되고 발전하는지 탐구한다.

- 12장에서는 효과적으로 지식을 공유하고 공동의 이해를 구축하고 소프트웨어를 설계하기 위한 저차원적 워크숍인 이벤트스토밍(EventStorming)을 소개한다.

- 13장에서는 브라운필드 프로젝트에 도메인 주도 설계를 적용할 때 당면하는 어려움을 다룬다.

- 14장에서는 서로 다르면서도 상호 보완적인 마이크로서비스 아키텍처 스타일과 도메인 주도 설계 사이의 관계에 대해 논의한다.

- 15장에서는 이벤트 주도 아키텍처의 컨텍스트에서 도메인 주도 설계 패턴과 도구를 살펴본다.

- 16장에서는 실시간 데이터 처리 시스템에서 분석 데이터 관리 시스템으로 논의를 전환하고, 도메인 주도 설계와 데이터 메시 아키텍처 간의 상호작용을 논의한다.

모든 장은 학습을 강화하기 위한 여러 가지 질문으로 끝난다. 일부 질문에서는 가상 회사인 '울프데스크(WolfDesk)'를 통해 도메인 주도 설계의 다양한 면을 설명한다. 이와 관련한 질문에 답변할 때 다음 설명을 참고하기 바란다.

예제에 사용된 가상 도메인: 울프데스크

울프데스크는 헬프 데스크 티켓 관리 시스템을 서비스 형태로 제공하는 회사다. 스타트업 회사에서 고객 지원이 필요하다면 울프데스크의 솔루션을 통해 즉시 서비스를 운영할 수 있다.

울프데스크는 경쟁사와 다른 과금 모델을 사용한다. 사용자 수 기반으로 수수료를 부과하는 대신, 테넌트별로 필요한 만큼 사용자를 설정하고, 부과 기간 동안 열린 지원 티켓의 수에 대해 과금한다. 최소 수수료는 없고 월간 티켓의 일정 임계치에 대해 자동으로 볼륨 할인을 해준다. 예를 들어, 월별로 500개 이상의 신규 티켓은 10%, 750개 이상은 20%, 1000개 이상은 30%와 같은 방식이다.

테넌트가 비즈니스 모델을 악용하지 못하도록 울프테스크의 티켓 수명 알고리즘은 활동이 없는 티켓을 자동으로 닫고 고객이 도움이 필요할 때 새로운 티켓을 열도록 독려한다. 게다가 울프데스크는 메시지를 분석하여 관련 없는 주제가 같은 티켓에서 논의되는 것을 찾아내는 부정 방지 시스템을 구현했다.

테넌트가 지원 관련 업무를 간소화할 수 있도록 울프데스크는 '오토파일럿(support autopilot)' 기능을 구현했다. 오토파일럿은 새로운 티켓을 분석해서 테넌트의 티켓 이력에서 솔루션을 매칭해준다. 이 기능은 티켓의 수명을 줄여주고 고객이 후속 질문에 새로운 티켓을 열도록 독려한다.

울프데스크는 테넌트 사용자를 인증하고 허가하는 모든 보안 표준과 도구를 통합하고 테넌트가 기존 사용자 관리 시스템과 SSO(Single Sign On)를 구성할 수 있게 한다.

테넌트는 관리 인터페이스에서 테넌트가 지원하는 제품 목록뿐만 아니라 티켓의 범주를 설정할 수 있다.

새로운 티켓은 테넌트의 업무시간에만 테넌트의 지원 에이전트로 전달되게 하기 위해 각 에이전트의 교대 스케줄을 입력할 수 있다.

울프데스크 서비스는 최소 수수료가 없기 때문에 최소 비용으로 새로운 테넌트를 서비스하도록 인프라스트럭처를 최적화해야 한다. 이를 위해 활성 티켓 운영을 기반으로 컴퓨팅 자원을 동적으로 확장하도록 서버리스 컴퓨팅을 활용한다.

이 책에 사용된 표기 규칙

이 책에는 다음과 같은 표기 규칙이 사용된다.

굵은 글꼴

새로운 용어, URL, 이메일 주소, 파일명, 파일 확장자를 나타낸다.

고정폭 글꼴

프로그램 코드를 표현할 뿐 아니라 문단 내에서 변수, 함수 이름, 데이터베이스, 데이터 타입, 환경변수, 구문, 키워드 같은 프로그램 요소를 나타낸다.

 이 요소는 일반적인 참고 항목을 나타낸다.

코드 예제의 사용

코드 예제, 연습문제 등과 같은 보충 자료는 이 책의 홈페이지 또는 위키북스 깃허브 저장소에서 다운로드할 수 있다.

- https://learning-ddd.com
- https://github.com/wikibook/lddd

이 책에 표현된 모든 코드 예제는 C# 언어다. 각 장에서 볼 수 있는 코드 예제는 논의된 개념을 설명하기 위해 발췌한 것이다.

물론 이 책에서 논의한 개념과 기법은 C# 언어나 객체지향 프로그래밍 접근법에 국한되지 않는다. 모든 것이 다른 언어와 다른 프로그래밍 패러다임에 연관된다. 그러니 책의 예제를 여러분이 제일 좋아하는 언어로 자유롭게 구현해서 나와 공유해주면 이 책의 웹사이트에 기꺼이 추가할 것이다.

코드 예제를 사용할 때 기술적 질문이나 문제가 있으면 하단에 기재된 출판사 이메일로 연락하길 바란다.

문의

이 책에 관한 의견과 질문은 출판사에 문의하기 바란다.

- 위키북스 홈페이지: https://wikibook.co.kr/
- 위키북스 이메일: wikibook@wikibook.co.kr

감사의 글

원래 이 책의 제목은 "도메인 주도 설계란 무엇인가?"였고 2019년에 리포트 형태로 출간되었다. 그 리포트가 없었다면 이 책은 출간되지 못했을 것이다. 그리고 그 리포트를 가능하게 했던 Chris Guzikowski, Ryan Shaw, Alicia Young[4]에게 감사하다.

또한 이 출간 프로젝트를 옹호하고 가능하게 해준 오라일리의 콘텐츠 디렉터이자 다양성 탤런트 리드 Melissa Duffield가 없었다면 출판이 불가능했을 것이다. Melissa의 모든 도움에 감사한다.

Jill Leonard는 책의 개발 편집자이자 프로젝트 관리자, 수석 코치다. 이 책의 출간에 관한 Jill의 역할은 아무리 강조해도 지나치지 않을 것이다. Jill의 모든 노고와 수고에 감사하고, 내가 이름을 바꾸고 외국으로 도피하려고 했을 때 동기부여를 해줘서 고맙다.

이 책을 작성하고 읽을 만하게 도와준 제품팀의 Kristen Brown, Audrey Doyle, Kate Dullea, Robert Romano, Katherine Tozer에게 큰 감사를 표한다. 그런 면에서 오라일리의 모든 팀에 감사를 표하고 싶다. 여러분과 함께 일하는 것은 꿈만 같은 일이다!

내가 인터뷰하고 상담한 모든 분께 감사한다: Zsofia Herendi, Scott Hirleman, Trond Hjorteland, Mark Lisker, Chris Richardson, Vaughn Vernon, Ivan Zakrevsky. 여러분의 지혜에 감사하고 도움이 필요할 때 그곳에 있어줘서 고맙다.

특별히 이 책의 초안을 읽고 최종본의 구성을 도와준 리뷰팀에게 감사한다: Julie Lerman, Ruth Malan, Diana Montalion, Andrew Padilla, Rodion Promyshlennikov, Viktor Pshenitsyn, Alexei Torunov, Nick Tune, Vasiliy Vasilyuk, Rebecca Wirfs-Brock. 여러분의 도움과 피드백, 비평이 큰 도움이 되었다.

또한 Kenny Baas-Schwegler, Alberto Brandolini, Eric Evans, Marco Heimeshoff, Paul Rayner, Mathias Verraes를 비롯한 도메인 주도 설계 커뮤니티의 모든 분에게 감사의 말을 전한다. 여러분은 저의 스승이자 멘토다. 소셜 미디어, 블로그, 콘퍼런스에 여러분의 지식을 공유해줘서 감사하다.

---

4 여러 사람을 언급할 때는 항상 알파벳 순으로 표시한다.

언제나 나의 미친 프로젝트를 지원해주고 글을 쓰는 데 집중할 수 있게 해준 나의 소중한 아내 Vera에게 큰 빚을 지고 있다. 조만간 드디어 지하실을 벗어날 것을 약속한다.

마지막으로, 이 프로젝트에서 나를 지지해 주었지만 슬프게도 이 책을 집필하는 중에 돌아가신 사랑하는 Galina Ivanovna Tyumentseva에게 이 책을 바치고 싶다. 우리는 당신을 항상 기억할 것이다.

#AdoptDontShop

추천사(베타 리뷰어)

김보영 | 브이엠웨어/ 탄주 솔루션 엔지니어

마이크로서비스로의 전환을 고려하고 있는 분들께 좋은 참고자료가 될 것 같습니다. 풍부한 예제와 자세한 설명이 DDD에 익숙하지 않은 개발자, 엔지니어 모두에게 큰 도움이 되리라 확신합니다.

Jasmine Oh | 브이엠웨어 탄주 랩스 재팬/ 시니어 프로덕트 매니저

변화하는 시장과 유저 니즈에 유연하게 대응하고, 진화하는 (그래서 살아남아 유저에게 지속적으로 가치를 주고, 기업에 비즈니스 결과를 가져다주는) 프로덕트를 만들기 위해서는 복잡한 시스템의 움직임을 유기적으로 단순화할 수 있는 유연한 설계가 필요하다. 이 책은 이를 위해 비즈니스를 이해하고 그 맥락에 맞게 로직을 구현해 나가야 한다는 중요한 원칙을 여러 패턴, 모델링, 워크숍 등을 통해 쉽게 이해하고 적용할 수 있게 도와준다.

처음부터 완벽한 인간의 욕구라는 것이 없듯이 완벽하게 완성된 유저 니즈라는 것도 존재하지 않기에, 처음부터 완벽한 설계를 할 수 없는 프로덕트 팀의 모든 구성원에게 이 책이 든든한 조언자가 되었으면 한다.

옮긴이 서문

김민석 | 브이엠웨어/ 클라우드 네이티브 아키텍트

도메인 주도 설계가 등장한 지 어느덧 20여 년이 되었다. 그동안 설계를 중심으로 다루는 도메인 주도 설계와 구현을 중심으로 다루는 마이크로서비스는 IT 관계자라면 누구나 관심을 갖고 실무에 적용하고 싶어 하는 주제가 되었다. 예를 들어, IT 조직에서 현업 담당자, IT 기획자, IT 아키텍트, 개발자, 인프라 엔지니어는 도메인 주도 설계와 마이크로서비스 구현을 자신의 역할에 따라 다르게 바라본다. 개발자로 시작한 나는 최근에 《Microservice In Action》(Manning 2019)[5]을 번역한 경험이 있기 때문에 이 주제에 관심이 있던 터였다.

그런 상황에서 이 책의 번역을 의뢰받았을 때, 책의 내용을 훑어본 후 바로 번역하기로 결심했다. 이 책에서 다루는 내용이 나를 포함한 IT 관계자들의 궁금증을 해결하기에 충분했기 때문이다. 특히 추상적이고 복잡한 패턴을 실제 실무에 적용하기에는 다소 어려운 면이 있는데, 이 책에서는 다양한 측면에서 고려사항과 장단점을 실무 경험을 바탕으로 제시하고, 구현 측면에서 DB 테이블, 예제 코드 등을 예로 들어 설명하며, 풍부한 그림이 있어서 독자가 쉽게 개념과 방향을 잡게 도와준다. 게다가 모든 장의 마지막에 제시된 연습문제는 내용의 이해도를 평가하기에 매우 적절하다.

이 책의 저자가 맺음말에서 당부했듯이, 이 책을 맹목적으로 따르지 말고, 부디 DDD의 철학과 DDD 도구의 논리와 원칙을 이해하여 여러분의 실무 프로젝트에 잘 녹여내 보길 바란다.

마지막으로 이 번역서가 출간되는 데 도움을 주신 위키북스 김윤래 팀장 및 관계자분들께 감사드린다. 바쁜 와중에도 시간을 내어 베타 리뷰에 참여해서 책의 완성도를 높여주신 김보영, Jasmine Oh, 조규만 님도 감사드린다. 그리고 '백지장도 맞들면 낫다'라는 속담을 되새기게 해준 공동번역자 오창윤 님께 감사드린다. 나의 아내와 아들, 딸 그리고 부모님께 사랑한다는 말을 전한다.

오창윤(Terry Oh) | 브이엠웨어 탄주 랩스

지난 몇 년 간 아시아 지역의 금융, 제조, 자동차, 해운 등 다양한 산업에 속한 기업을 대상으로 도메인 주도 설계와 애자일 방법론을 적용하여 애플리케이션을 현대화하는 과정을 컨설팅하고 있다. 기업들은 인공지능, 블록체인, 빅데이터, 클라우드 등 새로운 기술을 활용한 혁신을 꿈꾸지만, 기존의 노후화된 모놀리식 애플리케이션에 이를 적용하는 것은 쉽지 않다. 오래된 시스템을 잘 설명할 수 있는 충분한 문서도 없고, 수년 동안 여러 개발자를 거쳐간 소스코드를 분석하는 일도 만만치 않다.

이 책은 이러한 고민에 대한 실질적인 해답을 제시한다. 도메인 주도 설계는 비즈니스 도메인을 분석하는 것에서 시작해서, 소프트웨어 아키텍처에 반영하고 구현하는 과정이다. 그리고 이 과정은 한 번에 끝나는 것이 아니라 비즈니스 도메인이 발전함에 따라 설계를 유지하고 진화하면서 지속해서 반복되는 일이다. 저자가 강조했듯이 여러

---

5 《마이크로서비스 인 액션》(위키북스, 2019)

분 조직에서도 성공적으로 도메인 주도 설계를 도입하기 위해서는 크게 생각하되 작게 시작하는 것이 필요하다. 즉, 도메인 주도 설계를 적용해서 한 번에 모든 아키텍처를 바꾸기보다는 비즈니스 도메인과 고객에게 점진적인 가치를 줄 수 있도록 작게 시작해서 진화하는 과정을 추천한다.

이 책은 여러분이 도메인 주도 설계를 이해하고 적용하는 데 필요한 이론과 사례를 담은 실질적인 지침서다. 앞으로 여러분의 비즈니스 도메인에서 성공적인 소프트웨어를 만들고자 하는 목표를 달성할 수 있도록 도메인 주도 설계를 훌륭한 도구로 적극적으로 활용할 수 있기를 기대한다.

마지막으로 지난 수년 동안 많은 기업 고객의 문제점을 도메인 주도 설계의 철학과 원칙을 기반으로 해결할 수 있게 함께 노력한 브이엠웨어 탄주 랩스(VMware Tanzu Labs)[6] 팀 모두에게 감사 인사를 드리고자 한다. 특히 도메인 주도 설계 방법론 중 하나인 스위프트(SWIFT)[7]를 창시하고, 애플리케이션 현대화를 국내와 해외의 많은 기업에 적용하고 발전시키는 데 도움을 준 Shaun Anderson에게 감사드린다. 그리고 이 책의 번역을 함께한 김민석, 베타 리뷰 프로그램에 참여해준 김보영, Jasmine Oh, 조규만, 그리고 이 책이 출간되기 위해 필요한 모든 지원을 아낌없이 해주신 위키북스 김윤래 팀장에게 특별한 감사의 말씀을 드리고 싶다.

---

6 브이엠웨어 탄주 랩스(VMware Tanzu Labs)는 애자일 방식으로 새로운 프로덕트 개발과 앱 현대화(App Modernization) 서비스의 글로벌 리더다. 자세한 내용은 탄주 랩스 웹사이트(tanzu.vmware.com/labs)를 참고하자.

7 스위프트(SWIFT)는 브이엠웨어 탄주 랩스에서 만든 도메인 주도 설계 방법론이다. 스위프트에 대해 더 알고 싶은 독자는 웹사이트(swiftbird.us)를 참고하자.

머리말

소프트웨어 엔지니어링은 어렵다. 새로운 언어를 시도하는 것이든, 새로운 기술을 탐구하는 것이든, 아니면 새로 유행하는 프레임워크를 따라잡는 것이든, 성공하려면 끊임없이 배워야 한다. 그러나 매주 새로운 자바스크립트 프레임워크를 배우는 것이 우리 삶에서 가장 어려운 부분은 아니다. 새로운 비즈니스 도메인을 이해하는 것이 더 어려울 수 있다.

경력 전반에 걸쳐 재무 시스템, 의료 소프트웨어, 온라인 소매, 마케팅 등 다양한 비즈니스 도메인의 소프트웨어를 개발해야 하는 일은 흔히 있다. 어떤 의미에서 보면 이 점 때문에 다른 전문직에 비해 소프트웨어 엔지니어가 차별성을 가진다. 소프트웨어 이외의 영역에서 일하는 사람은 소프트웨어 공학에서, 특히 일터가 바뀔 때 얼마나 많이 공부해야 하는지 알고 놀라워할 때가 많다.

비즈니스 도메인을 이해하지 못하면 비즈니스 소프트웨어를 최적화해서 구현하지 못한다. 안타깝게도 이런 일은 흔히 일어난다. 연구에 따르면 약 70%의 소프트웨어 프로젝트는 제때 예산 범위 내에서 고객의 요구사항에 따라 전달되지 않는다. 즉, 대다수 프로젝트가 실패한다. 이런 문제는 너무도 깊고 만연해서 소프트웨어 위기라는 용어가 있을 정도다.

소프트웨어 위기[8]라는 용어는 1968년에 등장했다. 누군가는 지난 50년 동안 상황이 개선됐을 것이라고 생각할 것이다. 그동안 애자일 매니페스토, 익스트림 프로그래밍, 테스트 주도 개발, 고수준 언어, 데브옵스 등 더 효과적인 소프트웨어 엔지니어링을 위한 다양한 접근 기법과 방법론, 원칙 등이 소개됐다. 하지만 안타깝게도 변한 것은 거의 없다. 프로젝트는 여전히 종종 실패하고 소프트웨어 위기는 여전히 존재한다.

일반적인 프로젝트가 실패하는 이유[9]를 조사하기 위해 수많은 연구가 진행되었다. 특정 원인 하나를 꼽을 수는 없었지만 공통적으로 발견된 주제는 커뮤니케이션이었다. 프로젝트를 방해하는 커뮤니케이션 문제는 예를 들어 불명확한 요구사항이나 불명확한 프로젝트 목표, 또는 팀 간의 비효율적인 협력과 같은 다양한 방식으로 나타났다. 그러나 지난 수년간 새로운 커뮤니케이션 기회와 프로세스, 매체를 도입해서 팀 간 및 팀 내 커뮤니케이션을 개선하려고 노력했다. 불행히도 성공률은 여전히 크게 변하지 않았다.

---

8 1968년 10월 7–11, 독일 가르미슈에서 개최된 NATO 과학위원회의 후원을 받은 콘퍼런스에서 발표된 『소프트웨어 공학』 보고서

9 다음 사례 참조: Kaur, Rupinder, and Dr. Jyotsna Sengupta (2013), "Software Process Models and Analysis on Failure of Software Development Projects," https://arxiv.org/ftp/arxiv/papers/1306/1306.1068.pdf. Sudhakar, Goparaju Purna (2012), "A Model of Critical Success Factors for Software Projects," Journal of Enterprise Information Management 25(6), 537–558.

도메인 주도 설계는 다양한 시각에서 실패한 소프트웨어 프로젝트의 근본 원인을 찾을 것을 제안한다. 효과적인 커뮤니케이션은 이 책에서 제시하는 도메인 주도 설계 도구와 실무의 핵심 주제다. DDD는 전략적인 부분과 전술적인 부분으로 나뉜다.

DDD의 전략적 도구는 비즈니스 도메인과 전략을 분석하고 다양한 이해당사자 간의 공유된 비즈니스 이해를 촉진시키는 데 쓰인다. 또한 이런 비즈니스 도메인 지식을 활용하여 시스템을 구성요소로 분해하고 통합 패턴을 정의하는 등 높은 수준의 설계 의사결정을 내리는 데 사용될 것이다.

DDD의 전술적 도구는 다양한 측면의 커뮤니케이션 이슈를 다룬다. DDD의 전술적 패턴은 비즈니스 도메인을 반영하고 목표를 다루며, 비즈니스 언어를 구사하는 방식으로 코드를 작성하게 한다.

DDD의 전략적, 전술적 패턴과 실무는 모두 소프트웨어 설계를 비즈니스 도메인과 일치시키는 데 사용된다. 여기에서 바로 **(비즈니스) 도메인 주도 (소프트웨어) 설계**라는 용어가 유래했다.

도메인 주도 설계라고 해서 마치 영화 「매트릭스」에서처럼 새로운 자바스크립트 라이브러리 지식을 뇌에 직접 설치하는 것은 불가능하다. 그러나 비즈니스 도메인을 이해하는 과정을 완화하고 비즈니스 전략에 따라 설계를 결정하도록 가이드함으로써 소프트웨어 엔지니어는 더욱 효과적으로 일할 수 있게 된다. 이 책의 후반부에서 다루겠지만 소프트웨어 설계와 비즈니스 전략의 연결이 단단할수록 비즈니스 요건을 충족하도록 시스템을 유지보수하고 발전시키기가 더 쉬워지고 궁극적으로 좀 더 성공하는 소프트웨어 프로젝트로 이어진다.

그럼 이제부터 전략적 패턴과 실무를 탐구하면서 DDD 여정을 시작해보자.

Part 1

전략적
설계

"우리가 해결하고자 하는 문제가 무엇인지 합의하기 전에 해결책을 얘기하는 것은 의미가 없다.
또한 해결책에 대해 합의하기 전에 어떻게 구현하는지 얘기하는 것도 의미가 없다."

– 에프랏 골드랫-아쉬라그(Efrat Goldratt-Ashlag)[1]

도메인 주도 설계 방법론(Domain-Driven Design; DDD)은 크게 두 가지 주요 부분으로 나눌 수 있다. 바로 전략적 설계와 전술적 설계다. DDD의 전략적인 측면은 '무엇?'과 '왜?'라는 질문에 대한 정답을 찾는 것이다. 즉, 우리가 어떤 소프트웨어를 만드는지, 그리고 왜 그 소프트웨어를 만드는지에 대한 해답을 찾는 것이다. 다음으로 전술적 측면은 '어떻게?'라는 방법에 대한 것이다. 즉, 소프트웨어 각각의 구성요소가 구현되는 방법을 찾는 것이다.

지금부터 전략적 설계 관점에서 도메인 주도 설계의 패턴과 원칙을 탐색해 본다.

- 1장에서는 기업의 비즈니스 전략을 분석하는 방법을 배운다. 즉, 소비자에게 어떤 가치를 제공하는지 분석하고, 같은 산업에 있는 다른 회사와 경쟁하는 방법을 소개한다. 또한 좀 더 세분화된 비즈니스 구성요소를 식별하고 전략적인 가치를 평가하고 소프트웨어 설계 의사결정에 미치는 영향을 분석한다.

- 2장에서는 도메인 주도 설계를 진행할 때 반드시 포함해야 하는 **유비쿼터스 언어**(ubiquitous language)를 소개한다. DDD에서 유비쿼터스 언어는 프로젝트와 관련된 다양한 이해관계자 사이에서 해당 비즈니스 도메인의 이해를 돕기 위해 사용된다. 2장에서는 유비쿼터스 언어를 개발하고, 효율적으로 활용하기 위한 방법을 배우게 될 것이다.

---

[1] Goldratt-Ashlag, E. (2010). "The Layers of Resistance – The Buy-In Process According to TOC."

- 3장에서는 도메인 주도 설계의 또 다른 핵심 도구인 **바운디드 컨텍스트**(bounded context)를 다룬다. 바운디드 컨텍스트가 왜 유비쿼터스 언어를 만들기 위해 필수적인 요소인지 설명할 것이다. 또한 우리가 발견한 지식을 비즈니스 도메인 모델로 변환하는 방법을 배운다. 궁극적으로 바운디드 컨텍스트를 활용하여 소프트웨어 시스템의 구성요소를 설계하게 될 것이다.

- 4장에서는 시스템 구성요소를 연동하는 방법에 영향을 주는 기술적, 조직적 제약사항에 대해 알아보고 다양한 상황과 제한을 다루는 연동 패턴도 배운다. 각 패턴이 소프트웨어 개발팀 간의 협업에 어떻게 영향을 미치는지 알아보고, 시스템 구성요소의 API를 설계하는 방법도 설명할 것이다.

  4장은 **컨텍스트 맵**(context map)을 소개하는 것으로 끝난다. 컨텍스트 맵은 도해적 방법으로 시스템의 바운디드 컨텍스트 사이에서 커뮤니케이션하는 방법을 구상하고 프로젝트의 통합과 협업 환경의 조감도를 제공한다.

비즈니스 도메인
분석하기

나와 비슷한 성향을 가진 사람이라면 코드 작성하는 것을 좋아할 것이다. 복잡한 문제를 해결하고 우아한 솔루션을 만들고 신중하게 규칙과 구조, 행동을 만들어서 완전히 새로운 세상을 건설한다. 내가 도메인 주도 설계에 관심을 가지는 이유가 바로 여기에 있다. 이미 가지고 있는 기술을 더 잘 활용하고 싶기 때문이다. 하지만 이번 장은 코드 작성과 아무런 관련이 없다. 이번 장에서는 기업이 어떻게 돌아가는지 배울 것이다. 기업이 존재하는 이유와 추구하는 목표가 무엇이며, 그 목표를 달성하기 위한 전략을 논의할 것이다.

도메인 주도 설계 수업 시간에 이 내용을 가르칠 때 많은 학생이 실제로 "우리가 이것을 알아야 하나요? 우리의 일은 경영이 아니라 소프트웨어 코드를 작성하는 것입니다."라고 이야기한다. 그 질문에 대한 대답은 망설임 없이 "그렇다"이다. 효과적인 솔루션을 설계하고 구축하기 위해서는 그것의 바탕이 되는 문제를 이해해야 한다. 여기서 문제란 우리가 구축해야 하는 소프트웨어 시스템을 말한다. 해결하고자 하는 문제를 이해하려면 그것이 존재하는 맥락을 이해해야 한다. 즉, 그 조직의 비즈니스 전략과 소프트웨어를 만들면서 얻고자 하는 가치를 이해해야 한다.

이번 장에서는 기업의 비즈니스 도메인과 구조, 즉 핵심 하위 도메인과 지원 하위 도메인, 일반 하위 도메인을 분석하기 위한 도구로서 도메인 주도 설계를 배우게 될 것이다. 이러한 내용은 소프트웨어 설계의 기초가 된다. 나머지 장에서는 이러한 개념이 소프트웨어 설계에 영향을 미치는 다양한 방식을 배울 것이다.

비즈니스 도메인이란?

비즈니스 도메인은 기업의 주요 활동 영역을 정의한다. 일반적으로 말하자면 회사가 고객에게 제공하는 서비스를 말한다. 예를 들면 다음과 같다.

- 페덱스는 배송 서비스를 제공한다.
- 스타벅스는 커피로 가장 잘 알려져 있다.
- 월마트는 가장 널리 알려진 소매업체 중 하나다.

기업은 여러 비즈니스 도메인을 운영할 수 있다. 예를 들어, 아마존은 소매와 클라우드 서비스를 모두 제공한다. 우버는 차량 공유 회사이면서 음식 배달 및 자전거 공유 서비스도 제공한다.

회사가 비즈니스 도메인을 자주 변경할 수 있다는 점도 주목해야 한다. 대표적인 예가 노키아다. 노키아는 수년에 걸쳐 목재 가공, 고무 제조, 통신, 모바일 등 다양한 분야의 비즈니스 도메인을 운영했다.

하위 도메인이란?

비즈니스 도메인의 목표를 달성하기 위해 기업은 여러 가지 **하위 도메인(subdomain)**을 운영해야 한다. 하위 도메인은 비즈니스 활동의 세분화된 영역이다. 모든 회사의 하위 도메인은 고객에게 제공하는 서비스 단위로 비즈니스 도메인을 만든다. 하나의 하위 도메인을 만드는 것만으로는 회사가 성공하기 어렵다. 하위 도메인은 전체 시스템에서 하나의 구성요소일 뿐이다. 각각의 하위 도메인은 회사의 비즈니스 도메인에서 목표를 달성하기 위해 서로 상호작용해야 한다. 예를 들어, 스타벅스는 커피로 가장 잘 알려져 있지만, 성공적인 커피 체인점을 만드는 일은 훌륭한 커피를 만드는 방법을 이해하는 것 이상의 활동이 필요하다. 커피를 만드는 일 외에 좋은 위치의 부동산을 구매하거나 임대하고, 직원을 고용하고, 재정을 관리해야 한다. 이러한 하위 도메인 중 어느 것도 자체적으로 수익을 낼 수는 없다. 회사가 해당 비즈니스 도메인에서 경쟁하려면 이 모든 것이 함께 필요하다.

하위 도메인의 유형

소프트웨어 시스템이 다양한 아키텍처 구성요소(데이터베이스, 프런트엔드 애플리케이션, 백엔드 서비스, 기타 구성요소)로 이뤄진 것처럼, 하위 도메인은 서로 다른 전략적 비즈니스 가치를 가진다. 도메인 주도 설계에서 하위 도메인은 핵심, 일반, 지원의 세 가지 유형으로 구분한다. 이 세 유형이 회사의 전략 관점에서 어떻게 다른지 살펴보자.

핵심 하위 도메인

핵심 하위 도메인(core subdomain)은 회사가 경쟁업체와 다르게 수행하고 있는 것을 말한다. 가령 새로운 제품이나 서비스를 발명하거나 기존 프로세스를 최적화하여 비용을 줄이는 것이 그렇다.

우버를 예로 들어보자. 처음에 우버는 새로운 방식의 운송 수단인 승차 공유 서비스를 제공했다. 경쟁업체가 따라잡으면 우버는 그에 대응해 핵심 비즈니스를 최적화하고 발전시킬 방법을 찾았다. 예를 들어, 같은 방향으로 향하는 손님을 매칭해서 비용을 절감할 수 있었다.

우버의 핵심 하위 도메인은 수익에 영향을 미친다. 우버는 이렇게 경쟁사로부터 차별화했다. 고객에게 더 좋은 서비스를 제공하고 수익성을 극대화하는 전략이다. 경쟁력을 유지하기 위한 핵심 하위 도메인에는 발명이나 스마트 최적화, 비즈니스 노하우, 또는 다른 지적 재산이 포함된다.

다른 예로 구글의 검색 순위 알고리즘을 생각해 보자. 이 글을 쓰고 있는 지금은 구글의 광고 플랫폼이 구글 수익의 대부분을 차지한다. 구글 애즈(Google Ads)는 하위 도메인이 아니라, 하위 도메인이 있는 별도의 비즈니스 도메인이다. 구글의 모회사인 알파벳(Alphabet)은 클라우드 컴퓨팅 서비스(Google Cloud Platform), 생산성 및 공동작업 도구(Google Workspaces) 등 여러 분야를 운영한다. 그런데 구글 검색과 순위 알고리즘은 어떤가? 검색 엔진은 유료 서비스는 아니지만, 구글 애즈를 위한 가장 큰 플랫폼이다. 우수한 검색 결과를 제공하는 능력은 트래픽을 유도하는 요소이며, 결과적으로 광고 플랫폼의 중요한 구성요소가 된다. 알고리즘에 버그가 있어서 최적이 아닌 검색 결과를 제공하거나 경쟁사가 더 나은 검색 서비스를 제공하면 광고 비즈니스 수익에 타격이 생긴다. 그래서 구글의 경우 순위 알고리즘이 핵심 하위 도메인이다.

복잡성

구현하기 쉬운 핵심 하위 도메인은 일시적인 경쟁 우위만을 제공할 수 있다. 따라서 핵심 하위 도메인은 자연스럽게 복잡해진다. 계속해서 우버의 예를 들어보자. 우버는 승차 공유라는 새로운 시장을 창출했을 뿐만 아니라 기술을 통해 수십 년 된 모놀리식 아키텍처인 택시 사업을 붕괴시켰다. 우버는 비즈니스 도메인을 이해함으로써 더욱 안정적이고 투명한 운송 수단을 설계할 수 있었다. 회사의 핵심 비즈니스는 높은 진입장벽이 있어야 한다. 경쟁사가 회사의 솔루션을 모방하거나 복제하기가 어려워야 한다.

경쟁 우위의 원천

핵심 하위 도메인에 반드시 기술이 들어가야 하는 것은 아님을 알아야 한다. 모든 비즈니스 문제가 알고리즘이나 기술 솔루션으로 해결되지는 않는다. 회사의 경쟁 우위는 다양한 원천에서 나올 수 있다.

예를 들어, 온라인으로 제품을 판매하는 보석 제조업체를 생각해보자. 온라인 쇼핑몰은 중요하지만 핵심 하위 도메인은 아니다. 보석 디자인이 이 회사의 핵심 하위 도메인이다. 기존에 이미 만들어진 온라인 쇼핑 엔진을 활용할 수 있지만, 보석 디자인을 하청할 수는 없다. 디자인은 고객들이 보석 제조업체의 제품을 구매하고 해당 브랜드를 기억하는 이유다.

좀 더 복잡한 예로, **수동** 사기 탐지를 전문으로 하는 회사를 상상해보자. 이 회사는 분석가가 의심스러운 문서를 검토하고 잠재적인 사기 사례를 파악할 수 있도록 훈련시킨다. 가령 분석가가 이용하는 소프트웨어 시스템을 개발하고 있다고 하자. 이것이 핵심 하위 도메인일까? 아니다. 핵심 하위 도메인은 분석가가 수행하는 작업이다. 여러분이 만들고 있는 시스템은 사기 분석과 아무 관련이 없고, 단지 문서를 표시하고 분석가의 의견을 관리할 뿐이다.

핵심 하위 도메인과 핵심 도메인의 관계

핵심 하위 도메인은 핵심 도메인이라고도 부른다. 예를 들어, 에릭 에반스의 도메인 주도 설계 책에서는 '핵심 하위 도메인'과 '핵심 도메인'을 같은 의미로 사용했다. '핵심 도메인'이라는 용어가 자주 사용되지만, 나는 여러 가지 이유로 '핵심 하위 도메인'이라는 표현을 더 선호한다. 첫째, 핵심 도메인이 실제로는 **하위 도메인**이며, **비즈니스 도메인**과의 혼동을 피할 수 있기 때문이다. 둘째, 11장에서 배우겠지만, 하위 도메인이 시간이 지나면서 진화하고 유형이 변경되는 경우가 흔하다. 예를 들어, 핵심 하위 도메인은 일반 하위 도메인으로 진화할 수 있다. 따라서 '**일반 핵심** 도메인이 **일반 하위** 도메인으로 진화했다'라고 말하는 것보다 '**핵심** 하위 도메인이 **일반** 하위 도메인으로 진화했다'라고 말하는 것이 더 직관적이다.

일반 하위 도메인

일반 하위 도메인(generic subdomain)은 모든 회사가 같은 방식으로 수행하는 비즈니스 활동을 말한다. 핵심 하위 도메인과 마찬가지로 일반 하위 도메인은 일반적으로 복잡하고 구현하기 어렵다. 그러나 일반 하위 도메인은 회사에 경쟁력을 제공하지 않는다. 이미 실무에서 검증된 솔루션으로 널리 이용 가능하며, 모든 회사에서 사용하고 있어서 더 이상 혁신이나 최적화가 필요 없다.

예를 들어, 대부분의 시스템은 사용자를 인증하고 권한을 부여해야 한다. 이때 전용 인증 메커니즘을 발명하는 대신에 기존에 만들어진 솔루션을 사용하는 것이 더 합리적이다. 이러한 솔루션은 동일한 요구사항을 가진 많은 다른 회사에서 이미 테스트됐기 때문에 더 안전하고 믿을 수 있다.

온라인에서 보석을 판매하는 제조업체의 사례로 돌아가 보자. 보석 디자인은 핵심 하위 도메인이지만 온라인 쇼핑몰은 일반 하위 도메인이다. 경쟁업체와 동일한 온라인 소매 플랫폼(같은 일반 솔루션)을 사용하는 것은 보석 제조업체의 경쟁 우위에 영향을 주지 않는다.

지원 하위 도메인

이름에서 알 수 있듯이 **지원 하위 도메인**(supporting subdomain)은 회사의 비즈니스를 지원하는 활동을 말한다. 그러나 핵심 하위 도메인과 달리 지원 하위 도메인은 어떠한 경쟁 우위도 제공하지 않는다.

예를 들어, 방문자에게 광고 매칭, 광고 효과 최적화, 광고 공간 비용 최소화를 핵심 하위 도메인으로 갖고 있는 온라인 광고 회사가 있다고 가정해 보자. 이러한 영역에서 성공하려면 온라인 광고 회사는 창의적인 카탈로그를 만들어야 한다. 회사가 배너와 랜딩 페이지와 같은 창의적인 자료를 물리적으로 저장하고 인덱싱하는 방식은 수익에 영향을 주지 않는다. 반면에 창의적인 카탈로그는 기업의 광고 관리와 제공 시스템을 구현하는 데 필수다. 이는 콘텐츠 카탈로그 솔루션을 회사의 지원 하위 도메인 중 하나로 만든다.

지원 하위 도메인의 차별되는 특징은 솔루션의 비즈니스 로직의 복잡성이다. 지원 하위 도메인은 간단하다. 지원 하위 도메인의 비즈니스 로직은 대부분 데이터 입력 화면과 ETL(extract, transform, load; 추출, 변환, 로드) 작업과 유사하다. 이는 소위 말하는 CRUD(create, read, update, delete) 인터페이스를 말한다. 이러한 활동 영역은 회사에 어떠한 경쟁 우위도 제공하지 않으므로 높은 진입장벽이 필요하지 않다.

하위 도메인 비교

이제 세 가지 유형의 비즈니스 하위 도메인에 대해 더 잘 이해했으니, 다른 각도에서 차이점을 살펴보고 전략적인 소프트웨어 설계 의사결정에 미치는 영향을 살펴보겠다.

경쟁 우위

핵심 하위 도메인만이 회사에 경쟁 우위를 제공한다. 핵심 하위 도메인은 경쟁사와 차별화하기 위한 회사의 전략이다.

정의에 따르면 일반 하위 도메인은 경쟁 우위의 원천이 될 수 없다. 일반 하위 도메인은 일반적인 솔루션을 의미하며, 우리 회사와 경쟁업체가 동일한 솔루션을 사용하기 때문에 경쟁 우위를 제공할 수 없다.

지원 하위 도메인은 진입장벽이 낮고 경쟁 우위도 제공할 수 없다. 일반적으로 경쟁사가 지원 하위 도메인을 복제해도 크게 신경 쓰지 않는다. 업계 경쟁력에 영향을 주지 않기 때문이다. 반대로 회사는 전략적으로 지원 하위 도메인으로 이미 만들어져 있는 일반적인 솔루션을 사용하는 것을 선호한다. 따라서 직접 솔루션을 설계하고 만들 필요가 없다. 11장에서 지원 하위 도메인이 일반 하위 도메인으로 바뀌는 사례와 그 밖의 가능한 조합에 대해 배울 것이다. 부록 A에서 이러한 시나리오의 실제 사례를 요약했다.

회사가 해결할 수 있는 문제가 더 복잡할수록 더 많은 비즈니스 가치를 제공할 수 있다. 복잡한 문제는 소비자에게 서비스를 제공하는 것에 국한되지 않는다. 예를 들어, 복잡한 문제를 해결하면 비즈니스를 더욱 최적화하고 효율적으로 만들 수 있다. 또한 경쟁업체와 동일한 수준의 서비스를 더 낮은 운영 비용으로 제공하는 것으로 경쟁 우위를 얻을 수 있다.

복잡성

좀 더 기술적인 관점에서 보면 하위 도메인의 유형에 따라 복잡성의 수준이 다르기 때문에 조직의 하위 도메인을 식별하는 것이 중요하다. 소프트웨어를 설계할 때 우리는 비즈니스 요구사항의 복잡성을 수용할 수 있는 도구와 기술을 선택해야 한다. 따라서 견고한 소프트웨어 솔루션을 설계하기 위해 하위 도메인을 식별하는 것은 반드시 필요하다.

지원 하위 도메인의 비즈니스 로직은 간단하다. 이것은 기본적인 ETL 작업과 CRUD 인터페이스이며, 비즈니스 로직이 명확하다. 입력의 유효성을 검증하거나 다른 구조의 데이터로 변환하는 것 이상의 로직에서 벗어나지 않는다.

일반 하위 도메인은 훨씬 더 복잡하다. 다른 사람들이 이미 이러한 문제를 해결하는 데 시간과 노력을 투자한 데는 그럴 만한 이유가 있다. 이러한 솔루션은 간단하지도, 사소하지도 않다. 예를 들어, 암호화 알고리즘이나 인증 메커니즘을 생각해보자.

지식 가용성 관점에서 일반 하위 도메인은 '알려진 미지'다. 이것은 여러분이 '모른다는 사실'을 알고 있는 것이다. 게다가 이 지식은 쉽게 구할 수 있다. 업계에서 인정하는 모범 사례를 사용하거나 필요한 경우 해당 분야의 전문 컨설턴트를 고용하여 맞춤형 솔루션을 설계할 수 있다.

핵심 하위 도메인은 복잡하다. 회사의 수익성이 좌우되기 때문에 경쟁업체가 최대한 모방하기 어려워야 한다. 그래서 회사는 전략적으로 핵심 하위 도메인으로 복잡한 문제를 해결하려고 한다.

때때로 핵심 하위 도메인과 지원 하위 도메인을 구별하는 것이 어려울 수 있다. 이때 복잡성은 도메인을 구별하는 유용한 지침이 된다. 하위 도메인을 부업으로 전환할 수 있는지 물어보자. 기꺼이 비용을 지불할 의사가 있는가? 그렇다면 이것은 핵심 하위 도메인이다. 지원 하위 도메인과 일반 하위 도메인을 구별하는 데도 유사한 추론을 적용할 수 있다. 외부 솔루션을 연동하는 것보다 자체 솔루션을 구현하는 것이 더 간단하고 저렴한가? 그렇다면 지원 하위 도메인이다.

좀 더 기술적인 관점에서 소프트웨어 설계에 영향을 미치는 복잡한 핵심 하위 도메인을 식별하는 것이 중요하다. 앞서 논의한 바와 같이 핵심 하위 도메인은 반드시 소프트웨어와 관련이 있는 것은 아니다. 소프트웨어 관련 핵심 하위 도메인을 식별하기 위한 또 다른 유용한 지침은 여러분이 모델링하고 코드로 구현해야 하는 비즈니스 로직의 복잡성을 평가하는 것이다. 비즈니스 로직이 데이터 입력을 위한 CRUD 인터페이스와 유사한가? 아니면 복잡한 알고리즘 또는 비즈니스 프로세스 규칙과 변하지 않는 속성에 의해 조정되는 비즈니스 프로세스를 구현해야 하는가? 전자는 지원 하위 도메인이고, 후자는 일반적으로 핵심 하위 도메인이다.

그림 1-1의 차트는 비즈니스 차별화와 비즈니스 로직 복잡성 측면에서 세 가지 유형의 하위 도메인 간의 상호작용을 나타낸다. 지원 하위 도메인과 일반 하위 도메인 사이의 교차점은 회색 영역이며, 일반 또는 지원 하위 도메인이 될 수 있다. 그런데 일반적인 솔루션이 존재하는 경우 그 기능을 자체 구현하기보다 일반적인 솔루션을 연동하는 편이 더 간단하거나 저렴하다면 일반 하위 도메인이 된다. 반대로 자체 구현이 더 간단하고 저렴하다면 지원 하위 도메인이 된다.

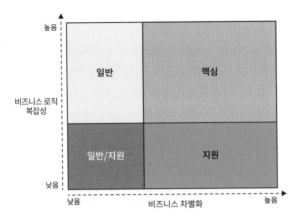

그림 1-1. 세 가지 유형의 하위 도메인의 비즈니스 차별화 및 비즈니스 로직 복잡성

변동성

앞서 언급했듯이 핵심 하위 도메인은 자주 변경될 수 있다. 한 번의 시도로 문제가 해결될 수 있다면 경쟁자들도 빠르게 따라잡을 수 있기 때문에 아마도 경쟁 우위에서 좋은 위치는 아닐 것이다. 결과적으로 핵심 하위 도메인에 대한 솔루션을 찾을 수는 있다. 다만, 다양한 구현 방법을 시도하고 개선하고 최적화해야 가능하다. 또한 핵심 하위 도메인에 대한 개선 작업은 끝이 없다. 기업은 지속적으로 혁신하고 발전한다. 경쟁사보다 앞서기 위해서 핵심 하위 도메인의 지속적인 진화는 필수적이다.

핵심 하위 도메인과 달리 지원 하위 도메인은 자주 변경되지 않는다. 지원 하위 도메인은 기업에 어떠한 경쟁 우위도 제공하지 않기 때문에 지원 하위 도메인의 개선은 핵심 하위 도메인에 투자한 동일한 노력에 비해 아주 작은 비즈니스 가치를 제공한다.

기존 솔루션이 있음에도 불구하고 일반 하위 도메인은 시간이 지남에 따라 변경될 수 있다. 보안 패치, 버그 수정 또는 일반적인 문제에 대한 완전히 새로운 솔루션으로 변경될 수 있다.

솔루션 전략

핵심 하위 도메인은 업계에서 기업이 다른 경쟁사와 경쟁할 수 있는 능력을 제공한다. 핵심 하위 도메인은 비즈니스에 중요하다. 그럼 지원 하위 도메인과 일반 하위 도메인은 중요하지 않다는 뜻일까? 물론 아니다. 기업이 해당 비즈니스 도메인에서 일하려면 하위 도메인 모두가 필요하다. 하위 도메인은 기본적인 구성요소이므로 하나를 제거하면 전체 구조가 무너질 수 있다. 즉,

하위 도메인 각각의 고유한 속성을 활용하면 서로 다른 유형의 하위 도메인을 구현하기 위한 가장 효율적인 전략을 선택할 수 있다.

핵심 하위 도메인은 사내에서 구현되어야 한다. 핵심 하위 도메인은 솔루션을 구매하거나 외부에서 도입할 수 없다. 그럴 경우 경쟁업체들이 똑같이 할 수 있기 때문에 경쟁 우위 개념을 약화시킬 것이다.

또한 핵심 하위 도메인 구현을 하청하는 것도 현명하지 않다. 핵심 하위 도메인 구현은 전략적인 투자다. 핵심 하위 도메인과 관련하여 절차를 무시하고 대충 진행하는 것은 단기적으로 위험할 뿐만 아니라 장기적으로 치명적인 결과를 초래할 수 있다. 예를 들어, 유지보수가 불가능한 코드는 회사의 목표를 지원할 수 없다. 조직의 가장 숙련된 인재는 핵심 하위 도메인에서 일하도록 업무가 할당되어야 한다. 또한 사내에서 핵심 하위 도메인을 개발하면 회사가 솔루션을 더 빠르게 변경하고 발전시킬 수 있기 때문에 더 짧은 시간에 경쟁 우위를 갖출 수 있다.

핵심 하위 도메인의 요구사항은 자주 그리고 지속적으로 변경될 것으로 예상되므로 솔루션은 유지보수가 가능하고 쉽게 개선될 수 있어야 한다. 따라서 핵심 하위 도메인은 가장 진보된 엔지니어링 기술로 구현해야 한다.

일반 하위 도메인은 어렵지만 이미 문제가 해결되었기 때문에 일반 하위 도메인을 사내에서 구현하는 데 시간과 노력을 투자하는 것보다 이미 만들어진 제품을 구입하거나 오픈소스 솔루션을 채택하는 것이 비용 면에서 더 효율적이다.

경쟁 우위가 없기 때문에 사내에서 지원 하위 도메인을 구현하지 않는 것이 합리적이다. 하지만 일반 하위 도메인과 달리 지원 하위 도메인은 기존에 만들어진 솔루션이 없는 경우가 있다. 이런 경우 기업에서 지원 하위 도메인을 자체 구현할 수밖에 없다. 지원 하위 도메인 구현은 비즈니스 로직이 단순하고 변경의 빈도가 적기 때문에 원칙을 생략하고 적당히 진행하기 쉽다.

지원 하위 도메인에는 정교한 디자인 패턴이나 고급 엔지니어링 기술이 필요 없다. 아주 짧은 주기로 신속한 애플리케이션 개발(RAD: rapid application development) 프레임워크를 사용해서 우발적 복잡성(accidental complexity)[1] 없이 비즈니스 로직을 구현하기에 충분하다.

인력 관점에서도 지원 하위 도메인은 고도로 숙련된 기술이 필요하지 않기 때문에 새로운 인재를 양성할 수 있는 좋은 연습 기회를 제공한다. 팀 안에 복잡한 문제를 해결한 경험이 있는 엔지

---

1 (옮긴이) 개발자가 문제를 해결하려고 시도하면서 의도치 않게 스스로 만든 문제

니어가 있다면 그들은 핵심 하위 도메인을 위해 아껴두자. 마지막으로, 비즈니스 로직이 단순한 지원 하위 도메인이라면 하청할 수 있는 좋은 대상이 된다.

세 가지 유형의 하위 도메인의 차이점을 표 1-1에 정리했다.

표 1-1. 세 가지 하위 도메인 유형의 차이점

하위 도메인 유형	경쟁 우위	복잡성	변동성	구현 방식	문제
핵심	예	높음	높음	사내 개발	흥미로움
일반	아니오	높음	낮음	구매/도입	해결됨
지원	아니오	낮음	낮음	사내 개발/하청	뻔함

하위 도메인 경계 식별

하위 도메인과 해당 유형을 식별하면 소프트웨어 솔루션을 구축할 때 설계와 관련된 의사결정에 상당한 도움이 된다. 이후 장에서는 하위 도메인을 활용하여 소프트웨어 설계 프로세스를 간소화하는 더 많은 방법을 배울 것이다. 그렇다면 실제로 하위 도메인과 해당 경계를 식별하는 방법은 무엇일까?

하위 도메인과 그 유형은 기업의 비즈니스 전략에 따라 정의되며, 이는 동일한 분야에서 다른 회사와 경쟁하기 위해 자신을 차별화하는 방법이다. 대다수의 소프트웨어 프로젝트에서 하위 도메인은 어떤 식으로든 '이미 존재'한다. 그렇다고 해서 경계를 식별하는 것이 항상 쉽고 간단하다는 의미는 아니다. CEO에게 회사의 하위 도메인 목록을 요청하면 아마 멍하니 바라볼 것이다. 그들은 이 개념을 알지 못한다. 그래서 하위 도메인을 식별하고 분류하려면 도메인 분석을 직접 수행해야 한다.

회사의 부서와 기타 조직 단위는 좋은 출발점이다. 예를 들어, 온라인 쇼핑몰이라면 창고, 고객 서비스, 출고, 배송, 품질 관리, 채널 관리 부서 등이 포함될 수 있다. 그러나 이는 상대적으로 광범위한 활동 영역이다. 예를 들어, 고객 서비스 부서를 살펴보자. 이 기능은 종종 다른 업체에 하청되므로 지원 하위 도메인 또는 일반 하위 도메인으로 생각하는 것이 합리적이다. 하지만 이 정보가 소프트웨어 설계 시 올바른 의사결정을 하기에 충분할까?

하위 도메인 정제

크게 나눈 하위 도메인은 좋은 출발점이지만, 문제는 세부 사항에 있다. 비즈니스 기능의 복잡한 내용에 숨겨진 중요한 정보를 놓치지 않아야 한다.

다시 고객 서비스 부서의 예로 돌아가 보자. 내부적인 업무를 조사하면 전형적인 고객 서비스 부서가 헬프 데스크 시스템, 교대 근무 관리 및 일정, 전화 시스템 등과 같이 좀 더 세분화되어 있음을 알 수 있다. 개별 하위 도메인으로 볼 때 이러한 활동은 다양한 유형으로 구분될 수 있다. 헬프 데스크와 전화 시스템은 일반 하위 도메인인 반면에 교대 근무 관리는 지원 하위 도메인이다. 또한 회사는 고객 상담을 라우팅하는 경우 과거에 비슷한 상담 사례를 성공적으로 처리한 상담원에게 상담을 전달할 수 있는 독창적인 알고리즘을 개발할 수도 있다. 이 독창적인 알고리즘을 개발하기 위해서는 고객 요청건을 분석하고 과거 경험에서 유사점을 식별하는 적지 않은 작업을 해야 한다. 회사는 이 라우팅 알고리즘을 통해 경쟁업체보다 더 나은 고객 서비스를 제공할 수 있게 되므로 이 경우 라우팅 알고리즘은 핵심 하위 도메인으로 볼 수 있다. 이 예는 그림 1-2에 나와 있다.

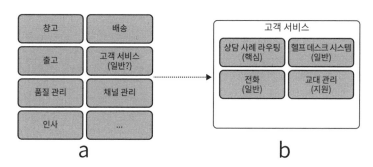

그림 1-2. 일반 하위 도메인의 내부 업무를 의문을 가지고 분석하여 더욱 세분화된 핵심 하위 도메인, 지원 하위 도메인, 그리고 두 개의 일반 하위 도메인으로 나눈 결과

하지만 더 세부적인 통찰력을 얻기 위해 무한정 파헤칠 수는 없다. 도대체 언제 멈춰야 할까?

응집된 유스케이스를 하위 도메인으로

기술적인 관점에서 하위 도메인은 상호 연관되고 응집된 유스케이스의 집합과 유사하다. 이러한 유스케이스 집합에서는 보통 동일한 행위자(actor), 비즈니스 엔티티(business entity)를 포함하고 모두 밀접하게 관련된 데이터의 집합을 다룬다.

그림 1-3에 표시된 신용카드 결제 게이트웨이의 유스케이스 다이어그램을 보자. 이 유스케이스는 작업 중인 데이터 및 관련된 행위자와 밀접하게 연관되어 있다. 따라서 모든 유스케이스는 신용카드 결제 하위 도메인을 형성한다.

세분화된 하위 도메인을 찾는 것을 중단하는 시점을 결정하기 위한 지침으로 '응집된 유스케이스의 집합인 하위 도메인'이라는 정의를 사용할 수 있다. 이것은 하위 도메인의 가장 정확한 경계가 된다.

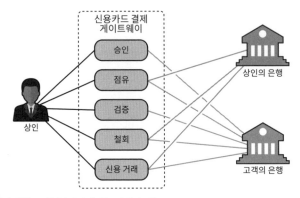

그림 1-3. 신용카드 결제 하위 도메인의 유스케이스 다이어그램

하위 도메인의 경계를 식별하기 위해 온 신경을 곤두세워 노력해야 할까? 핵심 하위 도메인에는 이러한 노력이 반드시 필요하다. 핵심 하위 도메인은 가장 중요하고, 변동성이 있고, 복잡하다. 따라서 가능한 한 많이 정제하는 것이 중요하다. 이러한 노력은 우리가 일반 및 지원 기능 모두를 추출하고, 훨씬 더 우리가 집중하고 있는 기능에 시간을 투자할 수 있게 한다.

하지만 지원 및 일반 하위 도메인의 경우에는 이러한 정제 작업을 다소 완화할 수 있다. 더 자세히 살펴봐도 소프트웨어 설계와 관련된 의사결정을 내리는 데 도움이 될 수 있는 새로운 통찰이 나오지 않으면 중단하는 것이 좋다. 예를 들어, 세분화된 하위 도메인이 세분화 전의 하위 도메인과 모두 동일한 유형인 경우다.

그림 1-4의 예를 살펴보자. 보다시피 헬프 데스크 시스템의 하위 도메인을 추가로 정리한다고 전략적으로 유용한 정보가 나오지는 않는다. 이 경우 하위 도메인을 크게 나눠서 이미 만들어져 있는 도구를 솔루션으로 사용하게 될 것이다.

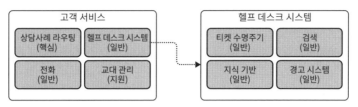

그림 1-4. 헬프 데스크 시스템의 하위 도메인을 정제해서 일반적인 내부 구성요소를 보여줌

하위 도메인을 식별할 때 고려해야 할 또 다른 중요한 질문은 하위 도메인이 모두 필요한지 여부다.

핵심에 집중

하위 도메인은 소프트웨어 설계 의사결정을 내리는 프로세스의 어려움을 쉽게 해결하도록 돕는 도구다. 모든 조직에는 경쟁 우위를 제공하지만 소프트웨어와는 아무 관련이 없는 비즈니스 기능이 꽤나 많다. 이번 장의 앞에서 논의한 보석 제조업체는 한 가지 예에 불과하다.

하위 도메인을 찾을 때 소프트웨어와 관련되지 않은 비즈니스 기능을 식별하고, 그 자체로 인정하며, 작업 중인 소프트웨어 시스템과 관련된 비즈니스에 집중하는 것이 중요하다.

도메인 분석 예제

하위 도메인의 개념을 실제로 적용해서 여러 전략적 설계 의사결정을 하는 데 활용하는 방법을 살펴보자. Gigmaster와 BusVNext라는 두 개의 가상 회사에 대해 설명하겠다. 책을 읽으면서 연습 삼아 이들 회사의 비즈니스 도메인을 분석해보고, 세 가지 유형의 하위 도메인도 식별해보자. 실제 사례처럼 일부 비즈니스 요구사항은 드러나지 않고 숨어 있다는 것에 유의하자.

면책 조항: 물론 이러한 짧은 설명을 읽고 각 비즈니스 도메인과 관련된 모든 하위 도메인을 식별할 수는 없다. 하지만 사용 가능한 하위 도메인을 식별하고 분류하는 것을 연습하는 데는 충분하다.

Gigmaster

Gigmaster는 티켓 판매 및 유통 회사다. 모바일 앱은 사용자의 음악 라이브러리, 스트리밍 서비스 계정, 소셜 미디어 프로필을 분석하여 사용자가 관심을 가질 만한 주변의 공연 정보를 찾아낸다.

Gigmaster의 사용자는 자신의 개인 정보에 민감하다. 따라서 모든 사용자의 개인정보는 암호화된다. 또한 어떤 상황에서도 사용자의 죄책감이 새어 나오지 않도록 회사의 추천 알고리즘은 익명 데이터만 사용한다.

앱의 추천 기능을 개선하기 위해 새로운 모듈이 구현되었다. Gigmaster를 통해 티켓을 구매하지 않았더라도 사용자가 과거에 참석한 공연 정보를 기록할 수 있다.

비즈니스 도메인과 하위 도메인

Gigmaster의 비즈니스 도메인은 티켓 판매이며, 이것이 고객에게 제공하는 서비스다.

핵심 하위 도메인. Gigmaster의 주요 경쟁 우위는 추천 엔진이다. 또한 회사는 사용자의 개인정보를 중요하게 생각하며 익명 데이터에 대해서만 처리한다. 명시적으로 언급되지는 않았지만 모바일 앱의 사용자 경험도 중요하다고 추론할 수 있다. 따라서 Gigmaster의 핵심 하위 도메인은 다음과 같다.

- 추천 엔진
- 데이터 익명화
- 모바일 앱

일반 하위 도메인. 다음과 같은 일반 하위 도메인을 식별하고 추론할 수 있다.

- 암호화 – 모든 데이터 암호화
- 회계 – 회사가 영업을 하고 있기 때문
- 정산 – 고객에게 청구
- 인증 및 권한 부여 – 사용자 식별

지원 하위 도메인. 마지막으로 지원 하위 도메인은 다음과 같다. 비즈니스 로직은 간단하며, ETL 프로세스 또는 CRUD 인터페이스와 유사하다.

- 음악 스트리밍 서비스와 연동
- 소셜 네트워크와 연동
- 참석 공연 모듈

설계 의사결정

작동 중인 하위 도메인과 해당 유형 간의 차이점을 알면 이미 몇 가지 전략적인 설계 의사결정을
내릴 수 있다.

- 추천 엔진, 데이터 익명화, 모바일 앱은 가장 진보된 엔지니어링 도구와 기술을 사용하여 사내에서 구현돼
  야 한다. 이러한 모듈은 가장 자주 변경된다.
- 데이터 암호화, 회계, 정산, 인증에는 상용 또는 오픈소스 솔루션을 사용해야 한다.
- 스트리밍 서비스, 소셜 네트워크와의 연동과 참석한 공연을 위한 모듈 개발은 하청할 수 있다.

BusVNext

BusVNext는 대중교통 회사다. 고객에게 택시를 잡는 것처럼 쉽게 버스를 타는 경험을 제공하
는 것이 목표다. 이 회사는 주요 도시의 버스를 관리한다.

BusVNext의 고객은 모바일 앱을 통해 승차권을 예매할 수 있다. 예정된 출발 시간에 가까운 버
스의 경로를 즉석에서 조정해서 지정된 출발 시간에 고객을 픽업한다.

회사의 주요 과제는 라우팅 알고리즘을 구현하는 것이다. 그 요구사항은 '외판원 문제(Traveling
Salesman Problem)'[2]의 변형이다. 라우팅 로직은 계속 조정되고 최적화된다. 예를 들어, 통계
에 따르면 탑승이 취소된 주된 이유는 버스가 도착하기까지 오랜 대기 시간 때문이다. 그래서 회
사는 하차가 지연되더라도 빠른 픽업을 우선시하는 라우팅 알고리즘을 만들었다. 라우팅을 더욱
최적화하기 위해 BusVNext는 타회사에서 제공하는 교통 상황과 실시간 경고 정보도 통합했다.

BusVNext는 새로운 고객을 유치하고 피크 시간과 그렇지 않은 시간에 승차 수요를 균등하게
하기 위해 때때로 특별 할인을 제공한다.

비즈니스 도메인과 하위 도메인

BusVNext는 고객에게 최적화된 버스 승차 서비스를 제공한다. 비즈니스 도메인은 대중교통
이다.

---

2 https://en.wikipedia.org/wiki/Travelling_salesman_problem

핵심 하위 도메인. BusVNext의 주요 경쟁 우위는 다양한 비즈니스 목표를 우선시하면서 동시에 복잡한 문제('외판원 문제')의 해결을 시도하는 라우팅 알고리즘이다. 예를 들어 주행 시간을 늘리더라도 픽업 시간을 줄이는 것이다.

또한 승차 데이터가 고객 행동에 대한 새로운 통찰력을 얻기 위해 지속적으로 분석되는 것을 봤다. 이러한 통찰력을 통해 회사는 라우팅 알고리즘을 최적화하여 수익을 높일 수 있다. 마지막으로 BusVNext의 핵심 하위 도메인은 다음과 같다.

- 라우팅
- 분석
- 모바일 앱 사용자 경험
- 차량 관리

일반 하위 도메인. 라우팅 알고리즘은 일반 하위 도메인인 타사에서 제공하는 교통량과 경고 데이터를 사용한다. 또한 BusVNext는 고객이 결제할 수 있도록 기능을 제공하므로, 회계와 정산 기능을 구현해야 한다. BusVNext의 일반 하위 도메인은 다음과 같다.

- 교통 상황
- 회계
- 청구
- 권한 부여

지원 하위 도메인. 프로모션과 할인 관리 모듈은 회사의 핵심 비즈니스를 지원한다. 즉, 그 자체로 핵심 하위 도메인은 아니다. 이것은 활성화된 쿠폰 코드를 관리하기 위한 간단한 CRUD 인터페이스와 유사하다. 따라서 이 모듈은 일반적인 지원 하위 도메인이다.

설계 의사결정

작동 중인 하위 도메인과 해당 유형 간의 차이점을 알면 이미 몇 가지 전략적인 설계 의사결정을 내릴 수 있다.

- 라우팅 알고리즘, 데이터 분석, 차량 관리, 앱 사용성은 가장 정교한 기술 도구와 패턴을 사용해서 사내에서 개발해야 한다.
- 판촉 관리 모듈의 구현은 외부에 위탁할 수 있다.
- 교통 상황 식별, 사용자 권한 관리, 재무 및 거래 기록 관리는 외부 서비스 제공 업체에 맡길 수 있다.

도메인 전문가는 어떤 사람인가?

이제 비즈니스 도메인과 하위 도메인에 대해 명확하게 이해했으니 다음 장에서 자주 사용할 또 다른 DDD 용어인 **도메인 전문가**(domain expert)에 대해 살펴보겠다. 도메인 전문가는 우리가 모델링하고 코드로 구현할 비즈니스의 모든 복잡성을 알고 있는 주제 전문가다. 즉, 도메인 전문가는 소프트웨어의 비즈니스 도메인에 대한 권위자다.

도메인 전문가는 요구사항을 수집하는 분석가도 시스템을 설계하는 엔지니어도 아니다. 도메인 전문가는 비즈니스를 대표한다. 그들은 모든 비즈니스 지식의 근원이 되는 비즈니스 문제를 처음으로 파악한 사람들이다. 시스템 분석가와 엔지니어는 비즈니스 도메인의 멘탈 모델을 소프트웨어 요구사항과 소스코드로 변환한다.

일반적으로 도메인 전문가는 요구사항을 제시하는 사람 또는 소프트웨어의 최종 사용자다. 소프트웨어는 그들의 문제를 해결해야 한다.

도메인 전문가의 전문성 범위는 다양하다. 어떤 주제 전문가는 전체 비즈니스 도메인이 어떻게 작동하는지 상세히 이해하는 반면 어떤 전문가는 특정 하위 도메인을 전문으로 하기도 한다. 예를 들어, 온라인 광고 대행사의 경우 도메인 전문가는 캠페인 관리자, 미디어 구매자, 분석가, 그리고 기타 비즈니스 이해관계자가 될 것이다.

결론

이번 장에서는 기업의 비즈니스 활동을 이해하기 위한 도메인 주도 설계 도구를 다루었다. 앞서 살펴본 것처럼 비즈니스가 운영되는 영역과 고객에게 제공하는 서비스는 모두 비즈니스 도메인과 함께 시작한다.

또한 비즈니스 도메인에서 성공하고 기업이 경쟁업체와 차별화하는 데 필요한 다양한 구성요소에 대해서도 배웠다.

핵심 하위 도메인

흥미로운 문제들. 기업이 경쟁자로부터 차별화하고 경쟁 우위를 얻는 활동이다.

일반 하위 도메인

해결된 문제들. 이것은 모든 회사가 같은 방식으로 하고 있는 일이다. 여기에는 혁신이 필요하지 않다. 사내 솔루션을 개발하는 것보다 기존 솔루션을 사용하는 것이 더 비용 효과적이다.

지원 하위 도메인

분명한 해결책이 있는 문제들. 사내에서 구현해야 할 활동이지만 경쟁 우위를 제공하지는 않는다.

마지막으로 도메인 전문가가 비즈니스의 주제 전문가라는 것을 배웠다. 그들은 회사의 비즈니스 도메인 또는 하나 이상의 하위 도메인에 대한 심층적인 지식을 가지고 있으며 프로젝트 성공에 매우 중요한 역할을 한다.

연습문제

1. 경쟁 우위를 제공하지 않는 하위 도메인은 무엇일까?

    a. 핵심

    b. 일반

    c. 지원

    d. B와 C

2. 모든 경쟁업체가 동일한 솔루션을 사용할 수 있는 하위 도메인은 무엇일까?

    a. 핵심

    b. 일반

    c. 지원

    d. 위에 정답 없음. 기업은 항상 경쟁자로부터 차별화해야 한다.

3. 가장 자주 변경될 것으로 예상되는 하위 도메인은 무엇일까?

    a. 핵심

    b. 일반

    c. 지원

    d. 하위 도메인 유형에 따라 변동성이 달라지지 않는다.

헬프 데스크 티켓 관리 시스템을 제공하는 기업인 울프데스크(서문 참조)에 대한 설명을 참고하자.

4. 울프데스크의 비즈니스 도메인은 무엇일까?

5. 울프데스크의 핵심 하위 도메인은 무엇일까?

6. 울프데스크의 지원 하위 도메인은 무엇일까?

7. 울프데스크의 일반 하위 도메인은 무엇일까?

02

도메인 지식
찾아내기

"운영환경에 배포되는 것은 도메인 전문가의 지식이 아니라 개발자의 이해 혹은 오해다."

— 알베르토 브랜돌리니(Alberto Brandolini)

1장에서는 비즈니스 도메인을 탐색하기 시작해서 기업의 비즈니스 도메인 또는 활동 영역을 식별하는 방법과 식별된 도메인에서 경쟁 전략을 분석하는 방법, 즉 비즈니스 하위 도메인의 경계와 유형을 식별하는 방법을 배웠다.

이번 장에서는 비즈니스 도메인 분석 주제를 계속해서 다루지만 좀 더 깊이 있게 하위 도메인 내부에서 일어나는 일, 즉 비즈니스 기능과 로직에 초점을 맞추고자 한다. 효과적인 커뮤니케이션과 지식 공유를 위한 도메인 주도 설계 도구인 유비쿼터스 언어를 배우고, 유비쿼터스 언어를 통해서 비즈니스 도메인의 복잡성을 배우며, 이 책의 후반부에서 비즈니스 로직을 소프트웨어 모델로 만들고 구현하는 데 이를 활용한다.

비즈니스 문제

우리가 개발하는 소프트웨어 시스템은 비즈니스 문제를 해결하는 솔루션이다. 여기서 언급한 **문제(problem)**는 수학 문제나 수수께끼처럼 풀 수 있고 완료할 수 있는 그런 것이 아니다. 비즈니스 도메인의 컨텍스트에서 '문제'의 의미는 광범위하다. 비즈니스 문제는 워크플로와 프로세스 최적화, 수작업 최소화, 자원 관리, 의사결정 지원, 데이터 관리 등과 관련한 과제일 수 있다.

비즈니스 문제는 비즈니스 도메인과 하위 도메인의 모든 수준에서 발생할 수 있다. 기업의 목표는 고객의 문제를 해결하는 솔루션을 제공하는 것이다. 1장의 예제에서 페덱스는 제한 시간 내에 고객의 물품을 배송해야 하기 때문에 배송 프로세스를 최적화한다.

하위 도메인은 세분화된 문제 도메인(problem domain)으로 특정 비즈니스 기능에 대한 솔루션을 제공하는 것이 목적이다. 예를 들어, 지식 관리 하위 도메인은 정보를 저장하고 추출하는 프로세스를, 어음 교환 하위 도메인은 재무 거래 실행 프로세스를 최적화하는 솔루션을, 회계 하위 도메인은 기업의 자금을 관리하는 솔루션을 제공한다.

도메인 지식 찾아내기

효과적인 소프트웨어 솔루션을 설계하려면 적어도 기본적인 비즈니스 도메인 지식이 있어야 한다. 1장에서 논의했듯이 이런 지식은 도메인 전문가의 몫이다. 비즈니스 도메인의 모든 복잡성을 이해하고 전문성을 갖추는 것이 그들의 일이다. 우리는 도메인 전문가가 될 필요도 없고 될 수도 없다. 결국, 도메인 전문가를 이해하고 그들이 쓰는 동일한 비즈니스 용어를 사용하는 것이 중요하다.

효과적인 소프트웨어는 도메인 전문가가 문제를 생각하는 방식, 즉 멘탈 모델을 모방해야 한다. 비즈니스 문제와 요구사항 이면에 있는 이유에 대한 이해가 없다면 솔루션은 비즈니스 요구사항을 소스코드로 '번역'한 것에 불과하다. 요구사항에서 중요한 '극단적인 경우'를 놓쳤다면 어떻게 할까? 또는 비즈니스 개념을 설명하지 못해서 미래의 요구사항을 충족할 모델을 구현할 역량이 제한되면 어떻게 될까?

알베르토 브랜돌리니는 소프트웨어 개발은 배우는 과정이고, 작동하는 코드는 그 부산물이라고 했다[1]. 소프트웨어 프로젝트의 성공은 도메인 전문가와 소프트웨어 엔지니어 간의 효과적인 지식공유에 달렸다. 문제를 해결하려면 문제를 이해해야 한다.

결국 도메인 전문가와 소프트웨어 엔지니어 간의 효과적인 지식 공유에는 효과적인 커뮤니케이션이 필요하다. 소프트웨어 프로젝트에서 일반적으로 무엇이 효과적인 커뮤니케이션을 방해하는지 알아보자.

---

1 "software development is a learning process; working code is a side effect." Brandolini, Alberto, Introducing EventStorming(Leanpub), https://www.eventstorming.com/book/

커뮤니케이션

거의 모든 소프트웨어 프로젝트에는 도메인 전문가, 프로젝트 소유자, 엔지니어, UI와 UX 디자이너, 프로젝트 매니저, 테스터, 분석가 등 다양한 역할의 이해관계자의 협업이 필요하다고 할 수 있다. 다른 협력 작업과 마찬가지로 결과는 이런 모든 참여자가 얼마나 잘 협력할 수 있느냐에 달려있다. 예를 들어, 해결하려는 문제에 대하여 모든 이해관계자가 동의하고 있는가? 개발하고 있는 솔루션의 기능 또는 비기능 요구사항 중에 서로 충돌하는 가정이 있지 않은가? 프로젝트와 연관된 모든 것에 대한 합의와 일치는 프로젝트의 성공에 필수다.

소프트웨어 프로젝트가 실패하는 이유에 대한 연구에서 효과적인 커뮤니케이션이 지식 공유와 프로젝트 성공[2]에 필수라는 것을 밝혀냈다. 이렇게 중요한데도, 소프트웨어 프로젝트에서 효과적인 커뮤니케이션을 목격하기는 어렵다. 비즈니스 담당자와 엔지니어는 서로 직접 협업하지 않을 때가 많다. 대신 도메인 전문가가 중재자, 번역가, 시스템/비즈니스 분석가, 제품 소유자, 그리고 프로젝트 매니저를 통해 도메인 지식을 일방적으로 엔지니어에게 전달한다. 그림 2-1에 이런 일반적인 지식 공유 흐름을 나타냈다.

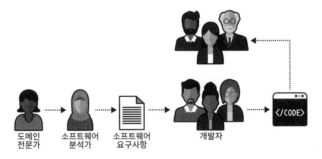

그림 2-1. 소프트웨어 프로젝트에서의 지식 공유 흐름

전형적인 소프트웨어 개발 생애주기에서 도메인 지식은 **분석 모델**(analysis model)로 알려진 엔지니어 친화적인 형태로 '변환'된다. 분석 모델은 도메인 지식 이면에 존재하는 비즈니스 도메인에 기반하기보다는 시스템 요구사항을 설명한 것에 지나지 않는다. 의도는 좋을지 모르지만, 이런 식의 중재는 지식을 공유하는 데 해를 끼친다. 모든 변환은 정보를 잃게 만든다. 이런 경우, 비즈니스 문제 해결에 중요한 도메인 지식은 소프트웨어 엔지니어에게 전달되는 과정에서 손실

---

2 Sudhakar, Goparaju Purna. (2012). "A Model of Critical Success Factors for Software Projects," Journal of Enterprise Information Management, 25(6), 537 – 558.

된다. 이런 현상은 일반적인 소프트웨어 프로젝트에서 변환할 때뿐만 아니라 분석 모델을 소프트웨어 설계 모델(구현 모델 또는 소스코드로 변환되는 소프트웨어 설계 문서)로 변환할 때도 발생한다. 흔히 그렇듯이, 문서화된 커뮤니케이션은 최신 정보를 담아내지 못한다. 결국 소스코드가 나중에 프로젝트를 유지관리할 소프트웨어 엔지니어에게까지도 비즈니스 도메인 지식을 전달하는 데 사용된다. 그림 2-2는 도메인 지식을 코드로 구현하는 데 필요한 다양한 '변환'을 보여준다.

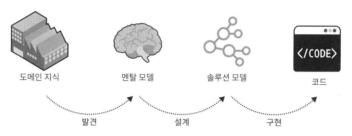

그림 2-2. 모델 변환

이런 소프트웨어 개발 과정은 아이들의 전화 게임[3]과 비슷한 면이 있다. 전화 게임에서의 메시지와 마찬가지로 도메인 지식은 종종 왜곡된 상태로 전달된다. 이런 정보는 소프트웨어 엔지니어가 잘못된 솔루션을 구현하게 하거나 솔루션이 올바르다 해도 해결하려는 문제가 잘못된 경우로이어진다. 어떤 경우든 소프트웨어 프로젝트는 실패한다.

이 같은 문제를 해결하기 위해 도메인 주도 설계는 도메인 전문가가 소프트웨어 엔지니어에게지식을 전달하기 위한 더 나은 방법을 제안하는데, 유비쿼터스 언어가 바로 그것이다.

유비쿼터스 언어란 무엇인가?

유비쿼터스 언어를 사용하는 것은 도메인 주도 설계의 초석이다. 아이디어는 간단하다. 참가자들이 효과적으로 소통하기 위해 변환에 의존하지 말고 같은 언어를 사용하는 것이다.

---

3 참가자들이 줄을 서서 첫 번째 플레이어가 준비한 메시지를 두 번째 플레이어에게 속삭인다. 두 번째 플레이어는 그 메시지를 그다음 플레이어에게 반복한다. 마지막 플레이어가 들은 메시지를 전체 참가자에게 알리면 첫 번째 플레이어는 원본 메시지와 마지막 메시지를 비교한다. 같은 메시지를 전달하는 것이 목적이지만 보통 마지막 플레이어는 원본 메시지와 상당히 다른 메시지를 받는다.

굉장히 상식적으로 들리지만, 볼테르(Voltaire)는 일찍이 이렇게 말했다. "우리가 말하는 상식은 실제로 일반적이지 않다(Common sense is not so common)".[4] 전통적인 소프트웨어 개발 생애주기에서 변환이 어떻게 일어나는지 정리해보면 다음과 같다.

- 도메인 지식이 분석 모델로
- 분석 모델이 요구사항으로
- 요구사항은 시스템 설계로
- 시스템 설계는 소스코드로

반면에 도메인 주도 설계에서는 이같이 도메인 지식을 계속해서 변환하는 대신, 비즈니스 도메인을 설명하기 위한 단일화된 언어 체계를 세우고자 하는데, 이것이 바로 유비쿼터스 언어다.

소프트웨어 엔지니어, 제품 소유자, 도메인 전문가, UI/UX 디자이너와 같은 프로젝트와 관련된 모든 이해관계자는 비즈니스 도메인을 설명할 때 유비쿼터스 언어를 사용해야 한다. 가장 중요한 것은 도메인 전문가가 유비쿼터스 언어를 사용해 비즈니스 도메인을 추론하는 데 편안함을 느껴야 한다는 점이다.

모든 프로젝트 참가자의 공통된 이해는 오직 유비쿼터스 언어와 그 용어의 지속적인 사용을 통해서만 함양될 수 있다.

비즈니스 언어

유비쿼터스 언어는 비즈니스 언어라는 점을 강조하고 싶다. 그렇기 때문에 기술 용어는 빼고 비즈니스 도메인에 관련된 용어로만 구성해야 한다. 비즈니스 도메인 전문가에게 싱글턴 (singleton)과 추상 팩토리(abstract factory)를 가르치는 것이 목적이 아니다. 유비쿼터스 언어는 도메인 전문가의 이해와 비즈니스 도메인에 대한 멘탈 모델을 쉽게 이해할 수 있는 관점으로 표현하는 것을 목표로 한다.

---

4 (옮긴이) '동일한 상식조차도 모든 사람의 내면에서 이해하는 의미는 제각각이다'라는 뜻

시나리오

광고 캠페인 관리 시스템을 만들고 있다고 가정하고 다음 문장을 읽어보자.

- 광고 캠페인은 다양한 창의적인 자료를 전시할 수 있다.

- 캠페인은 최소한 하나의 광고 할당이 활성화되어야 게시된다.

- 판매 커미션은 거래가 승인된 후에 회계 처리된다.

모든 문장은 비즈니스 언어로 작성됐다. 즉, 문장은 비즈니스 도메인을 바라보는 도메인 전문가의 시각을 반영한다. 반면, 다음 문장은 철저하게 기술적이어서 유비쿼터스 언어의 개념에 맞지 않는다.

- 광고의 아이프레임(iframe)은 HTML 파일을 표시한다.

- 캠페인은 '활성–할당(active–placement)' 테이블에 하나의 연관 레코드가 있어야 게시된다.

- 판매 커미션은 거래(transaction) 테이블과 판매–승인(approved–sales) 테이블의 연관 레코드에 근거하여 처리된다.

후자의 문장은 순수하게 기술적이어서 도메인 전문가가 이해하기에 명확하지 않을 것이다. 개발자가 이같이 기술적이고 솔루션 중심의 관점에서만 비즈니스 도메인을 바라보는 데 익숙하다고 가정해보자. 이 경우, 개발자는 비즈니스 로직을 완전히 이해할 수 없거나 비즈니스 로직이 왜 그렇게 운영되는지 이해할 수 없어 결국 효과적으로 솔루션을 구현하는 능력이 제한될 것이다.

일관성

유비쿼터스 언어는 반드시 정확하고 일관성이 있어야 한다. 가정할 필요가 없어야 하고 비즈니스 도메인의 로직을 명료하게 표현해야 한다.

모호성이 커뮤니케이션을 방해하기 때문에 유비쿼터스 언어의 용어는 오직 하나의 의미를 가져야 한다. 불분명한 용어의 몇 가지 예와 개선 방법을 살펴보자.

모호한 용어

어떤 비즈니스 도메인에서는 **정책(policy)**이라는 용어가 규제 규칙 또는 보험 계약과 같은 여러 의미를 가진다. 정확한 의미는 맥락에 따라 사람 간의 상호작용을 통해서만 알 수 있다. 그러나 소프트웨어는 모호성에 잘 대처하지 못하며, '정책'이라는 개체(entity)를 코드로 모델링하기가 어려울 수 있다.

유비쿼터스 언어는 용어마다 단일 의미를 갖게 하기 때문에 '정책'의 경우 **'규제 규칙 (regulatory rule)'**과 **'보험 계약(insurance contract)'**의 두 용어를 사용하여 명확한 모델을 만들어야 한다.

동의어

유비쿼터스 언어에서 두 용어는 서로 바꿔 사용할 수 없다. 예를 들어, **'사용자'**라는 용어는 수많은 시스템에서 사용한다. 그러나 도메인 전문가의 언어로 신중하게 설명하면 **'사용자'**와 **'방문자'**, **'관리자'**, **'계정'** 등의 다른 용어가 혼용된다는 것을 발견할 수 있다.

동의어는 처음에는 해로워 보이지 않는다. 그러나 대부분의 경우 다른 개념을 가진다. 앞의 예제에서 **'방문자'**와 **'계정'** 모두 기술적으로 시스템의 사용자를 가리킨다. 그러나 대부분 시스템에서 미등록 사용자와 등록된 사용자는 다른 역할을 가지고 다른 행동을 한다. 예를 들어, **'방문자'** 데이터는 주로 분석 목적으로 사용되는 반면, **'계정'**은 시스템의 기능을 실제로 사용한다.

특정 컨텍스트 안에서 각각의 용어를 사용하는 것이 바람직하다. 용어의 차이점을 이해해야 간단하고 명확한 모델을 구축하고 비즈니스 도메인 객체의 구현이 가능하다.

비즈니스 도메인 모델

이번에는 모델링의 관점에서 유비쿼터스 언어를 살펴보자.

모델이란 무엇인가?

> *"모델이란 사물이나 현상에서 의도한 관점만 강조하고 다른 측면은 무시하여 간략히 표현한 것이다. 즉, 특정 용도를 마음에 둔 추상화의 결과다."*
>
> – 레베카 워프스-브록(Rebecca Wirfs-Brock)

모델은 실세계의 복제가 아니라 우리가 실제 시스템을 이해하는 데 도움을 주는 인간의 창조물이다.

모델을 잘 설명하는 예시 중 하나는 지도다. 그림 2-3의 예시와 같이 길 안내 지도, 지형도, 세계 지도, 지하철 노선도 등 모든 지도는 일종의 모델이다.

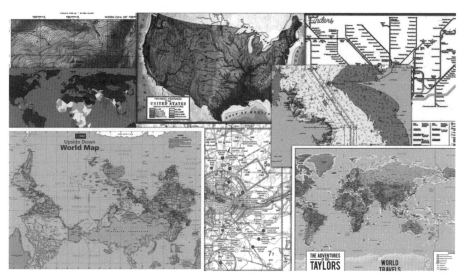

그림 2-3. 도로, 표준 시간대, 항해 항법, 지형, 항공 항법, 지하철 노선 등 다양한 형태의 지도는 지구의 다양한 모델을 표현한다.

이 지도 중 어느 것도 우리 행성의 세부적인 것을 모두 나타내지는 않는다. 대신, 각 지도는 특정 목적을 지원하는 데 충분한 자료만 담고 있다. 이 특정 목적이 바로 그 지도가 풀고자 하는 문제다.

효과적인 모델링

모든 모델에는 목적이 있고 효과적인 모델은 그 목적을 달성하는 데 필요한 세부사항만 포함한다. 예를 들어, 세계 지도에서는 지하철 정거장 정보를 볼 수 없다. 반면, 지하철 노선도에서는 거리를 측정할 수 없다. 각 지도는 제공해야 할 정보만을 포함한다.

바로 이 점이 중요하다. 즉, 유용한 모델은 실세계의 복사본이 아니라 문제를 해결하려는 의도가 있으며, 그 목적에 필요한 정보만 제공해야 한다. 이런 의미에서 통계학자 조지 박스(George Box)는 다음과 같이 말했다. "모든 모델은 문제가 있지만, 일부는 유용하다(All models are wrong, some are useful)."

모델은 본질적으로 추상화의 결과다. 추상화 개념은 불필요한 상세 정보를 생략하여 복잡한 문제를 다룰 수 있게 하고 당면한 문제를 푸는 데 필요한 정보만 남게 한다. 반면, 비효과적인 추상화는 필요한 정보를 제거하거나 필요 없는 정보를 포함해 잡음을 유발한다. 에츠허르 데이크스트라(Edsger W. Dijkstra)는 자신의 논문 "겸손한 프로그래머(The Humble Programmer)[5]"에서 추상화의 목적은 모호함이 아니라 절대적으로 정확할 수 있는 새로운 의미론적 수준(semantic level)을 만드는 것이라고 했다.

비즈니스 도메인 모델링

유비쿼터스 언어를 발전시키는 것은 사실상 비즈니스 도메인 모델을 구축하는 셈이다. 모델은 비즈니스가 기능을 어떻게 구현하느냐에 대한 도메인 전문가의 사고 프로세스인 멘탈 모델을 포착해야 한다. 모델은 관련된 비즈니스 엔티티(business entity)와 그것의 행동, 인과 관계, 불변성 등을 반영해야 한다.

유비쿼터스 언어는 도메인의 모든 가능한 상세 정보를 포함하는 게 아니다. 이는 마치 모든 이해관계자를 도메인 전문가로 만들려는 것과 같다. 대신, 모델은 필요한 시스템을 구현하는 데, 즉 소프트웨어가 해결하고자 하는 특정 문제를 해결하는 데 필요한 만큼의 비즈니스 도메인 관점을 포함하면 된다. 이후 장에서는 유비쿼터스 언어가 어떻게 저수준의 설계와 구현 의사결정을 내릴수 있게 하는지 살펴본다.

엔지니어링 팀과 도메인 전문가의 효과적인 커뮤니케이션은 필수다. 비즈니스 도메인이 복잡할수록 커뮤니케이션의 중요성은 커진다. 비즈니스 도메인이 복잡할수록, 비즈니스 로직을 모델링하고 코드로 구현하기가 더 어렵다. 비즈니스 도메인의 이해를 확인할 신뢰성 있는 유일한 방법은 도메인 전문가가 이해할 수 있는 비즈니스 언어로 대화하는 것이다.

지속적인 노력

유비쿼터스 언어를 정형화(formulation)하려면 언어의 소유자인 도메인 전문가와의 상호작용이 필요하다. 오직 실제 도메인 전문가와의 상호작용만이 비즈니스 도메인에 대한 부정확함이나 잘못된 가정, 또는 전체적인 이해 오류를 발견할 수 있다.

---

5 Edsger W. Dijkstra, "The Humble Programmer". https://oreil.ly/LXd4W

모든 이해관계자는 모든 프로젝트와 관련된 커뮤니케이션에 유비쿼터스 언어를 지속적으로 사용해서 지식 공유를 확산하고 비즈니스 도메인에 대한 공유된 이해를 강화해야 한다. 요구사항, 테스트, 문서화, 심지어 소스코드 자체 등 프로젝트 전반에 걸쳐 이 언어를 지속해서 사용해야 한다.

가장 중요한 점은 유비쿼터스 언어를 발전시키는 것은 진행형이라는 것이다. 지속해서 검증하고 발전시켜야 한다. 모두가 이 언어를 일상적으로 사용하면 비즈니스 도메인에 대한 통찰을 얻을 것이다. 이런 획기적인 발전이 일어나면 새롭게 얻은 도메인 지식에 맞춰 유비쿼터스 언어 또한 발전해야 한다.

도구

유비쿼터스 언어를 수집하고 관리하는 과정을 돕는 도구와 기술이 있다. 예를 들어, 위키는 유비쿼터스 언어를 수집하고 관리하는 **용어집(glossary)**으로 사용될 수 있다. 이런 용어집은 비즈니스 도메인의 용어에 대한 정보를 얻을 수 있는 거점 역할을 하므로 새로운 팀원이 쉽게 적응하게 해준다.

또한 다 함께 용어집을 유지보수하는 것이 중요하다. 유비쿼터스 언어가 변경되면 모든 팀원이 수정할 수 있게 독려해야 한다. 이는 팀 리더나 아키텍트만 용어집의 유지보수를 담당하는 중앙집중식 방식과 정반대다.

프로젝트 용어집을 유지보수하는 것의 장점이 명백함에도 불구하고, 여기에는 본질적 한계가 있다. 용어집은 엔티티의 이름, 과정, 역할 등의 '명사(noun)'에만 효과적이다. 명사가 중요하긴 하지만 행동(behavior)을 포착하는 것이 중요하다. 행동은 단순히 명사와 관련된 동사의 목록이 아니라 규칙, 가정, 그리고 불변성을 가진 실제 비즈니스 로직이다. 이런 개념은 용어집으로 문서화하기 훨씬 어렵다. 그러므로 용어집은 유스케이스 또는 **거킨 테스트(Gherkin test)**처럼 행동을 포착하는 데 적합한 다른 도구와 함께 사용하는 것이 가장 좋다.

거킨 언어(Gherkin language)[6]로 작성된 자동화 테스트는 유비쿼터스 언어를 포착하기에 좋은 언어일 뿐 아니라 도메인 전문가와 소프트웨어 엔지니어의 간극을 메우는 보조 도구로서의 역할을 할 수 있다. 도메인 전문가는 테스트를 읽고 시스템의 기대 행동을 검증할 수 있다.[7] 거킨 언어로 작성된 다음의 예제 테스트를 살펴보자.

---

6 https://en.wikipedia.org/wiki/Cucumber_(software)#Gherkin_language
7 하지만 도메인 전문가가 거킨 테스트를 작성할 거라 생각하는 우를 범하지 말자.

Scenario: 에이전트에게 새로운 지원 케이스에 대해 알린다.
    Given: 빈센트 줄스(Vincent Jules)는 다음 내용을 담은 새로운 지원 케이스를 제출한다:
    """
    나는 AWS Infinidash를 설정하는 데 도움이 필요하다.
    """
    When: 티켓이 울프 씨(Mr. Wolf)에게 할당된다.
    Then: 에이전트는 새로운 티켓에 대해 알림을 받는다.

거킨 기반의 테스트 스위트를 관리하는 것은 때때로 어려운 일이다. 특히 프로젝트 초기 단계에 더욱 그렇다. 그러나 복잡한 비즈니스 도메인인 경우 확실히 가치가 있다.

마지막으로 유비쿼터스 언어의 용어의 사용을 검증할 수 있는 정적 코드 분석 도구도 있다. 이런 도구 중 주목할 만한 예는 NDepend다.

이런 도구가 유용하긴 하지만 일상적인 상호작용에서 실제로 유비쿼터스 언어를 사용하는 것보다는 못하다. 도구를 사용하여 유비쿼터스 언어를 관리하더라도 문서화가 실제로 언어를 사용하는 것을 대체할 것으로 기대하지는 말자. 애자일 매니페스토[8]에서는 "프로세스나 도구보다 개인과 상호작용이 우선이다"라고 했다.

도전과제

이론상으로 유비쿼터스 언어를 발전시키는 것이 간단한 과정 같지만 실제로는 그렇지 않다. 도메인 지식을 수집하는 신뢰할 만한 유일한 방법은 도메인 전문가와 대화를 하는 것이다. 대부분의 경우 가장 중요한 지식은 암묵지다. 이것은 문서화되거나 코드로 작성되지 않고 도메인 전문가의 정신에만 존재한다. 여기에 접근하는 유일한 방법은 질문하는 것이다.

이 기법에 경험이 쌓이면 이 과정이 단순히 존재하는 지식을 발견하는 것뿐만 아니라 도메인 전문가와 협력해서 모델을 함께 만들어가는 것이 자주 포함된다는 사실을 알게 된다. 예를 들어 '성공하는 경우'의 시나리오만 정의하고 가정하기 어려운 극단적 사례는 고려하지 못하는 등 도메인 전문가라 하더라도 자신의 비즈니스 도메인에 대한 이해가 모호하거나 공백이 있을 수 있다. 게다가 명시적 정의가 없는 비즈니스 도메인 개념을 발견할 수도 있다. 그러므로 비즈니스 도메인의 특성에 대해 질문하면 종종 숨어있던 충돌과 공백을 찾아내 명확하게 할 수 있다. 이는

---

8 https://agilemanifesto.org/

특히 핵심 하위 도메인의 경우에 일반적이다. 이런 과정은 도메인 전문가가 자신의 영역을 더 잘 이해하도록 돕는 상호보완적인 배움의 과정이기도 하다.

브라운필드 프로젝트에 도메인 주도 설계를 적용하려 할 때 프로젝트에 비즈니스 도메인을 표현하는 언어가 이미 있어서 이해관계자가 사용하고 있을 수 있다. 하지만 그 언어가 DDD의 원칙을 따르지 않아서 비즈니스 도메인을 효과적으로 반영하지 않을 수 있다. 예를 들어, 데이터베이스 테이블 이름과 같은 기술적인 용어를 사용할 수 있다. 조직에서 이미 사용하고 있는 언어를 바꾸는 것은 쉽지 않을 것이다. 이 경우 필요한 도구는 바로 인내심이다. 문서화나 소스코드와 같이 제어하기 쉬운 부분부터 올바른 언어를 사용하도록 하자.

마지막으로 콘퍼런스에서 유비쿼터스 언어에 대해 자주 받는 질문은 회사에서 영어를 사용하지 않는 나라에서 어떤 언어를 사용해야 하느냐는 것이다. 나의 대답은 적어도 비즈니스 도메인 엔티티(entity)의 이름은 영어 명사로 하라는 것이다. 그러면 코드에서도 쉽게 동일한 용어를 사용하게 될 것이다.

결론

효과적인 커뮤니케이션과 지식 공유는 성공적인 소프트웨어 프로젝트에 필수다. 소프트웨어 엔지니어가 소프트웨어 솔루션을 설계하고 개발하기 위해서는 반드시 비즈니스 도메인을 이해해야 한다.

도메인 주도 설계의 유비쿼터스 언어는 도메인 전문가와 소프트웨어 엔지니어의 지식 간극을 메워주는 효과적인 도구다. 대화, 문서화, 테스트, 다이어그램, 소스코드 등 프로젝트 전반에 걸쳐 모든 이해관계자가 공유된 언어를 사용함으로써 커뮤니케이션과 지식 공유를 강화한다.

효과적인 커뮤니케이션을 위해서는 유비쿼터스 언어에서 반드시 모호성과 암묵적 가정을 제거해야 한다. 언어의 모든 용어는 일관성이 있어야 하며 모호하지 않고 동의어가 없어야 한다.

유비쿼터스 언어를 육성하는 것은 지속적인 과정이다. 프로젝트가 발전함에 따라 더 많은 도메인 지식이 발견된다. 이런 통찰이 유비쿼터스 언어에 반영되는 것이 중요하다.

위키 기반 용어집과 거킨 테스트 같은 도구는 유비쿼터스 언어를 문서화하고 유지보수하는 과정을 상당히 쉽게 해준다. 그러나 효과적인 유비쿼터스 언어의 전제조건은 언어를 사용해야 한다는 것이다. 즉, 유비쿼터스 언어를 모든 프로젝트 관련 커뮤니케이션에서 일관되게 사용해야 한다.

연습문제

1. 누가 유비쿼터스 언어를 정의하는 데 기여해야 할까?

    a. 도메인 전문가

    b. 소프트웨어 엔지니어

    c. 최종 사용자

    d. 프로젝트의 모든 이해관계자

2. 유비쿼터스 언어는 어디에 사용돼야 할까?

    a. 사적인 대화

    b. 문서화

    c. 코드

    d. 위 사항 모두

3. 서문에 있는 가상회사 울프데스크의 설명에서 비즈니스 도메인 용어를 식별해보자.

4. 현재 참여하고 있거나 과거에 참여했던 소프트웨어 프로젝트에 관한 질문이다.

    a. 도메인 전문가와의 대화에서 사용할 수 있는 비즈니스 도메인의 개념을 설명해보라.

    b. 비즈니스 도메인 개념에서 서로 다른 용어로 동일한 개념을 표현하거나 동일 용어가 다른 의미를 나타내는 등 일관성이 없는 용어의 예를 식별해보자.

    c. 커뮤니케이션 문제로 인해 효과적이지 못한 소프트웨어 개발을 경험한 적이 있는지 생각해보자.

5. 프로젝트를 진행하고 있는데, 다른 단위 조직의 도메인 전문가가 비즈니스 도메인의 개념과 관련 없는 것을 설명하기 위해 예를 들어 '정책'과 같은 동일한 용어를 사용하는 경우를 가정해보자. 결과적으로 이 유비쿼터스 언어는 도메인 전문가의 멘탈 모델을 반영해야 하는데, 단일 의미를 가지는 용어라는 요건을 충족하지 못하게 됐다. 이 난제를 어떻게 다룰 것인지 생각해보자.

03

도메인 복잡성 관리

이전 장에서 보았듯이 프로젝트의 성공을 보장하려면 소프트웨어 엔지니어부터 도메인 전문가에 이르기까지 모든 이해관계자가 의사소통에 사용할 수 있는 유비쿼터스 언어를 개발하는 것이 중요하다. 언어는 비즈니스 도메인의 내부 동작과 기본 원칙에 대한 도메인 전문가의 멘탈 모델을 반영해야 한다.

우리의 목표는 유비쿼터스 언어를 사용하여 소프트웨어 설계의 의사결정을 내리는 것이기 때문에 언어는 명확하고 일관성이 있어야 한다. 모호성, 암묵적인 가정, 관련 없는 세부사항이 없어야 한다. 그러나 조직 규모에 따라 도메인 전문가의 멘탈 모델은 일관성이 없을 수 있다. 같은 비즈니스 도메인에서도 도메인 전문가마다 서로 다른 모델을 사용할 수 있다. 예제를 살펴보자.

일관성 없는 모델

2장의 텔레마케팅 회사의 예로 돌아가 보자. 회사의 마케팅 부서는 온라인 광고를 통해 리드(lead)를 생성한다. 영업 부서는 잠재고객이 제품이나 서비스를 구매하도록 유도하는 역할을 하며, 이것이 그림 3-1에 나와 있다.

그림 3-1. 비즈니스 도메인 예시: 텔레마케팅 회사

도메인 전문가의 언어를 살펴보면 특이한 점이 있다. **리드(lead)**라는 용어가 마케팅과 영업 부서에서 서로 다른 의미로 사용된다.

마케팅 부서

마케팅 담당자에게 리드는 누군가가 제품 중 하나에 관심이 있다는 알림을 나타낸다. 잠재고객의 연락처 정보를 수신하는 이벤트는 리드로 간주된다.

영업 부서

영업 부서 컨텍스트에서 리드는 훨씬 더 복잡하다. 리드는 영업 프로세스의 전체 수명주기를 나타낸다. 리드는 단순한 이벤트가 아니라 장기적으로 진행되는 과정이다.

텔레마케팅 회사의 경우 유비쿼터스 언어를 어떻게 공식화할까?

우리는 유비쿼터스 언어가 일관성이 있어야 한다는 것을 알고 있다. 각 용어는 하나의 의미를 가져야 한다. 또한 유비쿼터스 언어가 도메인 전문가의 멘탈 모델을 반영해야 하는 것도 알고 있다. 텔레마케팅 회사의 경우 영업과 마케팅 부서의 도메인 전문가 사이에 '리드'의 멘탈 모델은 차이가 있다.

이러한 모호성은 개인 대 개인의 의사소통에는 그다지 큰 문제가 되지 않는다. 실제로 다른 부서의 사람들 사이에서 의사소통이 더 어려울 수 있지만, 사람들이 서로 상호작용하면서 정확한 의미를 추론하는 것은 쉽다.

그러나 이러한 다양한 비즈니스 도메인 모델을 소프트웨어로 표현하는 것은 더 어렵다. 소스코드는 모호성에 잘 대처하지 못한다. 영업 부서의 복잡한 모델을 마케팅 부서에 적용하면 필요하지 않은 곳에서 복잡성을 키우게 될 것이다. 마케팅 담당자가 광고 캠페인을 최적화하는 데 필요한 것보다 훨씬 더 많은 불필요한 세부 사항과 행동이 있기 때문이다. 하지만 마케팅 관점에 따라 영업 모델을 단순화하려고 하면 영업 프로세스를 관리하고 최적화하기에는 너무 단순하기 때문에 영업 하위 도메인의 요구에 맞지 않다. 첫 번째 경우에는 엔지니어링이 과도한 솔루션(over-engineered)을, 두 번째 경우에는 엔지니어링이 조금 더 필요한 솔루션(under-engineered)을 얻게 된다.

이 딜레마를 어떻게 해결할까?

이 문제에 대한 전통적인 솔루션은 모든 종류의 문제에 사용할 수 있는 단일 모델을 설계하는 것이다. 이러한 모델은 전체 사무실 벽에 걸쳐 있는 거대한 ERD(Entity Relationship Diagram: 엔티티 관계 다이어그램)를 생성한다. 그림 3-2는 효과적인 모델일까?

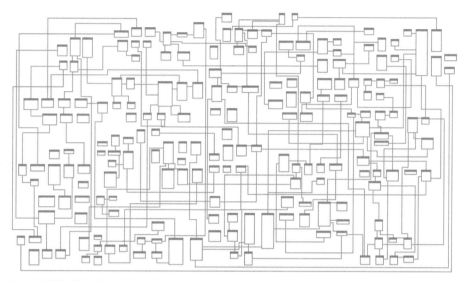

그림 3-2. 전사적 엔티티 관계 다이어그램

'이것저것 다 잘하는 사람은 단 한 분야에서도 달인이 될 수 없다(Jack of all trades, master of none)'라는 격언이 있다. 이러한 모델은 모든 것에 적합해야 하지만 결국에는 아무 소용이 없다. 무엇을 하든지 항상 복잡성에 직면하게 된다. 즉, 관련 없는 세부사항을 필터링하는 복잡성, 필요한 것을 찾는 복잡성, 가장 중요하게는 데이터를 일관된 상태로 유지해야 하는 복잡성에 직면하게 된다.

또 다른 솔루션은 '마케팅 리드', '영업 리드'와 같이 문맥상 정의에 문제가 있는 용어 앞에 접두사를 추가하는 것이다. 그러면 두 모델을 코드로 만들 수 있다. 그러나 이 접근 방식에는 두 가지 주요 단점이 있다. 첫째, 인지부하를 유발한다. 각 모델은 언제 사용해야 할까? 충돌하는 모델을 계속해서 구현할수록 실수하기 쉽다. 둘째, 모델의 구현이 유비쿼터스 언어와 일치하지 않는다. 아무도 대화에서 접두사를 사용하지 않을 것이다. 사람은 이런 추가 정보 없이도 대화의 맥락에 의존해 소통할 수 있기 때문이다.

이러한 시나리오를 다루기 위한 도메인 주도 설계 패턴 중 하나인 바운디드 컨텍스트라는 주제를 알아보자.

바운디드 컨텍스트란 무엇인가?

도메인 주도 설계에서 솔루션은 간단하다. 유비쿼터스 언어를 여러 개의 작은 언어로 나눈 다음 각 언어를 적용할 수 있는 명시적인 **바운디드 컨텍스트**(bounded context)에 할당하면 된다.

앞의 예에서 마케팅과 영업이라는 두 가지 바운디드 컨텍스트를 식별할 수 있다. 그림 3-3에서 보듯이 '**리드**'라는 용어는 두 가지 바운디드 컨텍스트에 모두 존재한다. 각 바운디드 컨텍스트에서 단일 의미를 갖는 한, 세분화된 유비쿼터스 언어 각각은 일관성을 띠며 도메인 전문가의 멘탈 모델을 따를 수 있다.

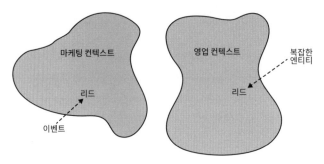

그림 3-3. 유비쿼터스 언어를 바운디드 컨텍스트로 분할하여 일관성이 없는 문제를 해결

어떤 의미에서 용어 충돌과 암시적 컨텍스트는 적당한 규모의 모든 비즈니스에 내재된 부분이다. 바운디드 컨텍스트 패턴을 사용하면 컨텍스트를 명시적이고 중요한 비즈니스 도메인의 요소로 모델링할 수 있다.

모델 경계

이전 장에서 논의했듯이 모델은 실제 세계의 복사본이 아니라 복잡한 시스템을 이해하는 데 도움을 주기 위해 구조화한 것이다. 우리가 해결하려는 문제는 모델 본연의 목적이다. 모델은 경계 없이 존재할 수 없다. 경계가 없다면 현실 세계의 복제본처럼 확장될 것이다. 따라서 모델의 경계(바운디드 컨텍스트)를 정의하는 것은 모델링 프로세스의 본질적인 부분이다.

지도를 모델로 사용한 예로 돌아가 보자. 각 지도에는 항공, 해상, 지형, 지하철 등 특정 컨텍스트가 있음을 확인했다. 지도는 특정 목적 범위 내에서만 유용하고 일관성이 있다.

지하철 노선도가 운행에 쓸모가 없듯이, 하나의 바운디드 컨텍스트의 유비쿼터스 언어는 다른 바운디드 컨텍스트의 범위에는 완전히 관련이 없다. 바운디드 컨텍스트는 유비쿼터스 언어와 해당 언어가 나타내는 모델의 적용 가능성을 규정한다. 서로 다른 문제 도메인에 따라 고유한 모델을 정의할 수 있다. 바운디드 컨텍스트는 유비쿼터스 언어의 일관성이 유지되는 경계다. 유비쿼터스 언어의 용어, 원칙, 비즈니스 규칙은 해당 바운디드 컨텍스트 내에서만 일관성이 있다.

정제된 유비쿼터스 언어

바운디드 컨텍스트를 통해 유비쿼터스 언어의 정의를 완성할 수 있다. 유비쿼터스 언어는 조직 전체에서 '유비쿼터스'하게 사용하고 적용돼야 한다는 의미에서 '유비쿼터스'가 아니다. 유비쿼터스 언어는 만능이 아니다.

대신 유비쿼터스 언어는 바운디드 컨텍스트 경계 안에서만 보편적으로 적용된다. 유비쿼터스 언어는 바운디드 컨텍스트에 포함된 모델을 설명하는 데만 집중한다. 모델은 우리가 해결해야 하는 문제 없이는 존재할 수 없기 때문에 유비쿼터스 언어는 명시적으로 적용 가능한 컨텍스트 없이 정의하거나 사용할 수 없다.

바운디드 컨텍스트의 범위

이번 장의 초반부에 나온 예제는 비즈니스 도메인의 고유한 경계를 보여주었다. 서로 다른 도메인 전문가들은 동일한 비즈니스 엔티티에 대해 상충되는 멘탈 모델을 가지고 있었다. 비즈니스 도메인을 모델링하기 위해 우리는 모델을 분할하고, 각 세분화된 모델에 적용 가능한 컨텍스트(바운디드 컨텍스트)를 엄격하게 정의해야 했다.

유비쿼터스 언어의 일관성은 해당 언어의 가장 넓은 경계를 식별하는 데 도움이 될 뿐이다. 일관성이 없는 모델과 용어가 있기 때문에 더 이상 커질 수 없다. 그러나 그림 3-4와 같이 모델을 더 작은 바운디드 컨텍스트로 분해할 수 있다.

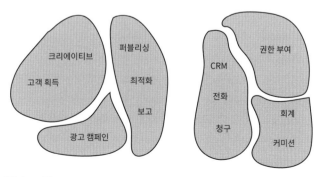

그림 3-4. 더 작은 바운디드 컨텍스트

유비쿼터스 언어의 범위(바운디드 컨텍스트)를 정의하는 것은 전략적인 설계 의사결정이다. 경계는 비즈니스 도메인의 고유한 컨텍스트에 따라 넓힐 수 있고, 비즈니스 도메인을 더 작은 문제 도메인으로 세분화하여 좁힐 수도 있다.

바운디드 컨텍스트의 크기 자체는 의사결정 요소가 아니다. 모델의 크기에 정답은 없다. 다만 모델 자체로 유용해야 한다. 유비쿼터스 언어의 경계가 넓을수록 일관성을 유지하기가 더 어렵다. 큰 유비쿼터스 언어를 더 작고 관리하기 쉬운 문제 도메인으로 나누는 것은 도움이 될 수 있지만, 바운디드 컨텍스트를 작게 만들기 위해 노력하는 것은 역효과를 낼 수 있다. 더 작게 만들수록 설계를 통합하는 오버헤드가 커진다.

따라서 바운디드 컨텍스트의 크기에 대한 결정은 문제 도메인이 무엇이냐에 따라 달라진다. 때로는 넓은 경계를 사용하는 것이 더 명확하고, 어떤 경우에는 분해하는 것이 더 합리적이다.

큰 바운디드 컨텍스트에서 세분화된 바운디드 컨텍스트를 추출하는 이유에는 새로운 소프트웨어 엔지니어링 팀을 구성하거나 시스템의 일부 비기능 요구사항을 해결하는 것이 포함된다. 예를 들어, 원래 단일 바운디드 컨텍스트에 있던 일부 컴포넌트의 개발 수명주기를 분리해야 하는 경우다. 하나의 기능을 추출하는 또 다른 일반적인 이유는 바운디드 컨텍스트의 나머지 기능과 독립적으로 확장할 수 있기 때문이다.

따라서 모델을 유용하게 유지하고 바운디드 컨텍스트의 크기를 비즈니스 요구사항과 조직의 제약사항에 맞춰라. 한 가지 주의할 점은 응집된 기능을 여러 바운디드 컨텍스트로 분할하는 것이다. 이러한 분할 방법은 각 컨텍스트가 독립적으로 발전하는 능력을 저해한다. 대신 같은 비즈니스 요구사항과 변경사항은 바운디드 컨텍스트에 동시에 영향을 끼치고, 변경에 대한 동시 배포가 요구된다. 이러한 비효율적인 분해를 피하기 위해 1장에서 논의한 경험을 바탕으로 하위 도메인을 찾는다. 같은 데이터에서 작동하는 응집된 유스케이스의 집합을 식별하되, 그것을 여러 개의 바운디드 컨텍스트로 분해하지 마라.

바운디드 컨텍스트의 경계를 지속해서 최적화하는 주제는 8장과 10장에서 계속해서 논의할 것이다.

바운디드 컨텍스트 대 하위 도메인

2장에서 비즈니스 도메인이 여러 하위 도메인으로 구성되는 것을 확인했다. 이번 장에서는 지금까지 비즈니스 도메인을 세분화된 문제 도메인 또는 바운디드 컨텍스트의 집합으로 분해하는 개념을 살펴봤다. 처음에는 비즈니스 도메인을 분해하는 두 가지 방법이 중복으로 보일 수 있다. 하지만 그렇지 않다. 두 경계가 모두 필요한 이유를 살펴보자.

하위 도메인

기업의 비즈니스 전략을 이해하려면 비즈니스 도메인을 분석해야 한다. 도메인 주도 설계 방법론에 따르면 분석 단계에는 다양한 하위 도메인(핵심, 지원, 일반)을 식별하는 작업이 포함된다. 그것이 바로 조직이 일하고 경쟁 전략을 계획하는 방식이다.

1장에서 배운 것처럼 하위 도메인은 상호 관련된 유스케이스 집합과 유사하다. 유스케이스는 비즈니스 도메인과 시스템 요구사항에 따라 정의된다. 소프트웨어 엔지니어로서 우리는 요구사항을 정의하지 않는다. 그것은 비즈니스가 담당한다. 대신 소프트웨어 엔지니어는 하위 도메인을 식별하기 위해 비즈니스 도메인을 분석한다.

바운디드 컨텍스트

반면에 바운디드 컨텍스트는 소프트웨어 엔지니어에 의해 설계된다. 모델의 경계를 선택하는 것은 전략적 설계의 의사결정이다. 우리는 비즈니스 도메인을 더 작고 관리 가능한 문제 도메인으로 어떻게 나눌지 정한다.

하위 도메인과 바운디드 컨텍스트 사이의 상호작용

비현실적이지만 이론적으로는 단일 모델이 전체 비즈니스 도메인에 적용될 수 있다. 이러한 전략은 그림 3-5와 같이 소규모 시스템에서 효과적일 수 있다.

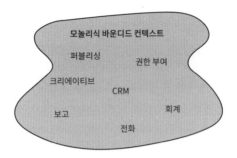

그림 3-5. 모놀리식 바운디드 컨텍스트

모델이 충돌하면 그림 3-6과 같이 도메인 전문가의 멘탈 모델을 따라 시스템을 바운디드 컨텍스트로 분해할 수 있다.

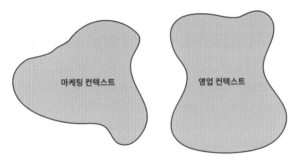

그림 3-6. 유비쿼터스 언어의 일관성에 따라 나눈 바운디드 컨텍스트

모델이 여전히 크고 유지보수하기 어려운 경우 더 작은 바운디드 컨텍스트로 분해할 수 있다. 예를 들어 각 하위 도메인에 대한 바운디드 컨텍스트로 나눌 수 있다.

그림 3-7. 하위 도메인 경계에 맞춰 나눈 바운디드 컨텍스트

어느 쪽이든 이것은 설계에 대한 의사결정이다. 우리는 이러한 경계를 솔루션의 일부로 설계한다.

어떤 시나리오에서는 바운디드 컨텍스트와 하위 도메인 간에 일대일 관계를 맺는 것이 완벽하게 합리적일 때가 있다. 반면 어떤 경우에는 다른 분해 전략이 더 적합할 수 있다.

중요한 것은 하위 도메인은 발견하고 바운디드 컨텍스트는 설계한다는 점이다.[1] 하위 도메인은 비즈니스 전략에 의해 정의된다. 그러나 소프트웨어 엔지니어는 특정 프로젝트의 컨텍스트와 제약 조건을 해결하기 위해 소프트웨어 솔루션과 바운디드 컨텍스트를 설계할 수 있다.

마지막으로 1장에서 배웠듯이 모델은 특정 문제를 해결하기 위한 것이다. 어떤 경우에는 같은 개념의 여러 모델을 동시에 사용하여 다른 문제를 해결하는 것이 도움이 될 수 있다. 각 지도 유형마다 지구에 대한 다른 유형의 정보를 제공하듯이 문제에 따라 동일한 하위 도메인에 대한 다른 모델을 사용하여 해결하는 것이 합리적일 수 있다. 바운디드 컨텍스트와 하위 도메인의 설계를 일대일 관계로 제한하면 이런 식의 유연성이 떨어지고 바운디드 컨텍스트 안에서 하나의 하위 도메인 모델만을 사용하게·된다.

경계

루스 말란(Ruth Malan)이 말했듯이 건축 설계는 본질적으로 경계에 대한 것이다.

> 건축 설계는 시스템 설계다. 시스템 설계는 상황에 맞는 설계다. 본질적으로 경계(무엇이 들어 있는지, 무엇이 밖으로 나가는지, 범위가 무엇인지, 그 사이를 이동하는지)와 균형에 관한 것이다. 내부의 모양을 구성하는 것처럼 외부의 모양도 재구성한다.[2]

바운디드 컨텍스트 패턴은 물리적 경계와 소유권 경계를 규정하기 위한 도메인 주도 설계 도구다.

물리적 경계

바운디드 컨텍스트는 모델 경계뿐만 아니라 이를 구현하는 시스템의 물리적 경계 역할도 한다. 각 바운디드 컨텍스트는 개별 서비스/프로젝트로 구현돼야 한다. 즉, 구현, 진화, 버전 관리를 각각의 다른 바운디드 컨텍스트와 독립적으로 해야 한다.

---

[1] 여기서 언급할 가치가 있는 예외가 있다. 조직에 따라 어쩌면 한 사람이 소프트웨어 엔지니어링과 비즈니스 개발을 모두 담당할 수 있다. 결과적으로 그 한 사람이 소프트웨어 설계(바운디드 컨텍스트)와 비즈니스 전략(하위 도메인) 모두에 영향을 줄 수 있다. 여기서 논의하는 (바운디드) 컨텍스트에서는 소프트웨어 엔지니어링에만 초점을 맞추고 있다.

[2] Bredemeyer Consulting, "What Is Software Architecture." 2021년 9월 22일 기준. https://www.brede meyer.com/who.htm

바운디드 컨텍스트 간의 명확한 물리적 경계를 통해 각 바운디드 컨텍스트를 요구사항에 가장 적합한 기술 스택으로 구현할 수 있다.

앞에서 논의한 바와 같이 바운디드 컨텍스트는 여러 하위 도메인을 포함할 수 있다. 이러한 경우 바운디드 컨텍스트는 물리적 경계고 하위 도메인은 논리적 경계다. 논리적 경계는 프로그래밍 언어의 종류에 따라 네임스페이스나 모듈, 패키지 같은 다른 이름을 갖는다.

소유권 경계

좋은 담장은 실제로 좋은 이웃을 만든다는 연구처럼, 이웃과 잘 지내기 위해서는 서로 간에 독립성과 존중을 유지하는 것이 필요하다. 소프트웨어 프로젝트에서도 팀 간의 평화로운 공존을 위해 모델 경계(바운디드 컨텍스트)를 활용할 수 있다. 팀 간의 작업 분배는 바운디드 컨텍스트 패턴을 사용하여 내릴 수 있는 또 다른 전략적 의사결정이다.

바운디드 컨텍스트는 한 팀에서만 구현, 발전, 유지 관리해야 한다. 두 팀이 같은 바운디드 컨텍스트에서 작업할 수 없다. 이러한 분리는 팀이 서로의 모델에 대해 만들 수 있는 암묵적인 가정을 제거한다. 대신 팀은 서로 다른 바운디드 컨텍스트로 분리된 모델과 시스템을 명시적으로 연동하기 위한 통신 프로토콜을 정의해야 한다.

팀과 바운디드 컨텍스트 간의 관계는 단방향이라는 점에 주목하라. 바운디드 컨텍스트는 한 팀만 소유해야 한다. 그러나 그림 3-8에서 볼 수 있듯이 단일 팀이 여러 개의 바운디드 컨텍스트를 소유할 수도 있다.

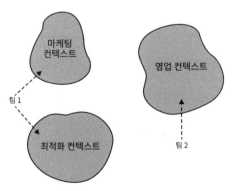

그림 3-8. 마케팅과 최적화 바운디드 컨텍스트에서 일하는 팀 1과 영업 바운디드 컨텍스트에서 일하는 팀 2

실생활의 바운디드 컨텍스트

도메인 주도 설계 수업 중 한 참석자는 다음과 같이 말했다. "DDD가 소프트웨어 설계를 비즈니스 도메인에 맞추는 것이라고 하셨어요. 하지만 실생활에서 바운디드 컨텍스트는 어디에 있나요? 비즈니스 도메인에는 바운디드 컨텍스트가 없어요."

실제로 바운디드 컨텍스트는 비즈니스 도메인과 하위 도메인만큼 분명하지 않지만, 도메인 전문가의 멘탈 모델이 있는 것처럼 존재한다. 소프트웨어 엔지니어는 도메인 전문가가 다양한 비즈니스 엔티티와 프로세스에 대해 어떻게 생각하는지 의식해야 한다.

소프트웨어에서 비즈니스 도메인을 모델링할 때 바운디드 컨텍스트가 있을 뿐만 아니라 다른 컨텍스트에서 다른 모델을 사용한다는 개념이 일반적으로 널리 퍼져 있음을 보여주는 예제를 논의하면서 이번 장을 마무리하겠다.

시맨틱 도메인

도메인 주도 설계의 바운디드 컨텍스트는 시맨틱 도메인[3]의 사전적 개념에 기반한다고 볼 수 있다. **시맨틱 도메인(semantic domain)**은 의미 영역과 해당 의미를 전달하기 위해 사용하는 단어 영역으로 구분한다. 예를 들어 **모니터(monitor)**, **포트(port)**, **프로세서(processor)**라는 단어는 소프트웨어와 하드웨어 엔지니어링 시맨틱 도메인에서 서로 다른 의미를 갖는다.

서로 다른 시맨틱 도메인의 다소 특이한 예는 **토마토**다.

식물학적 정의에 따르면 과일은 식물이 씨앗을 퍼뜨리는 방식이다. 과일은 식물의 꽃에서 자라야 하고 적어도 하나의 씨가 있어야 한다. 반면 채소는 식물의 식용 가능한 모든 부분인 뿌리, 줄기, 잎을 포괄하는 일반 용어다. 이 정의에 따르면 **토마토는 과일이다.**

그러나 그 정의는 요리의 맥락에서 거의 사용되지 않는다. 요리의 맥락에서 과일과 채소는 향미 프로필에 따라 정의된다. 과일은 식감이 부드럽고 단맛이나 신맛이 나며 생으로 즐길 수 있는 반면 채소는 식감이 더 질기고 맛이 떫으며 종종 요리해서 먹어야 한다. 이 정의에 따르면 **토마토는 채소다.**

---

3 Semantic Domain: https://en.wikipedia.org/wiki/Semantic_domain

따라서 **식물학의 바운디드 컨텍스트**에서 토마토는 과일이고 **요리의 바운디드 컨텍스트**에서는 채소다. 하지만 이게 다가 아니다.

1883년 미국은 수입 채소에 대해 10%의 세금을 부과했지만 과일에는 세금을 부과하지 않았다. 토마토를 식물학적으로 과일로 정의하면 수입세를 내지 않고 미국에 토마토를 수입할 수 있다. 법률상 허점을 보완하기 위해 1893년 미국 대법원은 토마토를 채소로 분류하기로 결정했다. 따라서 **과세라는 바운디드 컨텍스트에서 토마토는 채소다.**

게다가 내 친구 로미오 모라(Romeu Moura)가 말했듯이 **연극 공연의 바운디드 컨텍스트**에서 토마토는 피드백 메커니즘이다.

과학

역사학자 유발 노아 하라리(Yuval Noah Harari)는 이렇게 말했다. "과학자들은 일반적으로 어떤 이론도 100% 정확하지 않다는 데 동의한다. 그러므로 지식의 진정한 시험은 진리가 아니라 효용이다." 다시 말해, 모든 경우에 맞는 과학적 이론은 없다. 다른 이론은 다른 맥락 안에서 유용하다.

이 개념은 아이작 뉴턴과 알버트 아인슈타인이 도입한 서로 다른 중력 모델로 입증된다. 뉴턴의 운동 법칙에 따르면 공간과 시간은 절대적이다. 그것은 물체의 움직임이 일어나는 단계다. 아인슈타인의 상대성 이론에서 공간과 시간은 더 이상 절대적이지 않고 관찰자에 따라 다르다.

두 모델이 모순되는 것처럼 보일 수 있지만 둘 다 적절한 (바운디드) 컨텍스트에서 유용하다.

냉장고 구입

마지막으로 실생활에서 볼 수 있는 바운디드 컨텍스트에 대한 좀 더 실질적인 예를 살펴보자. 그림 3-9에서 무엇을 볼 수 있는가?

그림 3-9. 골판지 조각

그냥 골판지 조각일까? 아니다. 그것은 모델이다. 지멘스 KG86NAI31L 냉장고 모델이다. 자세히 보면 이 골판지 조각이 냉장고처럼 보이지 않는다고 말할 수 있다. 문도 없고 심지어 색깔도 다르다.

그것은 사실이지만 상관 없다. 우리가 논의한 바와 같이 모델은 실제 엔티티를 복사해서는 안 된다. 그 대신 목적, 즉 해결해야 할 문제가 있어야 한다. 따라서 골판지와 관련된 올바른 질문은 "이 모델은 어떤 문제를 해결하고자 하는가?"이다.

우리 아파트에는 부엌으로 들어가는 표준 입구가 없다. 골판지는 냉장고의 너비와 깊이의 크기로 정확하게 절단했다. 해결하려는 문제는 냉장고가 부엌문을 통과할 수 있는지 확인하는 것이다(그림 3–10 참조).

그림 3–10. 부엌 출입구에 놓은 골판지 모델

골판지가 냉장고처럼 보이지 않았지만 이 모델을 구매할지 더 작은 모델을 선택할지 결정할 때 매우 유용했다. 다시 말하지만 모든 모델이 잘못되었더라도 일부는 유용하다. 냉장고의 3D 모델을 만드는 것은 확실히 재미있는 프로젝트가 될 것이다. 그러나 골판지보다 더 효율적으로 문제를 해결할 수 있을까? 아니다. 판지가 맞으면 3D 모델도 맞고 그 반대도 마찬가지다. 소프트웨어 엔지니어링 측면에서 냉장고의 3D 모델을 만드는 것은 엄청나게 과도한 엔지니어링이다.

그러나 냉장고의 높이는 어떠한가? 받침대는 맞지만 너무 높아서 출입구에 맞지 않으면 어떻게 할까? 그것이 냉장고의 3D 모델을 함께 붙이는 것을 정당화할 수 있을까? 아니다. 간단한 줄자로 출입구 높이를 확인하면 훨씬 빠르고 쉽게 문제를 해결할 수 있다. 이 경우 줄자는 무엇일까? 또 다른 간단한 모델이다.

그래서 우리는 같은 냉장고에 대한 두 가지 모델을 갖게 되었다. 각각의 특정 작업에 최적화된 두 가지 모델을 사용하여 비즈니스 도메인 모델링에 대한 DDD 접근 방식을 반영한다. 각 모델에는 엄격한 바운디드 컨텍스트가 있다. 냉장고 바닥이 주방 입구를 통과할 수 있는지 확인하는 골판지와 세로로 너무 크지 않은지 확인하는 줄자다. **모델은 당면한 작업과 관련 없는 정보는 생략해야 한다.** 또한 여러 개의 훨씬 단순한 모델이 각 문제를 효과적으로 해결할 수 있다면 복잡한 만능 모델을 설계할 필요가 없다.

이 이야기를 트위터[4]에 올린 지 며칠이 지난 후 골판지를 만지작거리지 않고 LiDAR 스캐너와 증강 현실(AR) 애플리케이션이 있는 휴대전화를 사용할 수 있다는 답변을 받았다. 도메인 주도 설계 관점에서 이 제안을 분석해 보자.

댓글 작성자는 이것이 다른 사람들이 이미 해결한 문제이며 솔루션을 쉽게 찾을 수 있다고 말했다. 말할 필요도 없이 스캐닝 기술과 AR 애플리케이션은 모두 복잡하다. DDD 관점에서 보면 냉장고가 출입구를 통과할 수 있는지 확인하는 문제는 일반 하위 도메인이다.

결론

도메인 전문가의 멘탈 모델에 내재된 충돌을 발견할 때마다 유비쿼터스 언어를 여러 개 바운디드 컨텍스트로 분해해야 한다. 유비쿼터스 언어는 바운디드 컨텍스트의 범위 내에서 일관성이 있어야 한다. 그러나 서로 다른 바운디드 컨텍스트에서는 동일한 용어라도 다른 의미를 가질 수 있다.

하위 도메인이 발견되면 바운디드 컨텍스트도 설계한다. 도메인을 바운디드 컨텍스트로 나누는 것은 전략적 설계의 의사결정이다.

바운디드 컨텍스트와 유비쿼터스 언어는 한 팀에서 만들고 유지보수할 수 있다. 두 팀이 동일한 바운디드 컨텍스트에서 작업을 공유할 수 없다. 그러나 한 팀이 여러 개의 바운디드 컨텍스트에서 일하는 것은 가능하다.

바운디드 컨텍스트는 시스템을 서비스, 하위 시스템 등의 물리적 구성요소로 분해한다. 각 바운디드 컨텍스트의 수명주기는 서로 독립적이다. 각 바운디드 컨텍스트는 시스템의 나머지 부분과

---

4 https://twitter.com/vladikk/status/1335947978482339841

독립적으로 발전할 수 있다. 그러나 바운디드 컨텍스트는 시스템을 구성하기 위해 함께 작동해야 한다. 일부 변경은 의도치 않게 다른 바운디드 컨텍스트에 영향을 줄 수 있다. 다음 장에서 연쇄적인 변경으로부터 스스로를 보호하는 데 사용할 수 있는 바운디드 컨텍스트를 연동하기 위한 다양한 패턴에 대해 이야기할 것이다.

연습문제

1. 하위 도메인과 바운디드 컨텍스트의 차이점은 무엇일까?

    a. 바운디드 컨텍스트는 발견되고, 하위 도메인은 설계한다.

    b. 하위 도메인이 발견되고, 바운디드 컨텍스트는 설계한다.

    c. 바운디드 컨텍스트와 하위 도메인은 본질적으로 동일하다.

    d. 위에 정답 없음.

2. 바운디드 컨텍스트는 _____의 경계다. 빈칸에 들어갈 단어는 무엇일까?

    a. 모델

    b. 수명주기

    c. 소유권

    d. 모두 정답

3. 바운디드 컨텍스트의 크기에 대한 설명으로 옳은 것은?

    a. 바운디드 컨텍스트가 작을수록 시스템이 더 유연해진다.

    b. 바운디드 컨텍스트는 항상 하위 도메인의 경계와 일치한다.

    c. 바운디드 컨텍스트는 넓을수록 좋다.

    d. 때에 따라 다르다.

4. 바운디드 컨텍스트의 팀 소유권에 대한 설명으로 옳은 것은?

    a. 여러 팀이 동일한 바운디드 컨텍스트에서 작업할 수 있다.

    b. 하나의 팀은 여러 개 바운디드 컨텍스트를 소유할 수 있다.

    c. 바운디드 컨텍스트는 한 팀만 소유할 수 있다.

    d. B와 C가 맞다.

5. 서문에 있는 울프데스크 회사의 예를 검토하고 지원 티켓의 다양한 모델이 필요할 수 있는 시스템 기능을 식별해보자.

6. 이번 장에서 설명하는 것 외에 실생활에서 바운디드 컨텍스트의 예를 찾아보자.

바운디드 컨텍스트
연동

바운디드 컨텍스트 패턴은 유비쿼터스 언어의 일관성을 유지할 뿐만 아니라 모델링도 가능하게 한다. 모델의 목적, 즉 경계를 명시하지 않고는 모델을 구축할 수 없다. 경계가 언어의 책임을 구분 짓는다. 하나의 바운디드 컨텍스트 내의 언어는 특정 문제를 해결하는 비즈니스 도메인을 모델링한다. 다른 바운디드 컨텍스트가 동일한 비즈니스 엔티티(business entity)를 대표할 수 있지만, 이는 다른 문제를 해결하는 비즈니스 도메인을 모델링한다.

한편 다른 바운디드 컨텍스트의 모델은 서로 독립적으로 발전하고 구현될 수 있다. 그러나 바운디드 컨텍스트 자체는 독립적이지 않다. 시스템의 요소가 독립적으로 구성될 수 없듯이, 다시 말해, 시스템의 요소가 전체의 목적을 이루기 위해 상호작용해야 하듯이, 바운디드 컨텍스트의 구현도 마찬가지다. 서로 독립적으로 발전할 수 있지만, 상호작용해야 한다. 결국, 바운디드 컨텍스트 사이에는 항상 접점이 있는데 이것을 **컨트랙트(contract)**라고 부른다.

컨트랙트의 필요성은 바운디드 컨텍스트의 모델과 언어의 차이에서 비롯된다. 각 컨트랙트는 하나 이상의 당사자에 영향을 끼치므로 서로 조율해서 컨트랙트를 정의해야 한다. 또한 정의에 따르면, 바운디드 컨텍스트가 다르면 사용하는 유비쿼터스 언어도 다르다. 그렇다면 연동이 필요할 경우에는 어떤 언어를 사용해야 할까? 이와 같은 연동에 대한 고민은 솔루션 설계에서 평가되고 다뤄져야 한다.

이번 장에서는 바운디드 컨텍스트 간의 관계와 연동을 정의하는 도메인 주도 설계 패턴에 대해 배운다. 이러한 패턴은 바운디드 컨텍스트에서 작업하는 팀 간의 협력적 특성에 의해 주도된다. 이런 패턴을 협력, 사용자-제공자, 그리고 분리형 노선의 세 그룹으로 나누어서 살펴보자.

협력형 패턴 그룹

협력형(cooperation) 그룹의 패턴은 소통이 잘 되는 팀에서 구현된 바운디드 컨텍스트와 관련
이 있다.

가장 간단한 예시는 단일 팀에 의해 구현된 바운디드 컨텍스트다. 또한 한 팀의 성공이 다른 팀
의 성공에 달려있고, 그 반대도 마찬가지인 의존적 목표가 있는 팀에 해당된다. 다시 말해, 이 패
턴이 적합한 요건은 팀의 커뮤니케이션과 협업의 수준에 있다.

그러면 팀 간의 협력에 적합한 DDD의 두 가지 패턴인 파트너십 패턴과 공유 커널 패턴에 대해
알아보자.

파트너십 패턴

파트너십(partnership) 모델에서 바운디드 컨텍스트 간의 연동은 애드혹(ad-hoc) 방식으로
조정한다. 한 팀은 다른 팀에게 API의 변경을 알리고 다른 팀은 충돌 없이 이를 받아들인다(그
림 4-1 참조).

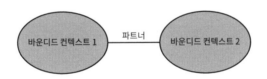

그림 4-1. 파트너십 모델

여기서 연동의 조정은 양방향에서 한다. 어떤 팀도 컨트랙트를 정의하는 데 쓰는 언어를 강요하
지 않는다. 양 팀은 차이점을 함께 해결하고 가장 적절한 솔루션을 선정한다. 또한 발생할 수 있
는 연동의 문제를 해결하는 데 양 팀 모두 협력한다. 서로 방해하지 않는다.

성공적인 연동을 위해서는 잘 구축된 협업 실무, 높은 수준의 헌신, 그리고 팀 간의 잦은 동기화
가 필수다. 기술적 관점에서 보면 연동의 피드백 경로를 더욱 최소화하기 위해 양 팀이 적용한
변경사항의 지속적인 통합이 필요하다.

이런 패턴은 동기화와 커뮤니케이션의 어려움 때문에 지리적으로 떨어져 있는 팀에게는 적합하
지 않을 수 있다.

공유 커널 패턴

바운디드 컨텍스트가 모델의 경계임에도 불구하고, 여전히 하위 도메인의 동일 모델 혹은 그 일부가 여러 다른 바운디드 컨텍스트에서 구현되는 경우가 있다. 공유 커널(shared kernel)과 같은 공유 모델은 모든 바운디드 컨텍스트의 필요에 따라 설계된다는 점을 강조하고 싶다. 더구나 공유 모델은 이를 사용하는 모든 바운디드 컨텍스트에 걸쳐서 일관성을 유지해야 한다.

사용자의 권한을 관리하는 모델을 내부에서 개발해 사용하는 기업 시스템을 예로 들어보자. 각각의 사용자는 권한을 직접 부여받거나 소속된 단위 조직에서 상속받는다. 각 바운디드 컨텍스트는 권한 모델을 수정할 수 있고 이 변경은 이 모델을 사용하는 다른 모든 바운디드 컨텍스트에 영향을 준다(그림 4-2 참조).

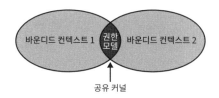

그림 4-2. 공유 커널

공유 범위

겹치는 형태의 모델은 해당되는 바운디드 컨텍스트의 수명주기도 서로 엮이게 한다. 공유 모델의 변경은 다른 모든 바운디드 컨텍스트에 즉시 영향을 준다. 그러므로 변경의 연쇄 영향을 최소화하려면 양쪽의 겹치는 모델을 제한해서 바운디드 컨텍스트에서 공통으로 구현돼야 하는 모델의 일부분만 노출하도록 해야 한다. 공유 커널은 바운디드 컨텍스트 간에 제공될 의도가 있는 연동 관련 컨트랙트와 자료구조만으로 구성하는 것이 이상적이다.

구현

공유 커널은 소스코드의 모든 변경이 이를 사용하는 모든 바운디드 컨텍스트에 즉시 반영되도록 구현된다.

만약 조직에서 단일 저장소를 사용한다면, 여러 바운디드 컨텍스트는 동일한 소스 파일을 참조할 수 있다. 이것이 불가능하다면 공유 커널을 각 바운디드 컨텍스트의 전용 프로젝트로 떼어내면 연결 라이브러리처럼 바운디드 컨텍스트에서 참조할 수 있다. 어떤 방식이든 공유 커널에 대한 변경이 생길 때마다 영향을 받는 모든 바운디드 컨텍스트와 연동 테스트를 수행해야 한다.

공유 커널은 여러 바운디드 컨텍스트에 속하기 때문에 변경은 지속적으로 통합돼야 한다. 공유 커널의 변경사항을 관련된 모든 바운디드 컨텍스트로 전파하지 않으면 모델의 일관성이 깨진다. 바운디드 컨텍스트가 변경 전의 공유 커널 구현을 참조하므로 데이터가 깨지거나 운영 중 문제가 발생할 수 있다.

공유 커널을 사용해야 하는 경우

공유 커널 패턴의 적용 여부를 결정하는 가장 중요한 기준은 중복 비용과 조율 비용의 비율이다. 이 패턴을 적용한 바운디드 컨텍스트 간에 강한 의존관계를 만들기 때문에 중복 비용이 조율 비용보다 클 경우에만 적용해야 한다. 다시 말해, 두 바운디드 컨텍스트가 공유하는 코드베이스에 대한 변경을 조율하려는 노력보다 공유하는 모델에 대한 변경을 통합할 때 드는 노력이 더 클 경우에 적용한다.

통합 비용과 중복 비용의 차이는 모델의 변동성(volatility)에 달렸다. 변경이 잦을수록 통합 비용은 높아진다. 그러므로 자연스럽게 공유 커널은 핵심 하위 도메인처럼 많이 변하는 하위 도메인에 적용된다.

어떤 의미에서 보면, 공유 커널 패턴은 앞 장에서 소개한 바운디드 컨텍스트의 원칙에 위배된다. 같은 팀이 공유 커널을 구현하지 않는다면 이는 단일 팀 원칙을 위반하는 것이다. 겹치는 형태의 모델인 공유 커널은 사실상 여러 팀이 함께 개발한다.

이러한 이유로 공유 커널을 사용하는 데는 명분이 필요하다. 이것은 신중하게 고려해야 하는 실용적인 예외로 볼 수 있다. 일반적으로 공유 커널을 구현하는 적용 사례는 예를 들어 지리적인 제약이나 조직의 정치적 문제로 커뮤니케이션 또는 협업이 어려워서 파트너십 패턴을 구현하기 어려울 때다. 적절한 조율 없이 밀접하게 연결된 기능을 구현하면 통합 문제, 모델의 동기화 문제, 설계 의사결정에 대한 논쟁 등의 문제를 발생시킨다. 통합의 문제를 일찍 발견하는 방법은 공유 커널의 범위를 최소화해 연쇄적인 변경의 범위를 줄이고 매번 변경할 때마다 통합 테스트를 돌리는 것이다.

공유 커널 패턴을 적용하는 또 다른 일반적인 적용 사례는 일시적이기는 하지만, 레거시 시스템을 점진적으로 현대화할 경우다. 이런 상황에서는 시스템을 서서히 바운디드 컨텍스트로 분해해서 공유 코드베이스로 만드는 것이 실용적인 중간 솔루션이 될 수 있다.

결국, 공유 커널은 동일 팀에서 소유하고 구현한 바운디드 컨텍스트를 연동하는 경우에 잘 맞는다. 이 경우 파트너십 패턴처럼 즉흥적으로 바운디드 컨텍스트를 연동하면 시간이 흐르면서 컨텍스트의 경계가 희미해질 수 있다. 이 경우에 바운디드 컨텍스트의 연동 컨트랙트를 명시적으로 정의하는 데 공유 커널을 사용할 수 있다.

사용자-제공자 패턴 그룹

협업 패턴 중에서 두 번째로 살펴볼 그룹은 사용자-제공자(customer – supplier) 패턴 그룹이다.

그림 4-3에서처럼 제공자는 사용자에게 서비스를 제공한다. 서비스 제공자는 '업스트림 (upstream)'이고 고객 또는 사용자는 '다운스트림(downstream)'이다.

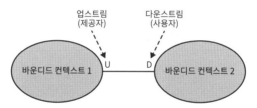

그림 4-3. 사용자-제공자 관계

협력 그룹의 경우와는 다르게 양 팀(업스트림과 다운스트림)은 서로 독립적으로 성공할 수 있다. 그러나 대부분의 경우 업스트림 또는 다운스트림의 팀이 연동 컨트랙트를 주도하는 권력의 불균형이 존재한다. 힘의 차이를 보여주는 세 가지 패턴, 즉 순응주의자, 충돌 방지 계층, 오픈 호스트 서비스 패턴을 살펴보자.

순응주의자 패턴

힘의 균형이 서비스를 제공하는 업스트림 팀에 있는 경우가 있다. 사용자의 요구를 지원할 동기가 없는 경우가 그렇다. 제공자의 모델에 따라 정의된 연동 컨트랙트를 제공할 뿐이므로 사용자의 선택지는 이를 받아들이거나 떠나거나 둘 중 하나다. 이런 힘의 불균형은 조직 외부의 서비스 제공자와 연동하는 경우 또는 단순히 조직의 정치적 이유에서 발생할 수 있다. 그림 4-4에 표현한 것처럼, 다운스트림 팀이 업스트림 팀의 모델을 받아들이는 바운디드 컨텍스트의 관계를 **순응주의자(conformist) 패턴**이라고 부른다.

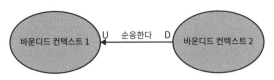

그림 4-4. 순응주의자 관계

업스트림 팀이 노출한 컨트랙트가 예를 들어 산업 표준이거나 잘 구축된 모델 또는 다운스트림 팀의 요건에 충분하다면 다운스트림 팀이 자율성의 일부를 포기하는 결정은 정당화될 수 있다.

다음 패턴은 사용자 팀이 제공자의 모델을 수용하지 않을 경우를 다룬다.

충돌 방지 계층 패턴

순응주의자 패턴에서 힘의 균형은 업스트림 서비스에 치우쳐 있다. 그러나 다운스트림 바운디드 컨텍스트가 이에 순응하지 않는 경우 그림 4-5에서 표현한 충돌 방지 계층을 통해 업스트림 바운디드 컨텍스트의 모델을 스스로의 필요에 맞게 가공할 수 있다.

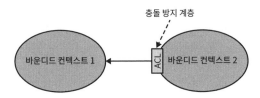

그림 4-5. 충돌 방지 계층을 통한 연동

충돌 방지 계층(ACL: anticorruption layer) 패턴은 다음 사례와 같이 제공자의 모델을 따르는 것을 원치 않거나 순응에 필요한 노력이 가치가 없을 경우를 다룬다.

다운스트림 바운디드 컨텍스트가 핵심 하위 도메인을 포함할 경우

핵심 하위 도메인은 각별한 주의가 필요하다. 제공자의 모델이 자칫 문제 도메인에 대한 모델링을 방해할 수 있다.

업스트림 모델이 사용자의 요건에 비효율적이거나 불편한 경우

바운디드 컨텍스트가 혼란에 순응하면 그 자체로 위험에 빠지게 된다. 이런 경우는 레거시 시스템과 연동할 때 종종 발생한다.

제공자가 컨트랙트를 자주 변경하는 경우

사용자는 잦은 변경으로부터 모델을 보호하기를 원한다. 충돌 방지 계층이 있으면 제공 모델의 변경은 변환 장치에만 영향을 미친다.

모델링 관점에서 볼 때 다운스트림 사용자가 제공자의 모델을 변환하면 자신의 바운디드 컨텍스트와 상관없는 외부의 개념으로부터 다운스트림 사용자를 안전하게 보호할 수 있다. 참고로 9장에서는 충돌 방지 계층을 구현하는 다양한 방법을 탐구한다.

오픈 호스트 서비스 패턴

이 패턴은 힘이 사용자 측에 있을 경우를 처리한다. 제공자는 사용자를 보호하고 가능한 최고의 서비스를 제공하는 데 관심이 있다.

구현 모델의 변경으로부터 사용자를 보호하기 위해 업스트림 제공자는 퍼블릭 인터페이스와 구현 모델을 분리한다. 이를 통해 그림 4-6과 같이 외부에 제공되는 퍼블릭 모델과 그 내부 구현을 다른 속도로 발전시킬 수 있다.

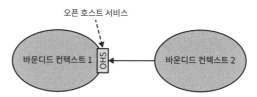

그림 4-6. 오픈 호스트 서비스를 통한 연동

위 그림에서 제공자의 퍼블릭 인터페이스는 자신의 유비쿼터스 언어를 따르는 대신, **연동 지향 언어(integration-oriented language)**를 통해 사용자에게 더 편리한 프로토콜을 노출하려 한다. 이런 퍼블릭 프로토콜을 **공표된 언어(published language)**라고 한다.

한편, **오픈 호스트 서비스(OHS: open-host service)** 패턴은 충돌 방지 계층 패턴의 반대다. 즉, 사용자 대신 제공자가 내부 모델 번역을 구현한다.

바운디드 컨텍스트의 구현 모델과 연동 모델을 분리하면 업스트림 바운디드 컨텍스트는 다운스트림 컨텍스트에 영향을 주지 않으면서 자신의 구현을 자유롭게 발전시킬 수 있다. 물론 이것은 수정된 구현 모델을 사용자가 이미 사용하는 공표된 언어로 번역할 수 있을 때만 가능하다.

또한 연동 모델을 분리하면 업스트림 바운디드 컨텍스트는 이미 공표된 언어의 여러 버전을 동시에 노출할 수 있어서 사용자가 점진적으로 새로운 버전으로 이관할 수 있게 한다(그림 4-7 참조).

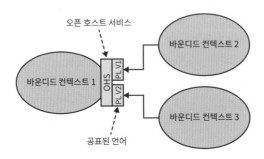

그림 4-7. 여러 버전의 공표된 언어를 노출하는 오픈 호스트 서비스

분리형 노선

마지막으로 살펴볼 협업 옵션은 전혀 협력하지 않는 것이다. **분리형 노선(separated ways) 패턴**에는 팀에 협업 의지가 없거나 협업할 수 없는 경우와 같이 다양한 이유가 있다. 여기서는 그중 몇 가지를 살펴본다.

커뮤니케이션 이슈

협업을 회피하는 일반적인 이유는 조직의 규모와 내부 정치 요인으로 인한 커뮤니케이션의 어려움 때문이다. 팀이 협업과 합의에 어려움을 겪고 있다면 여러 바운디드 컨텍스트 내에서 기능을 중복해서 가져가고 각자의 길을 가는 것이 더 비용 효과적이다.

일반 하위 도메인

중복된 하위 도메인의 특성도 협업 없이 분리된 길을 가야 하는 이유가 될 수 있다. 만일 일반 하위 도메인이 일반 솔루션과 연동하는 것이 쉽다면 각 바운디드 컨텍스트 내에서 각자 연동하는 것이 더욱 비용 효과적일 수 있다. 한 예로 로깅 프레임워크가 있다. 바운디드 컨텍스트 중 한곳에서 이를 서비스로 노출하는 것은 바람직하지 않을 것이다. 여러 컨텍스트 간에 기능 중복이 없을 경우의 장점보다 그러한 솔루션을 연동했을 때 더해지는 복잡성이 더 클 것이다. 이런 경우에는 기능 중복이 협업보다 비용이 저렴하다.

모델의 차이

바운디드 컨텍스트의 모델 간의 차이도 협업 없이 분리된 길을 가야 하는 이유가 될 수 있다. 모델이 너무 달라서 순응주의자 관계가 불가능하고 충돌 방지 계층을 구현하는 것도 기능 중복보다 비용이 더 클 수 있다. 이런 경우에는 팀이 각자의 길을 가는 것이 더 비용 효과적이다.

 핵심 하위 도메인을 연동할 경우에는 협업 없는 분리형 노선은 피해야 한다. 하위 도메인의 중복 구현은 회사의 전략을 효과적이고 효율적으로 구현하는 것을 어렵게 한다.

컨텍스트 맵

시스템의 바운디드 컨텍스트 간의 연동 패턴을 분석하면 그림 4-8처럼 컨텍스트 맵으로 그릴 수 있다.

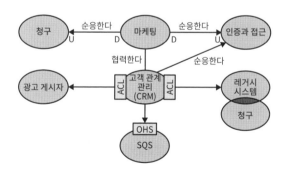

그림 4-8. 컨텍스트 맵

컨텍스트 맵은 시스템의 바운디드 컨텍스트와의 연동을 시각적으로 표현한다. 시각적 표기법은 다양한 수준에서 중요한 전략적 통찰력을 제공한다.

거시적 설계 관점

컨텍스트 맵은 시스템의 구성요소와 구현하는 모델의 개요를 제공한다.

커뮤니케이션 패턴

컨텍스트 맵은 시스템의 구성요소 간의 커뮤니케이션 패턴을 묘사한다. 예를 들어, 어떤 팀이 협력하고, 충돌 방지 계층과 분리형 노선 패턴과 같은 '덜 친밀한' 연동 패턴을 선호하는지 보여준다.

조직적 문제

컨텍스트 맵은 조직적 문제에 대한 통찰력을 제공한다. 가령 특정 업스트림 팀의 다운스트림 사용자가 모두 충돌 방지 계층을 구현하는 데 의존하거나 분리형 노선 패턴의 모든 구현이 한 팀에 집중된다면 이는 무엇을 의미할까?

유지보수

컨텍스트 맵은 프로젝트 초기부터 도입해서 새로운 바운디드 컨텍스트와 기존 요소에 대한 수정을 반영하는 것이 이상적이다. 컨텍스트 맵은 여러 팀이 작업한 정보를 담기 때문에 다 함께 유지보수하는 것이 제일 좋다. 각 팀은 자신이 담당하는 외부 바운디드 컨텍스트 연동에 대해 갱신한다. 컨텍스트 맵은 컨텍스트 매퍼(Context Mapper)[1] 같은 도구를 사용해서 코드로 관리할 수 있다.

한계

컨텍스트 맵을 작성하는 것은 어려운 작업이다. 여러 하위 도메인에 걸친 시스템의 바운디드 컨텍스트에는 작동하는 여러 연동 패턴이 있을 수 있다. 예를 들어, 그림 4-9는 파트너십과 충돌 방지 계층의 두 협력 패턴을 가진 두 개의 바운디드 컨텍스트를 보여준다.

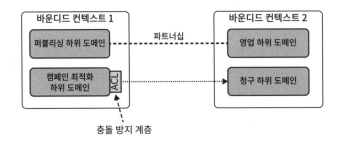

그림 4-9. 복잡한 컨텍스트 맵

---

1   https://contextmapper.org/

게다가 바운디드 컨텍스트가 단일 하위 도메인에 국한되더라도, 예를 들어, 하위 도메인의 모듈이 다른 통합 전략을 필요로 하는 경우 여전히 여러 통합 패턴이 있을 수 있다.

결론

바운디드 컨텍스트는 서로 독립적이지 않다. 서로 상호작용해야 한다. 다음의 패턴은 바운디드 컨텍스트가 연동하는 다양한 방법을 정의한다.

파트너십
바운디드 컨텍스트는 애드혹 방식으로 연동된다.

공유 커널
두 개 이상의 바운디드 컨텍스트가 참여하는 모든 바운디드 컨텍스트가 공유하는 제한적으로 겹치는 모델을 공유해서 연동한다.

순응주의자
사용자는 서비스 제공자의 모델에 순응한다.

충돌 방지 계층
사용자는 서비스 제공자의 모델을 사용자의 요건에 맞게 번역한다.

오픈 호스트 서비스
서비스 제공자는 사용자의 요건에 최적화된 모델인 공표된 언어를 구현한다.

분리형 노선
협력과 연동보다 특정 기능을 중복으로 두는 것이 더 저렴한 경우다.

바운디드 컨텍스트 간의 연동은 컨텍스트 맵으로 표현된다. 이를 통해 시스템의 거시적 설계 관점, 커뮤니케이션 패턴, 그리고 조직 문제에 대한 통찰력을 얻을 수 있다.

이제 비즈니스 도메인의 분석과 모델링을 위한 도메인 주도 설계 도구와 기법에 대해 배웠으니 전략적 관점에서 전술적 관점으로 넘어가 보자. 2부에서는 도메인 로직을 구현하고 거시적 수준의 아키텍처를 조직하고 시스템 구성요소 간의 커뮤니케이션을 조정하는 다양한 방법에 대해 배운다.

연습문제

1. 다음 중 핵심 하위 도메인에서 사용하지 말아야 할 연동 패턴은?

    a. 공유 커널

    b. 오픈 호스트 서비스

    c. 충돌 방지 계층

    d. 분리형 노선

2. 다음 다운스트팀 하위 도메인 중 충돌 방지 계층을 구현할 가능성이 가장 높은 것은?

    a. 핵심 하위 도메인

    b. 지원 하위 도메인

    c. 일반 하위 도메인

    d. B 와 C

3. 다음 업스트림 하위 도메인 중 오픈 호스트 서비스를 구현할 가능성이 가장 높은 것은?

    a. 핵심 하위 도메인

    b. 지원 하위 도메인

    c. 일반 하위 도메인

    d. A 와 B

4. 다음 연동 패턴 중 바운디드 컨텍스트의 경계 소유권을 위반한 것은?

    a. 파트너십

    b. 공유 커널

    c. 분리형 노선

    d. 모든 연동 패턴은 바운디드 컨텍스트의 소유권 경계를 위반해서는 안 된다.

Part 2

전술적
설계

1부에서 소프트웨어의 전략적 설계 측면에서 '무엇'과 '왜'에 대해 논의했다. 비즈니스 도메인을 분석하고, 하위 도메인과 그 전략적 가치를 식별하고, 비즈니스 도메인에 대한 지식을 다양한 모델을 구현하는 소프트웨어 구성요소인 바운디드 컨텍스트의 설계로 전환하는 방법을 배웠다.

2부에서는 전술적 설계 측면에서 '방법'에 대해 논의할 예정이다.

- 5장에서 7장까지는 바운디드 컨텍스트의 유비쿼터스 언어를 사용해서 비즈니스 로직을 구현하는 패턴을 배운다. 5장에서는 비교적 단순한 비즈니스 로직을 다루는 두 가지 패턴인 트랜잭션 스크립트와 액티브 레코드를 소개한다. 6장에서는 좀 더 어려운 사례로 들어가서 DDD에서 복잡한 비즈니스 로직을 구현하는 방식인 도메인 모델 패턴을 배운다. 7장에서는 시간 차원을 모델링하여 도메인 모델 패턴을 확장하는 방법을 배운다.

- 8장에서는 계층화된 아키텍처, 포트와 어댑터, CQRS(Command and Query Responsibility Segregation)[1] 패턴과 같은 바운디드 컨텍스트의 아키텍처를 구성하는 다양한 방법을 살펴본다. 이 장에서는 각 아키텍처 패턴의 본질과 각 패턴을 사용해야 하는 사례를 다룬다.

- 9장에서는 시스템 구성요소 간의 상호작용을 체계화하기 위한 기술적 문제와 구현 전략에 대해 설명한다. 바운디드 컨텍스트 연동을 지원하는 패턴, 신뢰할 수 있는 메시지 발행을 구현하는 방법, 복잡한 교차 구성요소 워크플로를 정의하기 위한 패턴을 학습한다.

---

1 (옮긴이) 시스템의 상태를 변경하는 작업(명령)과 조회하는 작업을 분리하는 것

05

간단한 비즈니스 로직 구현

비즈니스 로직은 소프트웨어에서 가장 중요한 부분이며 애초에 소프트웨어를 구현하는 이유이 기도 하다. 시스템의 사용자 인터페이스는 매력적일 수 있고 데이터베이스는 놀랍도록 빠르고 확장 가능할 수 있다. 하지만 소프트웨어가 비즈니스에 쓸모가 없다면 값비싼 기술 데모에 불과 하다.

2장에서 봤듯이 모든 비즈니스 하위 도메인을 동일하게 만들지 않는다. 하위 도메인마다 전략적 중요성과 복잡한 정도가 다르다. 이번 장에서는 비즈니스 로직 코드를 모델링하고 구현하는 다 양한 방법에 대해 검토할 것이다. 다소 단순한 비즈니스 로직에 적합한 두 가지 패턴인 트랜잭션 스크립트와 액티브 레코드부터 시작해보자.

트랜잭션 스크립트

> "프레젠테이션으로부터 단일 요청을 처리하는 여러 프로시저를 모아서 비즈니스 로직을 구현 하라."
>
> – 마틴 파울러(Martin Fowler)[1]

시스템의 퍼블릭 인터페이스는 그림 5-1과 같이 사용자가 실행할 수 있는 비즈니스 트랜잭션의 모음으로 볼 수 있다. 이러한 트랜잭션은 시스템에서 관리하는 정보를 검색, 수정 또는 둘 다 할

---

[1] (옮긴이) ≪리팩터링≫(한빛미디어, 2020)의 저자로도 잘 알려진 마틴 파울러의 ≪엔터프라이즈 애플리케이션 아키텍처 패턴≫(위키북스, 2015)에서 인용.

수 있다. 트랜잭션 스크립트 패턴은 프로시저를 기반으로 시스템의 비즈니스 로직을 구성하며, 각 프로시저는 퍼블릭 인터페이스를 통해 시스템 사용자가 실행하는 작업을 구현한다. 실제로 시스템의 퍼블릭 오퍼레이션은 캡슐화의 경계로 사용된다.

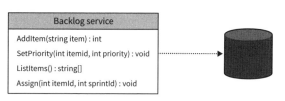

그림 5-1. 트랜잭션 스크립트 인터페이스

구현

각 프로시저는 간단하고 쉬운 절차지향 스크립트(procedural script)[2]로 구현한다. 저장 장치와 연동하기 위해 얇은 추상화 계층을 사용할 수 있지만 데이터베이스에 직접 접근도 가능하다.

이 프로시저가 구현해야 하는 유일한 요구사항은 트랜잭션 동작이다. **각 작업은 성공하거나 실패할 수 있지만, 유효하지 않은 상태를 만들면 안 된다.** 가장 곤란한 순간에 트랜잭션 스크립트 실행이 실패하더라도 시스템은 오류가 발생할 때까지 변경사항을 롤백하거나 보상 조치를 실행하여 일관성을 유지해야 한다. 패턴의 이름처럼 트랜잭션 스크립트에 트랜잭션 동작이 반영된다.

다음은 JSON 파일들을 XML 파일로 변환하는 트랜잭션 스크립트의 예다.

```
DB.StartTransaction();

var job = DB.LoadNextJob();
var json = LoadFile(job.Source);
var xml = ConvertJsonToXml(json);
WriteFile(job.Destination, xml.ToString());
DB.MarkJobAsCompleted(job);

DB.Commit()
```

---

2 (옮긴이) 객체지향 언어와 대비되는 개념으로, 절차지향은 순차적인 처리가 중요시되는 스크립트다.

그렇게 쉽진 않다!

도메인 주도 설계 수업에서 트랜잭션 스크립트 패턴을 소개하면 학생들이 종종 눈썹을 치켜들고 "여기에 시간을 할애할 가치가 있나요? 좀 더 고급 패턴과 기술을 배우기 위해 여기에 온 것 아닌가요?"라고 묻는다.

문제는 트랜잭션 스크립트 패턴이 다음 장에서 배우게 될 고급 비즈니스 로직 구현 패턴의 **기반**이라는 것이다. 게다가 겉보기에는 단순한데, 가장 틀리기 쉬운 패턴이기도 하다. 내가 다양한 방식으로 디버깅과 수정에 도움을 준 수많은 운영 시스템 문제는 시스템의 비즈니스 로직에서 트랜잭션 동작을 잘못 구현했기 때문에 발생했다.

트랜잭션 스크립트를 올바르게 구현하지 못해 발생하는 데이터 손상의 실제 사례 세 가지를 살펴보자.

트랜잭션 동작 구현 실패

트랜잭션 동작 구현에 실패한 간단한 예는 전체를 아우르는 트랜잭션 없이 여러 업데이트를 하는 경우다. Users 테이블의 레코드를 업데이트하고 VisitsLog 테이블에 레코드를 삽입하는 다음 메서드를 보자.

```
01  public class LogVisit
02  {
03    ...
04
05    public void Execute(Guid userId, DataTime visitedOn)
06    {
07      _db.Execute("UPDATE Users SET last_visit=@p1 WHERE user_id=@p2",
08          visitedOn, userId);
09      _db.Execute(@"INSERT INTO VisitsLog(user_id, visit_date)
10              VALUES(@p1, @p2)", userId, visitedOn);
11    }
12  }
```

만약 Users 테이블에 레코드가 업데이트되고 나서(7행) 9행에서 로그 레코드를 성공적으로 추가하기 전에 문제가 발생한다면 시스템이 일관되지 않은 상태가 된다. Users 테이블은 업데이트되지만 VisitsLog 테이블에는 해당 레코드가 기록되지 않는다. 이 문제는 네트워크 중단, 데이터베이스 시간 초과 또는 교착 상태, 프로세스를 실행하는 서버의 충돌로도 발생할 수 있다.

이 문제는 두 데이터 변경을 모두 포함하는 트랜잭션을 만들어서 해결할 수 있다.

```csharp
public class LogVisit
{
  ...

  public void Execute(Guid userId, DataTime visitedOn)
  {
    try
    {
      _db.StartTransaction();
      _db.Execute(@"UPDATE Users SET last_visit=@p1
                  WHERE user_id=@p2",
                  visitedOn, userId);
      _db.Execute(@"INSERT INTO VisitsLog(user_id, visit_date)
                  VALUES(@p1, @p2)",
                  userId, visitedOn);
      _db.Commit();
    } catch {
      _db.Rollback();
      throw;
    }
  }
}
```

관계형 데이터베이스에서 기본으로 지원하는 기능을 활용해서 여러 레코드에 걸친 트랜잭션을 쉽게 구현할 수 있다. 다중 레코드 트랜잭션을 지원하지 않는 데이터베이스에서 다중 업데이트를 하거나 분산 트랜잭션에서 통합할 수 없는 여러 개의 저장 장치로 작업하는 경우에는 상황이 더 복잡해진다. 후자의 예를 보자.

분산 트랜잭션

최신 분산 시스템에서는 데이터베이스의 데이터를 변경한 다음 메시지 버스에 메시지를 발행하여 시스템의 다른 컴포넌트에 변경사항을 알리는 것이 일반적이다. 이전 예에서 테이블에 방문 로그를 기록하는 대신 메시지 버스에 메시지를 발행해야 한다고 해보자.

```
01  public class LogVisit
02  {
03    ...
04
05    public void Execute(Guid userId, DataTime visitedOn)
06    {
07      _db.Execute("UPDATE Users SET last_visit=@p1 WHERE user_id=@p2",
08                  visitedOn,userId);
09      _messageBus.Publish("VISITS_TOPIC",
10                          new { UserId = userId, VisitDate = visitedOn });
11    }
12  }
```

앞의 예에서와 같이 7행 실행 이후 9행이 성공하기 전에 발생한 모든 오류는 시스템 상태를 손상시킨다. Users 테이블은 업데이트되지만 다른 컴포넌트는 메시지 버스에 메시지를 발행하는 데 실패했다는 알림을 받지 못한다.

안타깝게도 문제를 수정하는 것은 이전 예처럼 쉽지 않다. 여러 저장 장치에 걸쳐 있는 분산 트랜잭션은 복잡하고 확장하기 어렵고 오류가 발생하기 쉬우므로 일반적으로 피하는 방식이다. 8장에서는 CQRS 아키텍처 패턴을 사용하여 여러 저장 장치를 다루는 방법을 배운다. 또한 9장에서는 다른 데이터베이스에 변경사항을 커밋한 후 안정적인 메시지 발행을 가능하게 하는 아웃박스 패턴(outbox pattern)을 소개한다.

잘못된 트랜잭션 동작의 구현과 관련된 좀 더 복잡한 예를 살펴보자.

암시적 분산 트랜잭션

다음과 같이 믿을 수 없을 정도로 간단한 방법을 생각해보라.

```
public class LogVisit
{
  ...

  public void Execute(Guid userId)
  {
    _db.Execute("UPDATE Users SET visits=visits+1 WHERE user_id=@p1",
                userId);
  }
}
```

이전 예제처럼 마지막 방문 날짜를 추적하는 대신 이 메서드는 각 사용자에 대한 방문 카운터를 유지한다. 메서드를 호출하면 해당 카운터의 값이 1씩 증가한다. 메서드가 수행하는 모든 작업은 하나의 데이터베이스에 있는 하나의 테이블에서 하나의 값을 업데이트하는 것이다. 그러나 이것은 여전히 잠재적으로 일관성 없는 상태로 이어질 수 있는 분산 트랜잭션이다.

이 예제는 그림 5-2에서 볼 수 있듯이 메서드를 호출한 외부 프로세스와 데이터베이스에 정보를 전달하기 때문에 분산 트랜잭션을 구성한다.

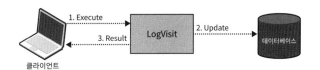

그림 5-2. 데이터를 업데이트하고 호출하는 자에게 작업의 성공 또는 실패를 알리는 LogVisit 작업

execute 메서드가 void 타입이라서 데이터를 반환하지 않지만 작업이 성공 또는 실패했는지 여부는 여전히 호출자에게 전달한다. 실패한 경우 호출자는 예외를 전달받는다. 메서드가 성공했지만 호출자에게 결과를 전달하는 데 실패하면 어떻게 될까? 예를 들면 다음과 같다.

- LogVisit이 REST 서비스의 일부이고 네트워크 중단이 발생한 경우

- LogVisit이 호출자가 동일한 프로세스에서 실행되고 있지만 호출자가 LogVisit 작업의 성공적인 실행을 추적하기 전에 프로세스가 실패하는 경우

두 경우 모두 사용자는 실패를 가정하고 LogVisit 호출을 다시 시도한다. LogVisit 로직을 다시 실행하면 카운터 값이 잘못 증가한다. 대체로 1이 아닌 2로 증가한다. 앞의 두 예제와 같이 코드

는 트랜잭션 스크립트 패턴을 올바르게 구현하지 못하고 의도와 다르게 시스템 상태를 손상시킨다.

이전 예제와 같이 이 문제를 간단하게 수정하는 방법은 없다. 모두 비즈니스 도메인과 해당 요구사항에 따라 달라진다. 이 예제에서 트랜잭션 동작을 보장하는 한 가지 방법은 작업을 멱등성(idempotent)으로 만드는 것이다. 즉, 같은 요청을 여러 번 반복하더라도 그 결과는 매번 동일하게 만드는 것이다.

예를 들어, 사용자에게 카운터 값을 전달하도록 요청할 수 있다. 카운터 값을 제공하기 위해 호출자는 먼저 현재 값을 읽고 로컬에서 증가시킨 다음 업데이트된 값을 매개변수로 제공해야 한다. 작업을 여러 번 실행하더라도 최종 결과는 변경되지 않는다.

```
public class LogVisit
{
  ...

  public void Execute(Guid userId, long visits)
  {
    _db.Execute("UPDATE Users SET visits = @p1 WHERE user_id=@p2",
            visits, userId);
  }
}
```

이러한 문제를 해결하는 또 다른 방법은 낙관적 동시성 제어(optimistic concurrency control)를 사용하는 것이다. LogVisit 작업을 호출하기 전에 호출자는 카운터의 현재 값을 읽고 매개변수로 LogVIsit에 전달했다. LogVisit은 호출자가 처음 읽은 값과 동일한 경우에만 카운터 값을 업데이트한다.

```
public class LogVisit
{
  ...

  public void Execute(Guid userId, long expectedVisits)
  {
    _db.Execute(@"UPDATE Users SET visits=visits+1
```

```
            WHERE user_id=@p1 and visits = @p2",
            userId, visits);
    }
}
```

WHERE...visits = @p2 조건이 충족되지 않으므로 같은 입력 매개변수를 사용하여 LogVisit을 이후에 다시 실행해도 데이터가 변경되지 않는다.

트랜잭션 스크립트를 사용하는 경우

트랜잭션 스크립트 패턴은 비즈니스 로직이 단순한 절차적 작업처럼 매우 간단한 문제 도메인에 효과적이다. 예를 들어 ETL(추출–변환–적재) 작업에서 각 작업은 원천 시스템에서 데이터를 추출하고 변환 로직을 적용하여 데이터를 다른 형식으로 변환하고 결과를 목적 시스템에 적재한다. 이 프로세스는 그림 5-3에 나와 있다.

그림 5-3. 추출–변환–적재 데이터 흐름

트랜잭션 스크립트 패턴은 정의상 비즈니스 로직이 단순한 지원 하위 도메인에 적합하다. 또한 일반 하위 도메인과 같은 외부 시스템과 연동하기 위한 어댑터로 사용하거나 충돌 방지 계층(9장에서 자세히 설명)의 일부로 사용할 수도 있다.

트랜잭션 스크립트 패턴의 주요 장점은 단순함이다. 최소한의 추상화를 도입하여 런타임 성능을 최적화하고, 비즈니스 로직을 이해하기 위한 시간을 최소화한다. 이러한 단순함은 패턴의 단점이 될 수도 있다. 비즈니스 로직이 복잡할수록 트랜잭션 간에 비즈니스 로직이 중복되기 쉽고 결과적으로 중복된 코드가 동기화되지 않을 때 일관성 없는 동작이 발생한다. 결과적으로 핵심 하위 도메인에는 트랜잭션 스크립트를 사용하면 안 된다. 핵심 하위 도메인의 비즈니스 로직이 복잡한 경우 트랜잭션 스크립트 패턴이 대처할 수 없다는 문제점이 발생할 수 있다.

이러한 단순함으로 인해 트랜잭션 스크립트는 항상 좋다고 할 수 없으며, 때로는 안티 패턴으로 취급되기도 한다. 결국 트랜잭션 스크립트로 복잡한 비즈니스 로직을 구현하면 머지않아 유지보수가 불가능한 커다란 진흙 덩어리가 될 것이다. 이러한 단순함에도 불구하고 소프트웨어 개발에서 트랜잭션 스크립트 패턴은 매우 흔하게 사용한다. 이번 장과 다음 장에서 논의할 비즈니스 로직 구현 패턴 모두 어떤 식으로든 트랜잭션 스크립트 패턴을 기반으로 한다.

액티브 레코드

> "데이터베이스 테이블 또는 뷰의 행을 감싸고 데이터베이스 접근을 캡슐화하고 해당 데이터에 도 메인 로직을 추가하는 오브젝트"
>
> – 마틴 파울러

트랜잭션 스크립트 패턴과 마찬가지로 액티브 레코드는 비즈니스 로직이 단순한 경우 사용한다. 그러나 액티브 레코드는 좀 더 복잡한 자료구조에서도 비즈니스 로직이 작동할 수 있다. 예를 들어, 일반 레코드 대신 그림 5-4와 같이 더 복잡한 오브젝트 트리와 계층 구조를 가질 수 있다.

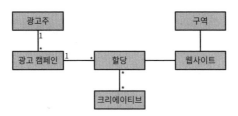

그림 5-4. 일대다 및 다대다 관계가 있는 더 복잡한 데이터 모델

간단한 트랜잭션 스크립트를 통해 이러한 자료구조를 조작하면 중복 코드가 많이 생성된다. 메모리 표현 방식으로 매핑하면 데이터가 사방에 중복되어 나타날 것이다.

구현

결과적으로 이 패턴은 액티브 레코드라고 하는 전용 객체를 사용하여 복잡한 자료구조를 표현한다. 자료구조 외에도 이러한 객체는 레코드 생성, 읽기, 업데이트, 삭제를 위한 데이터 접근 방법(소위 CRUD 작업)도 구현한다. 그 결과, 액티브 레코드 객체는 객체 관계 매핑(ORM: object-relational mapping) 또는 다른 데이터 접근 프레임워크와도 관련이 있다. 각 자료구조가 '액티브(active)'하다는 점에서 패턴의 이름이 만들어졌다. 즉, 액티브 레코드는 데이터 접근 로직을 구현한다.

이전 패턴과 마찬가지로 액티브 레코드는 트랜잭션 스크립트로 시스템의 비즈니스 로직을 만든다. 두 패턴의 차이점은 액티브 레코드의 경우 데이터베이스에 직접 접근하는 대신 트랜잭션 스크립트가 액티브 레코드 객체를 조작한다는 것이다. 작업이 완료되면 트랜잭션의 원자성(atomic)[3]으로 인해 작업이 성공하거나 실패한다.

```
public class CreateUser
{
  ...
  public void Execute(userDetails)
  {
    try
    {
      _db.StartTransaction();

      var user = new User();
      user.Name = userDetails.Name;
      user.Email = userDetails.Email;
      user.Save();
      _db.Commit();
    } catch {
      _db.Rollback();
      throw ;
    }
  }
}
```

이 패턴의 목적은 메모리 상의 객체를 데이터베이스 스키마에 매핑하는 복잡성을 숨기는 것이다. 영속성을 담당하는 것 외에도 액티브 레코드 객체에는 비즈니스 로직이 포함될 수 있다. 예를 들어, 필드에 할당된 새 값의 유효성을 검사하거나 객체의 데이터를 조작하는 비즈니스 관련 절차를 구현할 수 있다. 즉, 액티브 레코드 객체의 고유한 기능은 자료구조와 동작(비즈니스 로직)의 분리다. 일반적으로 액티브 레코드의 필드에는 외부 프로시저가 상태를 수정할 수 있게 하는 퍼블릭 게터(getter)와 세터(setter)가 있다.

---

3 (옮긴이) 트랜잭션의 연산은 데이터베이스에 모두 반영되거나 전혀 반영되지 않아야 한다는 all-or-nothing 방식을 의미한다.

액티브 레코드를 사용하는 경우

액티브 레코드는 본질적으로 데이터베이스에 대한 접근을 최적화하는 트랜잭션 스크립트이기 때문에 이 패턴은 기껏해야 사용자 입력의 유효성을 검사하는 CRUD 작업과 같은 비교적 간단한 비즈니스 로직만 지원할 수 있다.

따라서 트랜잭션 스크립트 패턴과 마찬가지로 액티브 레코드 패턴은 지원 하위 도메인, 일반 하위 도메인과 외부 솔루션의 연동, 모델 변환 작업에 적합하다. 두 패턴의 차이점은 액티브 레코드의 경우 복잡한 자료구조를 데이터베이스 스키마에 매핑하는 복잡성을 해소한다는 것이다.

액티브 레코드 패턴은 **빈약한 도메인 모델 안티패턴**(anemic domain model antipattern)이라고도 하며, 다시 말하면 부적절하게 설계된 도메인 모델이다. 개인적으로 '**빈약한**(anemic)'과 '**안티패턴**(antipattern)'이라는 부정적인 표현은 쓰고 싶지 않다. 이 패턴은 도구다. 다른 도구와 마찬가지로 문제를 해결할 수 있지만 잘못된 컨텍스트에 적용하면 잠재적으로 득보다 실이 더 많을 수 있다. 비즈니스 로직이 단순할 때 액티브 레코드를 사용하는 데는 아무런 문제가 없다. 또한 단순한 비즈니스 로직을 구현할 때보다 정교한 패턴을 사용하는 것도 우발적 복잡성을 일으켜 해를 끼칠 수 있다. 다음 장에서 도메인 모델이 무엇이며 액티브 레코드 패턴과 어떻게 다른지 배울 것이다.

이러한 맥락에서 **액티브 레코드**는 액티브 레코드 프레임워크가 아니라 디자인 패턴을 의미한다는 점이 매우 중요하다. 패턴 이름은 마틴 파울러의 《엔터프라이즈 애플리케이션 아키텍처 패턴》(위키북스, 2015)이라는 책에서 만들어졌다. 프레임워크는 나중에 패턴을 구현하는 한 가지 방법으로 등장했다. 이 책에서는 특정한 구현 방법이 아니라 디자인 패턴과 그 이면의 개념에 대해 이야기하고 있다.

실용적인 접근 방식

비록 비즈니스 데이터가 중요하고 설계 및 개발되는 코드의 무결성도 보호해야 하지만 실용적인 접근 방식이 더 바람직한 몇 가지 경우가 있다.

특히 대규모로 데이터를 다루는 시스템에서는 데이터의 일관성 보장이 덜 엄격할 수 있다. 예를 들어, 100만 개 중 하나의 레코드 상태를 손상시키는 것이 실제로 비즈니스에 쇼스토퍼

(Showstopper)[4]가 되는지, 그리고 비즈니스 성과와 수익성에 영향을 주는지 확인하라. 예를 들어, IoT 장치에서 매일 수십억 개의 이벤트를 수집하는 시스템을 구축한다고 가정해 보자. 이벤트의 0.001%가 중복되거나 손실되면 큰일일까?

항상 그렇듯이 보편적 법칙은 없다. 그것은 작업 중인 비즈니스 도메인에 달려 있다. 앞의 예처럼 매일 수십억 개의 이벤트를 수집하는 시스템에서 이벤트의 0.001%가 중복되거나 손실되는 일은 가능하면 '무시'해도 좋다. 다만 위험과 비즈니스 영향을 평가했는지 확인하라.

결론

이번 장에서는 비즈니스 로직을 구현하기 위한 두 가지 패턴을 다루었다.

트랜잭션 스크립트

이 패턴은 시스템 작업을 간단하고 쉬운 절차지향 스크립트로 구성한다. 이 절차는 작업에 트랜잭션을 적용해서 작업이 성공하거나 실패하도록 보장한다. 트랜잭션 스크립트 패턴은 ETL처럼 단순한 비즈니스 로직을 가진 지원 하위 도메인에 적합하다.

액티브 레코드

비즈니스 로직이 단순하지만 복잡한 자료구조에서 작동하는 경우 해당 자료구조를 액티브 레코드로 구현할 수 있다. 액티브 레코드 객체는 간단한 CRUD 데이터 접근 방법을 제공하는 자료구조다.

이번 장에서 논의한 두 가지 패턴은 다소 단순한 비즈니스 로직의 경우다. 다음 장에서는 더 복잡한 비즈니스 로직으로 돌아가 도메인 모델 패턴을 사용하여 복잡성을 해결하는 방법에 대해 논의할 것이다.

---

4 (옮긴이) 쇼를 중단시킬 만큼 치명적인 해프닝이란 의미다. 시스템 개발에서 쇼스토퍼는 해결되지 않으면 해당 프로젝트가 중단될 정도로 치명적인 버그를 말한다.

연습문제

1. 핵심 하위 도메인의 비즈니스 로직을 구현하기 위해 논의된 패턴 중 어떤 것을 사용해야 할까?

a. 트랜잭션 스크립트

b. 액티브 레코드

c. 이러한 패턴 중 어느 것도 핵심 하위 도메인을 구현하는 데 사용할 수 없다.

d. 둘 다 핵심 하위 도메인을 구현하는 데 사용할 수 있다.

2. 다음 코드를 참고하라.

```csharp
public void CreateTicket(TicketData data)
{
  var agent = FindLeastBusyAgent();

  agent.ActiveTickets = agent.ActiveTickets + 1;
  agent.Save();

  var ticket = new Ticket();
  ticket.Id = Guid.New();
  ticket.Data = data;
  ticket.AssignedAgent = agent;
  ticket.Save();

  _alerts.Send(agent,"새 티켓이 있어요!");
}
```

높은 수준의 트랜잭션 메커니즘이 없다고 가정하면 여기에서 어떤 잠재적인 데이터 일관성 문제를 발견할 수 있을까?

a. 새 티켓을 받으면 할당된 상담원의 액티브 티켓 카운터를 1개 이상 늘릴 수 있다.

b. 상담원의 액티브 티켓 카운터는 1만큼 증가할 수 있지만, 에이전트는 새 티켓을 할당받지 않는다.

c. 상담원은 새 티켓을 받을 수 있지만 이에 대한 알림을 받지는 않는다.

d. 위의 모든 문제가 가능하다.

3. 앞의 코드에는 시스템의 상태를 손상시킬 수 있는 최소한 하나의 가능한 엣지 케이스가 더 있다. 그것을 찾을 수 있는가?

4. 책 서문에 있는 울프데스크의 예로 돌아가서, 시스템의 어떤 부분이 잠재적으로 트랜잭션 스크립트 또는 액티브 레코드로 구현될 수 있을지 찾아보라.

06

———

복잡한
비즈니스 로직 다루기

앞장에서 트랜잭션 스크립트 및 액티브 레코드 같은 비교적 간단한 비즈니스 로직을 다루는 두 가지 패턴에 대해 논의했다. 이번 장에서는 계속해서 비즈니스 로직의 구현에 대해 다루는데, 복잡한 비즈니스 로직에 사용되는 도메인 모델 패턴을 소개한다.

배경

트랜잭션 스크립트와 액티브 레코드 패턴 모두 마틴 파울러의 책 ≪엔터프라이즈 애플리케이션 아키텍처 패턴≫(위키북스, 2015)에서 처음 소개됐다. 파울러는 패턴에 관한 논의 중에 "에릭 에반스가 지금 도메인 모델 개발에 관한 책을 집필하고 있다"고 말했다. 이 책이 바로 에릭 에반스의《도메인 주도 설계》(위키북스, 2011)다.

에반스는 자신의 책에서 비즈니스 도메인의 하위 모델과 코드를 긴밀하게 연결 짓는 데 쓰이는 애그리게이트(aggregate), 밸류 오브젝트(value object), 리포지토리(repository) 등과 같은 패턴을 제시했다. 이런 패턴은 파울러가 그의 책에서 중단한 부분을 긴밀하게 이어가고 도메인 모델 패턴을 구현하는 데 효과적인 도구의 집합과 닮았다.

에반스가 소개한 패턴은 종종 '**전술적 도메인 주도 설계(tactical domain-driven design)**'로 불린다. 도메인 주도 설계를 구현할 때 반드시 비즈니스 로직을 구현하는 데 쓰이는 이런 패턴을 필수로 사용해야 한다는 혼란스러운 생각이 들지 않도록, 이 책에서는 파울러의 원래 용어를 사용한다. 이 패턴이 '도메인 모델'이고 애그리게이트와 밸류 오브젝트는 그 구성요소다.

도메인 모델

도메인 모델 패턴은 복잡한 비즈니스 로직을 다루기 위한 것이다. CRUD 인터페이스 대신 복잡한 상태 전환, 항상 보호해야 하는 규칙인 비즈니스 규칙과 불변성을 다룬다.

헬프데스크 시스템을 구현한다고 가정하자. 그리고 다음 지원 티켓의 수명주기를 다루는 로직을 설명한 요구사항에서 발췌한 내용을 살펴보자.

- 고객은 직면한 문제를 설명하는 지원 티켓을 연다.

- 고객과 지원 할당된 에이전트 모두 메시지를 추가하고 모든 내용은 지원 티켓에서 관리된다.

- 각 티켓은 낮음, 중간, 높음, 긴급의 우선순위를 갖는다.

- 에이전트는 티켓의 우선순위에 따른 SLA(응답 제한 시간) 내에 해법을 제시해야 한다.

- 할당된 에이전트가 응답 제한 시간 내에 응답하지 못하면 고객은 티켓을 에이전트의 상위 관리자에게 보고되게 할 수 있다.

- 티켓이 상위 관리자에게 보고되면 에이전트의 응답 제한 시간이 33% 줄어든다.

- 에이전트가 상부 보고된 티켓의 응답 제한 시간의 절반이 지나기 전에 티켓을 열람하지 않으면 자동으로 다른 에이전트가 할당된다.

- 할당된 에이전트의 질문에 고객이 7일 이내에 응답하지 않으면 티켓은 자동으로 닫힌다.

- 상부 보고된 티켓은 자동으로 또는 할당된 에이전트에 의해 닫힐 수 없고 고객 또는 에이전트의 매니저만 닫을 수 있다.

- 고객은 티켓이 닫힌 지 7일 이내에 닫힌 티켓을 다시 열 수 있다.

이 같은 요구사항은 다양한 규칙 간에 그물 같은 의존성을 형성하고, 모든 규칙은 지원 티켓의 수명주기 관리 로직에 영향을 준다. 이 예제는 앞장에서 논의한 CRUD 데이터 입력 화면 같이 간단하지 않다. 만약 액티브 레코드 객체를 사용하여 로직을 구현하면 로직이 중복되거나 일부 비즈니스 규칙이 잘못 구현되어 시스템의 상태를 손상시키기 쉽다.

구현

도메인 모델은 행동(behavior)과 데이터(data) 모두를 포함하는 도메인의 객체 모델이다[1]. DDD의 전술 패턴인 애그리게이트, 밸류 오브젝트, 도메인 이벤트, 도메인 서비스는 모두 객체 모델[2]의 구성요소다.

이 같은 모든 패턴은 비즈니스 로직을 최우선으로 둔다는 공통 관심사가 있다. 그러면 도메인 모델이 어떻게 다양한 설계 관심사를 다루는지 살펴보자.

복잡성

도메인 비즈니스 로직은 이미 본질적으로 복잡하므로 모델링에 사용되는 객체가 모델에 조금이라도 우발적 복잡성을 추가하면 안 된다. 모델에는 데이터베이스 또는 외부 시스템 구성요소의 호출 구현 같은 인프라 또는 기술적인 관심사를 피해야 한다. 이 같은 제약을 따르면 모델의 객체는 **플레인 올드 오브젝트(plain old object)**[3]가 된다. 플레인 올드 오브젝트는 인프라 구성요소 또는 프레임워크에 의지하지 않고 직접 협업하지 않으면서 비즈니스 로직을 구현하는 객체다.

유비쿼터스 언어

도메인 모델의 객체가 기술적 관심사가 아닌 비즈니스 로직에 집중하게 하면 바운디드 컨텍스트에서 사용하는 유비쿼터스 언어의 용어를 따르기 쉬워진다. 다시 말해, 이 패턴은 코드에서 유비쿼터스 언어를 사용하게 하고 도메인 전문가의 멘탈 모델을 따르게 한다.

구성요소

이제 밸류 오브젝트, 애그리게이트, 도메인 서비스와 같은 DDD에서 제공하는 도메인 모델의 구성요소와 전술적 패턴을 살펴보자.

---

1   《엔터프라이즈 애플리케이션 아키텍처 패턴》(위키북스, 2015)
2   이번 장에서 사용된 모든 코드 예제는 객체지향 프로그래밍 언어를 사용한다. 그러나 책에서 논의된 개념은 OOP에 국한되지 않고 함수형 프로그래밍 패러다임에서도 마찬가지로 유효하다.
3   닷넷에서는 POCO, 자바에서는 POJO, 파이썬에서는 POPO 등

밸류 오브젝트

밸류 오브젝트는 예를 들어, 색(color)처럼 복합적인(composition) 값에 의해 식별되는 객체다.

```
class Color
{
  int _red;
  int _green;
  int _blue;
}
```

빨강, 녹색, 파랑의 세 필드 값이 복합적으로 색을 정의한다. 필드 중 하나의 값이 바뀌면 새로운 색이 탄생한다. 같은 값을 갖는 두 개 이상의 색은 존재하지 않는다. 또한 같은 색의 두 인스턴스는 반드시 같은 값을 갖는다. 그러므로 색을 식별하기 위한 명시적인 식별 필드가 필요 없다.

그림 6-1에서 `ColorId` 필드는 불필요할 뿐만 아니라 실제로 버그를 발생시킨다. 세 필드가 `red`, `green`, `blue`의 동일한 값을 갖는 두 개의 행을 생성할 수는 있지만 `ColorId` 필드만 비교해서는 같은 값인지를 알지 못한다.

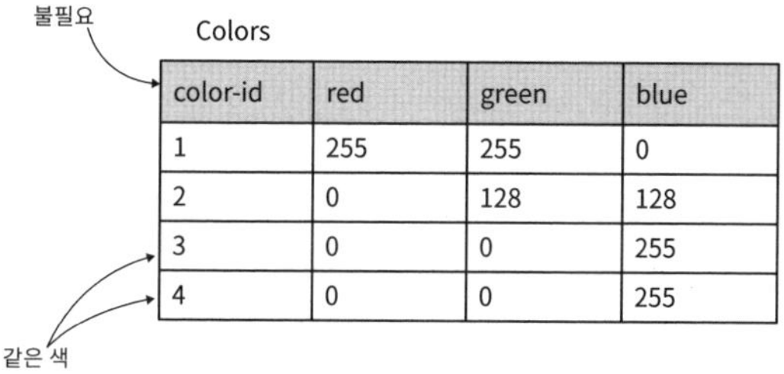

color-id	red	green	blue
1	255	255	0
2	0	128	128
3	0	0	255
4	0	0	255

그림 6-1. 같은 값을 갖는 두 개의 행을 만들 수 있게 하는 불필요한 `ColorId` 필드

유비쿼터스 언어

언어의 표준 라이브러리에 포함된 문자열(string), 정수(integer), 딕셔너리(dictionary) 같은 원시 데이터 타입에 전적으로 의존해서 비즈니스 도메인의 개념을 표현하는 것은 원시 집착 코드 징후(primitive obsession code smell)[4]로 알려져 있다. 다음 예제 코드를 살펴보자.

---

4 'Primitive Obsession.' (날짜 미상) 2021년 6월 12일에 발췌, 출처: https://wiki.c2.com/?PrimitiveObsession

```
class Person
{
    private int    _id;
    private string _firstName;
    private string _lastName;
    private string _landlinePhone;
    private string _mobilePhone;
    private string _email;
    private int    _heightMetric;
    private string _countryCode;

    public Person(...) {...}
}

static void Main(string[] args)
{
    var dave = new Person(
        id: 30217,
        firstName: "Dave",
        lastName: "Ancelovici",
        landlinePhone: "023745001",
        mobilePhone: "0873712503",
        email: "dave@learning-ddd.com",
        heightMetric: 180,
        countryCode: "BG");
}
```

Person 클래스 구현에서 값의 대부분은 문자열 타입이고 관례에 따라 값이 할당되었다. 예를 들어, landlinePhone 필드의 값은 유효한 유선 전화번호여야 하고 countryCode 필드는 두 자리의 대문자로 된 국가 코드여야 한다. 물론 사용자가 항상 올바른 값을 입력하리라 기대할 수 없기 때문에 결국에는 클래스가 모든 입력 필드를 검사해야 한다.

이 같은 방식에는 몇 가지 설계 위험이 있다. 우선 유효성 검사 로직이 중복되기 쉽다. 둘째, 값이 사용되기 전에 유효성 검사 로직을 호출하게 하기 어렵다. 게다가 다른 엔지니어가 코드베이스를 개선하는 것과 같은 미래를 대비한 유지보수가 더 어렵다.

그렇다면 다음과 같이 동일한 Person 객체에 밸류 오브젝트를 사용하는 다른 설계와 비교해보자.

```
class Person
{
  private PersonId     _id;
  private Name         _name;
  private PhoneNumber  _landline;
  private PhoneNumber  _mobile;
  private EmailAddress _email;
  private Height       _height;
  private CountryCode  _country;

  public Person(...) { ... }
}

static void Main(string[] args)
{
  var dave = new Person(
      id: new PersonId(30217),
      name: new Name("Dave", "Ancelovici"),
      landline: PhoneNumber.Parse("023745001"),
      mobile: PhoneNumber.Parse("0873712503"),
      email: Email.Parse("dave@learning-ddd.com"),
      height: Height.FromMetric(180),
      country: CountryCode.Parse("BG"));
}
```

우선, 명료성이 향상됐음을 볼 수 있다. 예를 들어, country 변수는 완전한 국가 이름 대신 국가 코드를 저장한다는 의도를 전달하기 위해 contryCode처럼 상세한 변수명을 쓸 필요가 없다. 이처럼 밸류 오브젝트를 사용하면 짧은 변수 이름을 사용하더라도 의도를 명확하게 전달한다.

둘째, 유효성 검사 로직이 밸류 오브젝트 자체에 들어 있기 때문에 값을 할당하기 전에 유효성 검사를 할 필요가 없다. 게다가, 밸류 오브젝트의 장점은 유효성 검사에 그치지 않는다. 밸류 오브젝트는 값을 조작하는 비즈니스 로직을 한곳에 모을 때 더욱 진가를 발휘한다. 이렇게 응집된 로직은 한곳에서 구현되고 쉽게 테스트할 수 있다. 가장 중요한 점은 밸류 오브젝트를 사용하면 코드에서 유비쿼터스 언어를 사용하게 하므로 코드에서 비즈니스 도메인의 개념을 표현하게 된다는 것이다.

키(height), 전화번호(phone number), 색(color)과 같은 개념을 밸류 오브젝트로 표현할 때
구현된 시스템의 타입이 얼마나 더 풍부해지고 사용하기에 직관적인지 살펴보자.

height 변수를 정수 타입으로 했을 때보다 Height 밸류 오브젝트로 구현하면 의도가 명확해지고
특정 도량형에 종속되지 않는다. 예를 들어, Height 밸류 오브젝트는 미터법 또는 영국식 단위를
모두 사용하여 초기화할 수 있어서 다른 단위로 변환하거나 문자열로 표현, 다른 단위의 값과 비
교하는 것 등이 쉬워진다.

```
var heightMetric = Height.Metric(180);
var heightImperial = Height.Imperial(5, 3);


var string1 = heightMetric.ToString();              // "180cm"
var string2 = heightImperial.ToString();            // "5 feet 3 inches"
var string3 = heightMetric.ToImperial().ToString(); // "5 feet 11 inches"


var firstIsHigher = heightMetric > heightImperial;  // true
```

PhoneNumber 밸류 오브젝트는 문자열 값의 파싱, 유효성 검사, 그리고 소속된 국가 또는 유선/무
선 전화번호 유형과 같은 다양한 전화번호 속성을 추출하는 로직을 담을 수 있다.

```
var phone = PhoneNumber.Parse("+359877123503");
var country = phone.Country;                        // "BG"
var phoneType = phone.PhoneType;                    // "MOBILE"
var isValid = PhoneNumber.IsValid("+972120266680"); // false
```

다음 예는 밸류 오브젝트의 데이터를 조작하거나 새로운 밸류 오브젝트 인스턴스를 생성할 수
있는 모든 비즈니스 로직을 모으는 등 밸류 오브젝트의 강력함을 보여준다.

```
var red = Color.FromRGB(255, 0, 0);
var green = Color.Green;
var yellow = red.MixWith(green);
var yellowString = yellow.ToString();               // "#FFFF00"
```

앞의 예제를 보면 밸류 오브젝트 덕분에 문자열의 값이 이메일인지 전화번호인지 신경 쓸 필요
가 없을 뿐 아니라 실수가 적고 더 직관적으로 객체 모델을 사용할 수 있다. 이와 같이 밸류 오브
젝트는 구현할 때 지켜야 할 규칙이 필요 없게 해준다.

구현

밸류 오브젝트는 불변의 객체로 구현되므로 밸류 오브젝트에 있는 필드가 하나라도 바뀌면 다른 값이 생성된다. 다시 말해, 밸류 오브젝트의 필드 중 하나가 바뀌면 개념적으로 밸류 오브젝트의 다른 인스턴스가 생성된다. 그러므로 다음 예제에서 MixWith 메서드에서 새로운 값을 반환하게 하듯이, 원래 인스턴스를 수정하지 않고 새로운 인스턴스를 생성해서 반환하게 할 수 있다.

```csharp
public class Color
{
  public readonly byte Red;
  public readonly byte Green;
  public readonly byte Blue;

  public Color(byte r, byte g, byte b)
  {
    this.Red = r;
    this.Green = g;
    this.Blue = b;
  }

  public Color MixWith(Color other)
  {
    return new Color(
        r:(byte) Math.Min(this.Red + other.Red, 255),
        g:(byte) Math.Min(this.Green + other.Green, 255),
        b:(byte) Math.Min(this.Blue + other.Blue, 255)
    );
  }
  ...
}
```

밸류 오브젝트의 동일성은 id 필드나 참조 대신 값을 기반으로 하므로 동일성 검사 함수를 오버라이드해서 적절히 구현하는 것이 중요하다. 다음은 C#[5]으로 구현한 예제다.

---

5 C# 9.0에서 새로 추가된 record 타입은 값 기반의 동일성 검사를 구현했다. 그래서 동일성 연산자를 오버라이드할 필요가 없다.

```csharp
public class Color
{
  ...
  public override bool Equals(object obj)
  {
    var other = obj as Color;
    return other != null &&
        this.Red == other.Red &&
        this.Green == other.Green &&
        this.Blue == other.Blue;
  }

  public static bool operator == (Color lhs, Color rhs)
  {
    if (Object.ReferenceEquals(lhs, null)) {
      return Object.ReferenceEquals(rhs, null);
    }
    return lhs.Equals(rhs);
  }

  public static bool operator != (Color lhs, Color rhs)
  {
    return !(lhs == rhs);
  }

  public override int GetHashCode()
  {
    return ToString().GetHashCode();
  }
  ...
}
```

도메인의 특정 값을 표현하는 데 핵심 라이브러리에 포함된 문자열 타입인 String을 사용하는 게 밸류 오브젝트의 개념에 반하는 것 같아도 실제로 닷넷(.NET), 자바 등의 언어에서 문자열 타입은 정확하게 밸류 오브젝트로 구현됐다. 문자열은 불변이므로 모든 오퍼레이션은 새로운 인스턴스를 만든다. 또한 문자열 타입은 앞뒤 공백 제거(trim), 여러 문자열 합치기(concatenate), 문자 교체(replace), 문자열 자르기(substring) 등과 같이 메서드로 하나 이상의 문자열 값을 조작하여 새로운 인스턴스를 생성하는 풍부한 동작을 내포한다.

밸류 오브젝트를 사용하는 경우

간단히 말해 밸류 오브젝트는 가능한 모든 경우에 사용하는 게 좋다. 밸류 오브젝트는 코드의 표현력을 높여주고 분산되기 쉬운 비즈니스 로직을 한데 묶어줄 뿐만 아니라 코드를 더욱 안전하게 해준다. 밸류 오브젝트는 불변이기 때문에 내포된 동작은 부작용과 동시성 문제가 없다.

경험상 비즈니스 도메인 관점에서 유용한 법칙은 다른 객체의 속성을 표현하는 도메인의 요소에 밸류 오브젝트를 사용하는 것이다. 이것은 다음 절에서 논의하는 엔티티의 속성에 적용된다. 앞의 예제에서 ID, 이름, 전화번호, 이메일 등을 포함하는 사람을 표현하는 데 밸류 오브젝트를 사용했다. 다른 적용 예로는 다양한 상태, 비밀번호, 그리고 값 자체로 식별되어 명시적인 식별 필드가 필요 없는 다양한 특정 비즈니스 도메인 개념 등이 있다. 특별히 중요한 적용 예로, 돈처럼 가치를 표현하는 모든 화폐가 있다. 원시 타입으로 돈을 표현하면 돈과 관련된 비즈니스 로직을 한곳에 모아 두는 것이 제한적일 뿐만 아니라 반올림 오류와 기타 정확도 관련 문제와 같은 버그가 발생하는 경우가 잦다는 단점이 있다.

엔티티

엔티티는 밸류 오브젝트와 정반대다. 엔티티는 다른 엔티티 인스턴스와 구별하기 위해 명시적인 식별 필드가 필요하다. 엔티티의 간단한 예로 사람(person)이 있다. 다음 클래스를 살펴보자.

```
class Person
{
  public Name Name { get; set; }

  public Person(Name name)
  {
    this.Name = name;
  }
}
```

이 클래스에는 한 개의 필드가 있는데, 밸류 오브젝트인 name 필드다. 그러나 다른 사람이 정확히 같은 이름을 가질 수 있기 때문에 이 설계는 최적이 아니다. 물론, 이름이 같다고 해서 같은 사람은 아니다. 그러므로 사람을 적절히 식별하기 위해 식별 필드가 필요하다.

```
class Person
{
  public readonly PersonId Id;
  public Name Name { get; set; }

  public Person(PersonId id, Name name)
  {
    this.Id = id;
    this.Name = name;
  }
}
```

앞의 코드에서는 PersonId 타입의 Id 필드를 식별 필드로 도입했다. PersonId는 밸류 오브젝트이고 비즈니스 도메인에서 필요한 모든 기본 데이터 타입을 사용할 수 있다. 예를 들어, Id 필드는 GUID, 숫자, 문자열 또는 사회 보장 번호와 같은 특정 도메인의 값일 수 있다.

식별 필드의 핵심 요구사항은 각 엔티티의 인스턴스마다 고유해야 한다는 것이다. 그림 6–2의 사람이 그 예다. 더욱이 아주 드문 예외를 제외하고, 엔티티의 식별 필드의 값은 엔티티의 생애 주기 내내 불변이어야 한다. 이것이 밸류 오브젝트와 엔티티의 두 번째 개념 차이다.

Id	First Name	Last Name
1	Tom	Cook
2	Harold	Elliot
3	Dianna	Daniels
4	Dianna	Daniels

식별자 필요

그림 6–2. 식별 필드를 제외한 다른 모든 필드의 값이 동일하더라도 인스턴스를 구분할 수 있게 해주는 명시적 식별자 필드의 도입

밸류 오브젝트와는 반대로, 엔티티는 불변이 아니고 변할 것으로 예상된다. 엔티티와 밸류 오브젝트의 또 다른 차이점은 밸류 오브젝트는 엔티티의 속성을 설명한다는 것이다. 이번 장 초반부의 Person 엔티티 예제에서 인스턴스를 설명하는 두 개의 밸류 오브젝트인 PersonId와 Name을 볼수 있다.

엔티티는 모든 비즈니스 도메인의 필수 구성요소다. 이번 장 초반부에서 눈치챘겠지만 필자는 도메인 모델의 구성요소로 '엔티티'를 포함하지는 않았다. 이는 실수가 아니다. '엔티티'가 누락된 이유는 엔티티를 단독으로 구현하지 않고 애그리게이트 패턴의 컨텍스트에서만 엔티티를 구현하기 때문이다.

애그리게이트

애그리게이트는 **엔티티**다. 즉, 명시적인 식별 필드가 필요하고 인스턴스의 생애주기 동안 상태가 변할 것으로 예상된다. 하지만 애그리게이트는 단순한 엔티티가 아닌 그 이상이다. 이 패턴의 목적은 데이터의 일관성을 보호하는 데 있다. 애그리게이트의 데이터는 변할 수 있기 때문에 이 패턴에는 데이터의 일관성을 유지하기 위해 해결해야 할 과제가 있다는 의미도 포함돼 있다.

일관성 강화

애그리게이트의 상태는 변형될 수 있으므로 데이터가 손상될 수 있는 여러 경로가 있다. 데이터의 일관성을 강화하려면 애그리게이트 패턴에서는 애그리게이트 주변에 명확한 경계를 설정해야 한다. 즉, 애그리게이트는 일관성을 강화하는 경계다. 애그리게이트의 로직은 모든 들어오는 변경 요청을 검사해서 그 변경이 애그리게이트의 비즈니스 규칙에 위배되지 않게 해야 한다.

구현 관점에서 보면 데이터의 일관성은 애그리게이트의 비즈니스 로직을 통해서만 애그리게이트의 상태를 변경하게 해야 강화된다. 애그리게이트 외부의 모든 프로세스와 객체는 애그리게이트의 상태를 읽을 수만 있고 애그리게이트의 퍼블릭 인터페이스에 포함된 관련 메서드를 실행해야만 상태를 변형할 수 있다.

애그리게이트의 퍼블릭 인터페이스로 노출된 상태 변경 메서드는 '어떤 것을 지시하는 명령'을 뜻하는 의미에서 **커맨드**라고도 부른다. 커맨드는 두 가지 방식으로 구현할 수 있다. 첫째, 애그리게이트 객체에 평범한 퍼블릭 메서드로 구현하는 것이다.

```
public class Ticket
{
  ...

  public void AddMessage(UserId from, string body)
  {
    var message = new Message(from, body);
```

```
    _messages.Append(message);
  }
  ...
}
```

다른 방법은 커맨드의 실행에 필요한 모든 입력값을 포함하는 파라미터 객체[6]로 표현하는 것이다.

```
public class Ticket
{
  ...

  public void Execute(AddMessage cmd)
  {
    var message = new Message(cmd.from, cmd.body);
    _messages.Append(message);
  }
  ...
}
```

어떤 방식으로 구현할지는 선호도의 문제다. 필자는 명시적으로 커맨드 구조를 정의해서 다형적으로 관련 Execute 메서드에 전달하는 것을 선호한다.

애그리게이트의 퍼블릭 인터페이스는 입력값의 유효성을 검사하고 관련된 모든 비즈니스 규칙과 불변성을 강화하는 것을 담당한다. 또한 이와 같은 엄격한 경계는 애그리게이트와 관련된 모든 비즈니스 로직이 한곳, 즉 애그리게이트 자체에 구현되게 한다.

이렇게 하면 애그리게이트에서 애플리케이션 계층[7]의 조율 동작을 좀 더 간단하게 만들 수 있다[8]. 다시 말해, 조율 동작에서 해야 할 모든 일은 결국 애그리게이트의 현재 상태를 적재해서 필요한 동작을 수행하고 수정된 상태를 저장한 후 오퍼레이션의 결과를 호출자에게 반환하는 것이다.

---

6 https://wiki.c2.com/?ParameterObject

7 서비스 계층으로도 알려져 있으며, 퍼블릭 API의 동작을 도메인 모델로 전달하는 시스템의 일부다.

8 결국, 애플리케이션 계층의 오퍼레이션은 트랜잭션 스크립트 패턴을 구현한다. 오퍼레이션을 단일 트랜잭션으로 조율해야 한다. 전체 애그리게이트에 대한 변경은 성공하거나 실패하고 부분 갱신 상태는 절대 없다.

```
01 public ExecutionResult Escalate(TicketId id, EscalationReason reason)
02 {
03   try
04   {
05     var ticket = _ticketRepository.Load(id);
06     var cmd = new Escalate(reason);
07     ticket.Execute(cmd);
08     _ticketRepository.Save(ticket);
09     return ExecutionResult.Success();
10   }
11   catch (ConcurrencyException ex)
12   {
13     return ExecutionResult.Error(ex);
14   }
15 }
```

앞의 코드에서 11번째 줄의 동시성 점검 부분에 주목하자[9]. 애그리게이트 상태의 일관성을 유지하는 것이 중요하다. 그러므로 여러 프로세스가 동시에 동일한 애그리게이트를 갱신하려고 할 때, 첫 번째 트랜잭션이 커밋한 변경을 나중의 트랜잭션이 은연중에 덮어쓰지 않게 해야 한다. 그럴 경우, 나중의 프로세스는 의사결정에 사용된 상태가 만료되었다는 것을 통지받고 오퍼레이션을 재시도해야 한다.

그러므로 애그리게이트를 저장하는 데이터베이스에서 동시성 관리를 지원해야 한다. 가장 간단한 형태는 매번 갱신할 때마다 증가하는 버전 필드를 애그리게이트에서 관리하는 것이다.

```
class Ticket
{
  TicketId _id;
  int _version;

  ...
}
```

---

9 5장에서 논의했듯이 애플리케이션 계층은 트랜잭션 스크립트의 모음으로, 경쟁적인 갱신으로 시스템의 데이터가 손상되는 일이 발생하지 않도록 동시성 관리가 필수다.

데이터베이스에 변경을 커밋할 때 덮어쓰려는 버전이 처음 읽었던 원본의 버전과 동일한지 확인해야 한다. 다음의 SQL 예제를 보자.

```
01 UPDATE tickets
02 SET ticket_status = @new_status,
03 agg_version = agg_version + 1
04 WHERE ticket_id=@id and agg_version=@expected_version;
```

이 SQL문은 애그리게이트의 상태가 변경되기 전에 읽었던 버전과 현재 버전과 같을 경우에만(4행) 애그리게이트 인스턴스의 상태 변경을 반영하고(2행) 버전 카운터를 증가시킨다(3행).

물론, 동시성 관리는 관계형 데이터베이스 이외에 다른 곳에서도 구현할 수 있다. 또한 도큐먼트 데이터베이스는 애그리게이트를 다루는 데 많은 도움을 준다. 즉, 애그리게이트 데이터를 저장하는 데 쓰이는 데이터베이스가 동시성 관리를 지원하는지 확인하는 것이 중요하다.

트랜잭션 경계

애그리게이트의 상태는 자신의 비즈니스 로직을 통해서만 수정될 수 있기 때문에 애그리게이트가 트랜잭션 경계의 역할을 한다. 모든 애그리게이트 상태 변경은 원자적인 단일 오퍼레이션으로 트랜잭션 처리돼야 한다. 애그리게이트의 상태가 수정되면 모든 변경이 커밋되거나 모두 원래 상태로 돌아가야 한다.

또한 다중 애그리게이트 트랜잭션을 지원하는 시스템 오퍼레이션은 없다고 가정한다. 애그리게이트의 상태 변경은 데이터베이스 트랜잭션 하나당 한 개의 애그리게이트로, 개별적으로만 커밋될 수 있다.

트랜잭션별로 하나의 애그리게이트 인스턴스만 갖게 제한하면 애그리게이트의 경계가 비즈니스 도메인의 불변성과 규칙을 따르도록 신중히 설계하게 된다. 여러 애그리게이트에서 변경을 커밋해야 한다면 이는 잘못된 트랜잭션 경계의 신호이고 잘못된 애그리게이트의 경계다.

이는 마치 모델링에 강제적 제한을 두는 것처럼 보인다. 동일한 트랜잭션에서 여러 객체를 수정해야 한다면 어떻게 할까? 이런 상황을 어떻게 패턴으로 다루는지 살펴보자.

엔티티 계층

이번 장의 초반부에 논의했듯이, 엔티티는 독립적 패턴이 아닌 애그리게이트의 일부로서만 사용된다. 이제 엔티티와 애그리게이트의 근본적인 차이점을 살펴보고 왜 엔티티가 중요한 도메인 모델의 구성요소가 아닌 애그리게이트의 구성요소가 되는지 알아보자.

여러 객체가 하나의 트랜잭션 경계를 공유하는 비즈니스 시나리오가 있다. 예를 들어, 둘 다 동시에 변경되거나 객체 하나가 다른 객체의 상태에 의존하는 비즈니스 규칙이 될 수 있다.

DDD에서는 비즈니스 도메인이 시스템의 설계를 주도해야 한다고 규정한다. 애그리게이트도 마찬가지다. 그림 6-3처럼 여러 객체의 변경을 원자적인 단일 트랜잭션으로 지원하기 위해 애그리게이트 패턴은 엔티티 계층 구조와 유사하게 모든 트랜잭션을 공유해서 일관성을 유지한다.

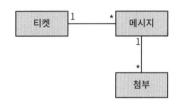

그림 6-3. 엔티티 계층과 유사한 애그리게이트

이 계층은 엔티티와 밸류 오브젝트를 모두 담고 있다. 이 요소들이 도메인의 비즈니스 로직 경계 내에 있으면 동일한 애그리게이트에 속한다.

이 패턴은 동일한 트랜잭션 경계에 속한 비즈니스 엔티티와 밸류 오브젝트를 한데 묶기 때문에 '애그리게이트'로 명명됐다. 다음 코드는 애그리게이트 경계에 속한 여러 엔티티에 걸친 비즈니스 규칙의 예제다. "에이전트가 상부 보고된 티켓의 응답 제한시간의 절반이 지나기 전에 티켓을 열람하지 않으면 자동으로 다른 에이전트가 할당된다."

```
01 public class Ticket
02 {
03     ...
04     List<Message> _messages;
05     ...
06
07     public void Execute(EvaluateAutomaticActions cmd)
08     {
09         if (this.IsEscalated && this.RemainingTimePercentage < 0.5 &&
10             GetUnreadMessagesCount(for: AssignedAgent) >0)
11         {
12             _agent = AssignNewAgent();
13         }
```

```
14   }
15
16   public int GetUnreadMessagesCount(UserId id)
17   {
18     return _messages.Where(x => x.To == id && !x.WasRead).Count();
19   }
20
21   ...
22 }
```

이 메서드는 티켓이 상부에 보고되었는지, 그리고 남은 처리 시간이 정의된 50% 임계치 아래인지 확인하기 위해 티켓의 값을 검사한다(9행). 또한 현재 에이전트가 메시지를 아직 읽기 전인지 검사한다(10행). 모든 조건이 충족되면 티켓은 다른 에이전트에게 할당되도록 요청된다.

애그리게이트는 일관된 데이터에 대해 모든 조건을 엄격하게 검사하도록 확인한다. 그리고 애그리게이트 데이터의 모든 변경이 원자적인 단일 트랜잭션으로 수행되도록 보장하여 점검이 완료된 후 수정되지 못하게 한다.

다른 애그리게이트 참조하기

애그리게이트 내의 모든 객체는 같은 트랜잭션 경계를 공유하기 때문에 애그리게이트가 너무 커지면 성능과 확장 문제가 생길 수 있다.

데이터의 일관성은 애그리게이트의 경계를 설계하는 데 편리한 가이드 원칙이다. 애그리게이트의 비즈니스 로직에 따라 강력한 일관성이 필요한 정보만 애그리게이트에 포함돼야 한다. 그 밖에 궁극적으로 일관돼도 좋은 모든 정보는 그림 6-4에서처럼 애그리게이트 경계 밖에 다른 애그리게이트의 일부로 둔다.

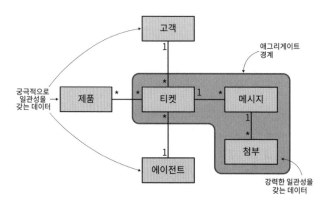

그림 6-4. 일관성 경계로서의 애그리게이트

경험상 애그리게이트를 가능한 한 작게 유지하고 애그리게이트의 비즈니스 로직에 따라 강력하게 일관적으로 상태를 유지할 필요가 있는 객체만 포함한다.

```
public class Ticket
{
  private UserId          _customer;
  private List<ProductId> _products;
  private UserId          _assignedAgent;
  private List<Message>   _messages;

  ...
}
```

앞의 예제에서 티켓 애그리게이트는 경계 내에 속한 메시지의 모음을 참조한다. 반면에 티켓과 관련된 고객과 제품의 모음, 그리고 할당된 에이전트는 애그리게이트에 속하지 않아 ID로 참조된다.

외부 애그리게이트를 참조할 때 ID를 이용하는 이유는 이 같은 객체가 애그리게이트 경계에 속하지 않음을 명확히 하고 각 애그리게이트가 자신의 트랜잭션 경계를 갖게 보장하기 위함이다.

엔티티가 애그리게이트에 속하는지 판단하는 방법은 우선 비즈니스 로직 내에 궁극적으로 일관된 데이터를 다루는 상황이 되면 시스템의 상태를 손상시킬 수 있는지 여부를 판단한 후, 그 비즈니스 로직이 애그리게이트에 있는지 여부를 조사하는 것이다. 앞에서 살펴본 "에이전트가 상부 보고된 티켓의 응답 제한시간의 절반이 지나기 전에 티켓을 열람하지 않으면 자동으로 다른 에이전트가 할당된다."라는 예제로 돌아가보자. 만약 메시지를 읽었는지 여부에 대한 정보가 궁극적 일관성을 가지면 어떻게 될까? 다시 말해, 어느 정도 지연된 후 읽었다는 알림을 받는다면 상당수의 티켓이 불필요하게 재할당될 거라는 합리적인 예상을 할 수 있다. 물론 그렇게 되면, 시스템의 상태는 손상된다. 그러므로 메시지의 데이터는 애그리게이트 경계 안에 속해야 한다.

애그리게이트 루트

앞에서 봤듯이, 애그리게이트의 상태는 커맨드 중 하나를 실행해서만 수정할 수 있다. 그림 6-5 처럼 애그리게이트가 엔티티의 계층 구조를 대표하기 때문에 그중 하나만 애그리게이트의 퍼블릭 인터페이스, 즉 애그리게이트 루트로 지정돼야 한다.

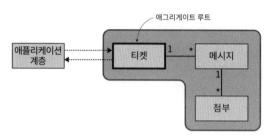

그림 6-5. 애그리게이트 루트

Ticket 애그리게이트에서 발췌한 다음의 예제를 보자.

```
public class Ticket
{
  ...
  List<Message> _messages;
  ...

  public void Execute(AcknowledgeMessage cmd)
  {
    var message = _messages.Where(x = > x.Id == cmd.id).First();
    message.WasRead = true;
  }
  ...
}
```

애그리게이트는 특정 메시지의 읽음 상태를 수정할 수 있는 커맨드를 노출한다. 비록 이 오퍼레이션은 Message 엔티티의 인스턴스를 수정하지만, 애그리게이트 루트인 Ticket을 통해서만 접근할 수 있다.

애그리게이트 루트의 퍼블릭 인터페이스 외에도 외부에서 애그리게이트와 커뮤니케이션할 수 있는 다른 메커니즘이 있는데, 바로 **도메인 이벤트**다.

도메인 이벤트

도메인 이벤트는 비즈니스 도메인에서 일어나는 중요한 이벤트를 설명하는 메시지다. 예를 들면 다음과 같다.

- 티켓이 할당됨

- 티켓이 상부에 보고됨

- 메시지가 수신됨

도메인 이벤트는 이미 발생된 것이기 때문에 과거형으로 명명한다.

도메인 이벤트의 목적은 비즈니스 도메인에서 일어난 일을 설명하고 이벤트와 관련된 모든 필요한 데이터를 제공하는 것이다. 예를 들어, 다음의 도메인 이벤트는 언제, 무슨 이유로 특정 티켓이 상부에 보고됐는지 설명한다.

```
{
  "ticket-id": "c9d286ff-3bca-4f57-94d4-4d4e490867d1",
  "event-id": 146,
  "event-type": "ticket-escalated",
  "escalation-reason": "missed-sla",
  "escalation-time": 1628970815
}
```

다른 대부분의 소프트웨어 엔지니어링과 마찬가지로 명명은 매우 중요하다. 도메인 이벤트의 이름이 비즈니스 도메인에서 일어난 일을 간결하고 정확하게 반영하게 해야 한다.

도메인 이벤트는 애그리게이트의 퍼블릭 인터페이스의 일부다. 애그리게이트는 자신의 도메인 이벤트를 발행한다. 그림 6-6처럼 다른 프로세스, 애그리게이트, 심지어 외부 시스템도 이 도메인 이벤트를 구독할 수 있고 도메인 이벤트에 반응하는 자신만의 로직을 실행할 수도 있다.

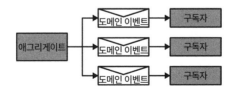

그림 6-6. 도메인 이벤트의 게시 흐름

다음 Ticket 애그리게이트에서는 새로운 도메인 이벤트가 인스턴스로 만들어지고(12행), 티켓의 도메인 이벤트 모음에 추가된다(13행).

```
01 public class Ticket
02 {
03   ...
04   private List<DomainEvent> _domainEvents;
05   ...
06
07   public void Execute(RequestEscalation cmd)
08   {
09     if (!this.IsEscalated && this.RemainingTimePercentage <= 0)
10     {
11       this.IsEscalated = true;
12       var escalatedEvent = new TicketEscalated(_id, cmd.Reason);
13       _domainEvents.Append(escalatedEvent);
14     }
15   }
16
17   ...
18 }
```

9장에서는 관심있는 도메인 이벤트 구독자에게 도메인 이벤트를 안정적으로 게시하는 방법에 대해 논의한다.

유비쿼터스 언어

마지막으로, 애그리게이트는 유비쿼터스 언어를 사용해야 한다. 애그리게이트의 이름, 데이터 멤버, 동작 그리고 도메인 이벤트에 사용된 모든 용어는 모두 바운디드 컨텍스트의 유비쿼터스 언어로 명명돼야 한다. 에릭 에반스가 말했듯이, 코드는 개발자가 다른 개발자 또는 도메인 전문가와 소통할 때 사용하는 것과 동일한 언어를 기반으로 해야 한다. 이는 특히 복잡한 비즈니스 로직을 구현하는 경우에 더욱 중요하다. 이제 도메인 모델의 세 번째와 마지막 구성요소를 살펴보자.

도메인 서비스

언젠가는 애그리게이트에도 밸류 오브젝트에도 속하지 않거나 복수의 애그리게이트에 관련된 비즈니스 로직을 다루게 될 것이다. 이 경우 도메인 주도 설계에서는 **도메인 서비스**로 로직을 구현할 것을 제안한다.

도메인 서비스는 비즈니스 로직을 구현한 **상태가 없는 객체(stateless object)**다. 대부분의 경우 이런 로직은 어떤 계산이나 분석을 수행하기 위한 다양한 시스템 구성요소의 호출을 조율한다.

티켓 애그리게이트 예제로 돌아가 보자. 할당된 엔지니어는 제한된 시간 내에 고객에게 솔루션을 제시해야 한다. 이 시간은 티켓의 데이터(우선순위와 상부 보고 상태)뿐만 아니라 에이전트 소속 부서의 우선순위별 SLA 관련 정책, 그리고 에이전트의 스케줄(교대 스케줄, 퇴근 시간에 에이전트는 응답할 수 없음)에 종속된다.

응답 시간을 계산하는 로직은 티켓, 할당된 에이전트의 부서, 그리고 업무 스케줄 등의 다양한 출처에서 정보를 필요로 한다. 이런 경우가 도메인 서비스로 구현되면 이상적인 대상이다.

```
public class ResponseTimeFrameCalculationService
{
  ...

  public ResponseTimeframe CalculateAgentResponseDeadline(UserId agentId,
      Priority priority, bool escalated, DateTime startTime)
  {
    var policy = _departmentRepository.GetDepartmentPolicy(agentId);
    var maxProcTime = policy.GetMaxResponseTimeFor(priority);

    if (escalated) {
      maxProcTime = maxProcTime * policy.EscalationFactor;
    }

    var shifts = _departmentRepository.GetUpcomingShifts(agentId,
        startTime, startTime.Add(policy.MaxAgentResponseTime));

    return CalculateTargetTime(maxProcTime, shifts);
  }
  ...
}
```

도메인 서비스는 여러 애그리게이트의 작업을 쉽게 조율할 수 있다. 그러나 한 개의 데이터베이스 트랜잭션에서 한 개의 애그리게이트 인스턴스만 수정할 수 있다고 했던 애그리게이트 패턴의 한계를 명심해야 한다. 도메인 서비스가 이런 한계를 극복하게 해주지는 않는다. 한 개의 트랜잭션이 한 개의 인스턴스를 갖는 규칙은 여전히 유효하게 작용한다. 대신 도메인 서비스는 여러 애그리게이트의 데이터를 **읽는 것**이 필요한 계산 로직을 구현하는 것을 도와준다.

또한 도메인 서비스는 마이크로서비스, 서비스 지향 아키텍처 또는 소프트웨어 엔지니어링에서 '서비스' 용어를 사용하는 대부분의 것과 아무런 상관이 없다는 점도 중요하다. 도메인 서비스는 비즈니스 로직에서 사용되는 상태가 없는 객체일 뿐이다.

복잡성 관리

이번 장의 도입부에서 말했듯이, 애그리게이트와 밸류 오브젝트 패턴은 비즈니스 로직 구현의 복잡성을 다루는 수단으로서 도입됐다. 이제 이것이 어떻게 추론됐는지 살펴보자.

비즈니스 관리 전문가인 엘리 골드랫(Eliyahu M. Goldratt)은 자신의 책 ≪초이스 THE CHOICE≫(웅진윙스, 2010)에서 간결하지만 강력하게 시스템의 복잡성에 대한 정의를 요약했다. 그에 따르면, 시스템의 복잡성을 논의할 때 우리는 제어와 동작 예측의 어려움을 평가하는 데 관심이 있다. 이 두 가지 관점은 시스템의 자유도를 반영한다.

시스템의 자유도는 시스템의 상태를 설명하는 데 필요한 데이터 요소의 개수로 측정된다. 다음의 두 클래스를 살펴보자.

```
public class ClassA
{
  public int A { get; set; }
  public int B { get; set; }
  public int C { get; set; }
  public int D { get; set; }
  public int E { get; set; }
}

public class ClassB
{
  private int _a, _d;

  public int A
  {
```

```
    get =>_a;
    set {
        _a = value;
        B = value / 2;
        C = value / 3;
    }
}

public int B { get; private set; }

public int C { get; private set; }

public int D
{
    get =>_d;
    set {
        _d = value;
        E = value * 2
    }
}

public int E { get; private set;}
}
```

얼핏 보면, ClassB가 ClassA보다 더 복잡해 보인다. 둘 다 동일한 수의 변수가 있지만 ClassB는 추가적인 계산을 한다. 그렇다면 ClassB가 ClassA보다 더 복잡한가?

이번엔 자유도 관점에서 두 클래스를 분석해보자. ClassA의 상태를 설명하는 데 얼마나 많은 데이터 요소가 필요한가? 다섯 개의 변수가 있으므로 정답은 5다. 그래서 ClassA의 자유도는 5다.

Class의 상태를 설명하는 데 얼마나 많은 데이터 요소가 필요한가? 속성 A와 D의 할당 로직을 살펴보면 B와 C, E의 값이 함수 A와 D에서 사용된 것을 알 수 있다. 즉, A와 D가 무엇을 하는지 알고 나면 나머지 변수의 값을 추론할 수 있다. 결국 상태를 설명하기 위해 두 개의 변수만 필요하므로 ClassB는 자유도 2를 갖는다. 처음의 질문으로 돌아가서, 제어와 행동 예측의 관점에서 어떤 클래스가 더 어려운가? 정답은 더 많은 자유도를 가진 ClassA가 된다. ClassB에 도입된 불변성이 복잡성을 낮춘 것이다. 이것이 바로 애그리게이트와 밸류 오브젝트 패턴이 하는 것이다. 복잡한 것을 불변성으로 감싸서 복잡성을 낮추는 것이다. 밸류 오브젝트의 상태와 관련된 모든 비즈니스 로직은 자신의 경계 안에 있다. 애그리게이트도 마찬가지다. 애그리게이트는 자신의 메서드를 통해서만 수정된다. 비즈니스 로직은 비즈니스 불변성을 감싸고 보호해서 결국 자유도를 줄인다.

도메인 모델 패턴은 복잡한 비즈니스 로직을 갖는 하위 도메인에만 적용되므로 이를 소프트웨어의 중심인 핵심 하위 도메인으로 가정해도 좋다.

결론

도메인 모델 패턴은 복잡한 비즈니스 로직을 다루는 데 목적이 있다. 여기에는 세 개의 구성요소가 있다.

밸류 오브젝트

이것은 값만으로 식별되는 비즈니스 도메인의 개념이기 때문에 명시적인 ID 필드가 필요없다. 필드 중 하나가 변경되면 의미상 새로운 값을 생성하므로 밸류 오브젝트는 불변이다.

밸류 오브젝트는 데이터뿐만 아니라 행동도 모델링한다. 즉, 메서드는 값을 조작하고 새로운 밸류 오브젝트를 초기화한다.

애그리게이트

트랜잭션 경계를 공유하는 엔티티의 계층이다. 애그리게이트의 경계에 속하는 모든 데이터는 비즈니스 로직의 구현을 통해 강력한 일관성을 유지해야 한다.

애그리게이트의 상태와 내부 객체는 애그리게이트의 커맨드를 실행하여 퍼블릭 인터페이스를 통해서만 수정될 수 있다. 애그리게이트와 관련된 모든 비즈니스 로직이 경계 내에 존재하도록 외부 컴포넌트는 애그리게이트 내의 데이터 필드를 읽을 수만 있게 한다.

애그리게이트는 트랜잭션의 경계 역할을 한다. 내부 객체를 포함한 모든 데이터는 원자적인 단일 트랜잭션으로 데이터베이스에 커밋돼야 한다.

애그리게이트는 도메인 이벤트를 게시하여 외부 엔티티와 커뮤니케이션할 수 있다. 도메인 이벤트는 애그리게이트의 수명주기에서 중요한 비즈니스 이벤트를 설명하는 메시지다. 다른 컴포넌트는 이벤트를 구독하고 비즈니스 로직의 실행을 촉발하는 데 사용할 수 있다.

도메인 서비스

도메인 서비스란 도메인 모델에서 애그리게이트 또는 밸류 오브젝트에 속하지 않는 비즈니스 로직을 담는 상태가 없는 객체다.

이러한 도메인 모델 구성요소들은 경계 내의 밸류 오브젝트와 애그리게이트를 감싸서 비즈니스 로직의 복잡성을 다룬다. 외부에서 객체를 수정하지 못하게 하여 관련된 모든 비즈니스 로직이 애그리게이트와 밸류 오브젝트의 경계 내에서 구현되게 하고 애플리케이션 계층에서 중복되지 않게 한다.

다음 장에서는 도메인 모델 패턴을 구현하는 고도화된 방법을 배우는데, 시간의 차원을 모델의 내재된 부분으로 만들 것이다.

연습문제

1. 다음 문장 중 올바른 것은?

   a. 밸류 오브젝트는 데이터만 다룬다.

   b. 밸류 오브젝트는 행동만 다룬다.

   c. 밸류 오브젝트는 불변이다.

   d. 밸류 오브젝트의 상태는 변경될 수 있다.

2. 다음 중 애그리게이트의 경계를 설계하는 데 일반적인 가이드 원칙은?

   a. 한 개의 애그리게이트 인스턴스는 단일 데이터베이스 트랜잭션만 포함할 수 있으므로 애그리게이트는 한 개의 엔티티만 포함할 수 있다.

   b. 비즈니스 도메인의 데이터 일관성에 대한 요구사항이 손상되지 않는 한 애그리게이트는 최대한 작게 설계돼야 한다.

   c. 애그리게이트는 엔티티의 계층을 표현한다. 그러므로 시스템 데이터의 일관성을 극대화하기 위해 애그리게이트는 가능한 한 넓게 설계돼야 한다.

   d. 경우에 따라 다르다. 어떤 비즈니스 도메인은 작은 애그리게이트가 적합한 반면, 가능한 크게 설계하는 것이 효과적일 수도 있다.

3. 한 개의 트랜잭션 내에서 한 개의 애그리게이트 인스턴스만 커밋할 수 있는 이유는?

    a. 높은 부하에서도 모델의 성능을 보장하기 위해

    b. 올바른 트랜잭션 경계를 보장하기 위해

    c. 그런 요구사항은 없다. 비즈니스 도메인에 달렸다.

    d. 키-값 또는 도큐먼트 저장소와 같은 여러 레코드에 걸친 트랜잭션을 지원하지 않는 데이터베이스에서 도 동작하게 하기 위함이다.

4. 다음 중 도메인 모델의 구성요소 사이의 관계를 가장 잘 설명한 것은?

    a. 밸류 오브젝트는 엔티티의 속성을 설명한다.

    b. 밸류 오브젝트는 도메인 이벤트를 발생시킬 수 있다.

    c. 애그리게이트는 하나 이상의 엔티티를 포함한다.

    d. A와 C

5. 다음 중 액티브 레코드와 애그리게이트의 차이점을 올바르게 설명한 것은?

    a. 액티브 레코드는 데이터만 담는 반면, 애그리게이트는 행동도 담는다.

    b. 애그리게이트는 모든 비즈니스 로직을 묶어주지만, 액티브 레코드를 조작하는 비즈니스 로직은 경계 밖에 둔다.

    c. 애그리게이트는 데이터만 담는 반면, 액티브 레코드는 데이터와 행동을 모두 담을 수 있다.

    d. 애그리게이트는 여러 액티브 레코드를 담는다.

시간 차원의
모델링

이전 장에서 도메인 모델 패턴(구성요소, 목적, 애플리케이션 컨텍스트)에 대해 배웠다. 이벤트 소싱 도메인 모델 패턴은 도메인 모델 패턴과 동일한 전제를 기반으로 한다. 도메인 모델 패턴은 복잡한 비즈니스 로직을 갖는 핵심 하위 도메인에 적용된다. 이벤트 소싱 도메인 모델 패턴은 도메인 모델과 동일한 전술적 패턴(밸류 오브젝트, 애그리게이트, 도메인 이벤트)을 사용한다.

하지만 이 두 가지 구현 패턴은 애그리게이트의 상태를 저장하는 방식이 다르다. 이벤트 소싱 도메인 모델은 이벤트 소싱 패턴을 사용하여 애그리게이트 상태를 관리한다. 즉, 애그리게이트의 상태를 유지하는 대신 모델은 각 변경사항을 설명하는 도메인 이벤트를 생성하고 애그리게이트 데이터에 대한 원천 데이터로 사용한다.

이번 장은 이벤트 소싱의 개념을 소개하는 것으로 시작한다. 그다음 이벤트 소싱을 도메인 모델 패턴과 결합하여 이벤트 소싱 도메인 모델로 만드는 방법을 다룬다.

이벤트 소싱

> *"순서도만 보여주고 테이블을 숨기면 상대가 계속 어리둥절할 것이다. 테이블을 보여주면 일반적으로 순서도는 필요 없게 된다. 테이블의 정보만으로도 명백하기 때문이다."*
>
> – 프레드 브룩스(Fred Brooks)[1]

프레드 브룩스의 추론을 사용하여 이벤트 소싱 패턴을 정의하고 이것이 기존의 모델링과 데이터 저장 방식 측면에서 어떻게 다른지 이해해보자. 표 7-1의 데이터를 살펴보고 이 데이터를 제공한 시스템에 대해 분석해보자.

표 7-1. 상태 기반 모델

lead-id	first-name	last-name	status	phone-number	followup-on	created-on	updated-on
1	Sean	Callahan	CONVERTED	555-1246		2019-01-31T 10:02:40,32Z	2019-01-31T 10:02:40,32Z
2	Sarah	Estrada	CLOSED	555-4395		2019-03-29T 22:01:41,44Z	2019-03-29T 22:01:41,44Z
3	Stephanie	Brown	CLOSED	555-1176		2019-04-15T 23:08:45,59Z	2019-04-15T 23:08:45,59Z
4	Sami	Calhoun	CLOSED	555-1850		2019-04-25T 05:42:17,07Z	2019-04-25T 05:42:17,07Z
5	William	Smith	CONVERTED	555-3013		2019-05-14T 04:43:57,51Z	2019-05-14T 04:43:57,51Z
6	Sabri	Chan	NEW_LEAD	555-2900		2019-06-19T 15:01:49,68Z	2019-06-19T 15:01:49,68Z
7	Samantha	Espinosa	NEW_LEAD	555-8861		2019-07-17T 13:09:59,32Z	2019-07-17T 13:09:59,32Z
8	Hani	Cronin	CLOSED	555-3018		2019-10-09T 11:40:17,13Z	2019-10-09T 11:40:17,13Z
9	Sian	Espinoza	FOLLOWUP_SET	555-6461	2019-12-04T 01:49:08,05Z	2019-12-04T 01:49:08,05Z	2019-12-04T 01:49:08,05Z
10	Sophia	Escamilla	CLOSED	555-4090		2019-12-06T 09:12:32,56Z	2019-12-06T 09:12:32,56Z
11	William	White	FOLLOWUP_SET	555-1187	2020-01-23T 00:33:13,88Z	2020-01-23T 00:33:13,88Z	2020-01-23T 00:33:13,88Z
12	Casey	Davis	CONVERTED	555-8101		2020-05-20T 09:52:55,95Z	2020-05-20T 09:52:55,95Z
13	Walter	Connor	NEW_LEAD	555-4753		2020-04-20T 06:52:55,95Z	2020-04-20T 06:52:55,95Z
14	Sophie	Garcia	CONVERTED	555-1284		2020-05-06T 18:47:04,70Z	2020-05-06T 18:47:04,70Z
15	Sally	Evans	PAYMENT_FAILED	555-3230		2020-06-04T 14:51:06,15Z	2020-06-04T 14:51:06,15Z
16	Scott	Chatman	NEW_LEAD	555-6953		2020-06-09T 09:07:05,23Z	2020-06-09T 09:07:05,23Z
17	Stephen	Pinkman	CONVERTED	555-2326		2020-07-20T 00:56:59,94Z	2020-07-20T 00:56:59,94Z

lead-id	first-name	last-name	status	phone-number	followup-on	created-on	updated-on
18	Sara	Elliott	PENDING_PAYMENT	555-2620		2020-08-12T 17:39:43,25Z	2020-08-12T 17:39:43,25Z
19	Sadie	Edwards	FOLLOWUP_SET	555-8163	2020-10-22T 12:40:03,98Z	2020-10-22T 12:40:03,98Z	2020-10-22T 12:40:03,98Z
20	William	Smith	PENDING_PAYMENT	555-9273		2020-11-13T 08:14:07,17Z	2020-11-13T 08:14:07,17Z

이것은 텔레마케팅 시스템에서 잠재 고객 또는 리드를 관리하는 데 사용하는 테이블임에 분명하다. 각 리드에 대해 ID, 성과 이름, 레코드가 생성되고 업데이트된 시간, 전화번호, 리드의 현재 상태를 볼 수 있다.

다양한 상태를 조사하여 각 잠재 고객의 처리 주기를 가정할 수도 있다.

- 판매 흐름은 NEW_LEAD 상태의 잠재 고객과 함께 시작한다.

- 판매 전화는 제안에 관심이 없는 사람(리드가 CLOSED임), 후속 전화 예약(FOLLOWUP_SET), 또는 제안 수락 (PENDING_PAYMENT)으로 종료될 수 있다.

- 결제가 성공하면 리드가 고객으로 전환(CONVERTED)된다. 반대로 결제가 실패할 수도 있다(PAYMENT_ FAILED).

테이블의 스키마와 테이블에 저장된 데이터를 분석하는 것만으로도 수집할 수 있는 정보가 상당히 많다. 데이터를 모델링할 때 어떤 유비쿼터스 언어가 사용되었는지 추측할 수도 있다. 그러나 이 테이블에는 어떤 정보가 빠져 있을까?

테이블의 데이터는 리드의 현재 상태를 문서화하지만 각 리드가 현재 상태에 도달한 이력에 대한 이야기는 누락되었다. 리드의 수명주기 동안 어떤 일이 발생했는지 분석할 수도 없다. 리드가 CONVERTED되기 전에 몇 번이나 전화를 걸었는지도 모른다. 구매가 바로 이루어졌을까? 아니면 긴 판매 여정이 있었을까? 과거 데이터를 기반으로 여러 후속 조치를 취한 후에 고객에게 연락할 가치가 있을까? 아니면 리드를 닫고 더 유망한 잠재고객으로 이동하는 것이 더 효율적일까? 이러한 질문에 답할 수 있는 정보는 없다. 우리가 아는 것은 리드의 현재 상태뿐이다.

이러한 질문은 영업 프로세스를 최적화하는 데 필요한 비즈니스 문제를 반영한다. 비즈니스 관점에서 데이터를 분석하고 경험을 기반으로 프로세스를 최적화하는 것이 중요하다. 누락된 정보를 채우는 방법 중 하나는 이벤트 소싱을 사용하는 것이다.

이벤트 소싱 패턴은 데이터 모델에 시간 차원을 도입한다. 애그리게이트의 현재 상태를 반영하는 스키마 대신 이벤트 소싱 기반 시스템은 애그리게이트의 수명주기의 모든 변경사항을 문서화하는 이벤트를 유지한다.

표 7–1의 12행에 있는 CONVERTED 고객을 생각해보자. 다음 목록은 이벤트 소싱 시스템에서 개인의 데이터가 표현되는 방식을 보여준다.

```json
{
  "lead-id": 12,
  "event-id": 0,
  "event-type": "lead-initialized",
  "first-name": "Casey",
  "last-name": "David",
  "phone-number": "555-2951",
  "timestamp": "2020-05-20T09:52:55.95Z"
},
{
  "lead-id": 12,
  "event-id": 1,
  "event-type": "contacted",
  "timestamp": "2020-05-20T12:32:08.24Z"
},
{
  "lead-id": 12,
  "event-id": 2,
  "event-type": "followup-set",
  "followup-on": "2020-05-27T12:00:00.00Z",
  "timestamp": "2020-05-20T12:32:08.24Z"
},
{
  "lead-id": 12,
  "event-id": 3,
  "event-type": "contact-details-updated",
  "first-name": "Casey",
  "last-name": "Davis",
  "phone-number": "555-8101",
  "timestamp": "2020-05-20T12:32:08.24Z"
```

```
  },
  {
    "lead-id": 12,
    "event-id": 4,
    "event-type": "contacted",
    "timestamp": "2020-05-27T12:02:12.51Z"
  },
  {
    "lead-id": 12,
    "event-id": 5,
    "event-type": "order-submitted",
    "payment-deadline": "2020-05-30T12:02:12.51Z",
    "timestamp": "2020-05-27T12:02:12.51Z"
  },
  {
    "lead-id": 12,
    "event-id": 6,
    "event-type": "payment-confirmed",
    "status": "converted",
    "timestamp": "2020-05-27T12:38:44.12Z"
  }
```

위 목록의 이벤트는 고객의 이야기를 알려준다. 리드는 시스템에서 생성되었고(이벤트 0), 약 2시간 후에 영업 담당자가 연락했다(이벤트 1). 통화 중에 영업 담당자가 일주일 후(이벤트 2) 다른 전화번호로 다시 연락하기로 합의했다(이벤트 3). 영업 담당자가 성(姓)의 오타를 수정했다(이벤트 3). 리드는 약속된 날짜와 시간에 연락을 하고(이벤트 4) 주문을 제출했다(이벤트 5). 주문은 3일 이내 결제 예정이었는데(이벤트 5) 약 30분 후에 결제가 완료되어(이벤트 6) 리드가 신규 고객으로 전환되었다.

앞에서 보았듯이 고객의 상태는 이러한 도메인 이벤트로부터 쉽게 프로젝션[2]할 수 있다. 간단한 변환 로직을 각 이벤트에 순차적으로 적용하면 된다.

---

2 (옮긴이) 이벤트 소싱 패턴에서 쓰기 모델을 통해 이벤트 소싱 시스템에 이력 형태로 저장된 데이터를 다양한 읽기 모델을 적용해 원하는 시점의 데이터를 추출하는 기법

```
public class LeadSearchModelProjection
{
  public long LeadId { get; private set; }
  public HashSet<string> FirstNames { get; private set; }
  public HashSet<string> LastNames { get; private set; }
  public HashSet<PhoneNumber> PhoneNumbers { get; private set; }
  public int Version { get; private set; }

  public void Apply(LeadInitialized @event)
  {
    LeadId = @event.LeadId;
    FirstNames = new HashSet<string>();
    LastNames = new HashSet<string>();
    PhoneNumbers = new HashSet<PhoneNumber>();
    FirstNames.Add(@event.FirstName);
    LastNames.Add(@event.LastName);
    PhoneNumbers.Add(@event.PhoneNumber);
    Version = 0;
  }

  public void Apply(ContactDetailsChanged @event)
  {
    FirstNames.Add(@event.FirstName);
    LastNames.Add(@event.LastName);
    PhoneNumbers.Add(@event.PhoneNumber);
    Version += 1;
  }

  public void Apply(Contacted @event)
  {
    Version += 1;
  }

  public void Apply(FollowupSet @event)
  {
    Version += 1;
  }
```

```
  public void Apply(OrderSubmitted @event)
  {
    Version += 1;
  }


  public void Apply(PaymentConfirmed @event)
  {
    Version += 1;
  }
}
```

애그리게이트의 이벤트를 반복해서 순서대로 적절히 재정의한 Apply 메서드에 넣으면 표 7-1의 테이블에 모델링된 상태 표현이 정확하게 만들어진다.

각 이벤트를 적용한 후 증가하는 버전 필드에 주목하자. 해당 값은 비즈니스 엔티티에 가해진 모든 변경의 횟수를 나타낸다. 또한 이벤트의 일부만 적용한다고 가정한다. 이 경우 '시간 여행'을 할 수 있다. 관련 이벤트만 적용하여 수명주기 중에서 원하는 지점의 엔티티 상태를 프로젝션할 수 있다. 예를 들어, 버전 5에서 엔티티의 상태가 필요한 경우 처음 5개 이벤트만 적용하면 된다.

마지막으로 이벤트 소싱은 이벤트의 단일 상태만 프로젝션하는 것에 그치지 않는다! 다음 시나리오를 살펴보자.

검색

검색 기능을 구현해야 한다고 가정해보자. 그러나 리드의 연락처 정보(이름, 성, 전화번호)는 업데이트될 수 있으므로 영업 담당자는 다른 담당자가 적용한 변경사항을 인지하지 못할 수 있으며 기록 값을 포함한 연락처 정보를 사용하여 리드를 찾으려 할 수 있다. 이벤트 소싱을 사용하면 과거 정보를 쉽게 프로젝션할 수 있다.

```
public class LeadSearchModelProjection
{
  public long LeadId { get; private set; }
  public HashSet<string> FirstNames { get; private set; }
  public HashSet<string> LastNames { get; private set; }
```

```csharp
public HashSet<PhoneNumber> PhoneNumbers { get; private set; }
public int Version { get; private set; }

public void Apply(LeadInitialized@event)
{
  LeadId = @event.LeadId ;
  FirstNames = new HashSet<string>();
  LastNames = new HashSet<string>();
  PhoneNumbers = new HashSet<PhoneNumber>();

  FirstNames.Add( @event.FirstName);
  LastNames.Add( @event.LastName);
  PhoneNumbers.Add( @event.PhoneNumber);

  Version = 0;
}

public void Apply(ContactDetailsChanged@event)
{
  FirstNames.Add( @event.FirstName);
  LastNames.Add( @event.LastName);
  PhoneNumbers.Add( @event.PhoneNumber);

  Version += 1;
}

public void Apply(Contacted@event)
{
  Version += 1;
}

public void Apply(FollowupSet@event)
{
  Version += 1;
}

public void Apply(OrderSubmitted@event)
{
```

```
    Version += 1;
  }


  public void Apply(PaymentConfirmed@event)
  {
    Version += 1;
  }
}
```

이 프로젝션 로직은 LeadInitialized와 ContactDetailsChanged 이벤트를 사용하여 각 리드의 개인 세부 정보를 채운다. 다른 이벤트는 특정 모델의 상태에 영향을 미치지 않으므로 무시한다.

이 프로젝션 로직을 이전 예제의 Casey Davis의 이벤트에 적용하면 다음 상태가 된다.

```
LeadId: 12
FirstNames: ['Casey']
LastNames: ['David', 'Davis']
PhoneNumbers: ['555-2951', '555-8101']
Version: 6
```

분석

비즈니스 인텔리전스 부서에서 좀 더 분석하기 편한 리드 데이터를 요청한다고 가정해보자. 이들은 연구를 위해 다양한 리드 중에서 후속 전화가 예약된 개수를 얻고자 한다. 나중에 변환되고 종료된 리드 데이터를 필터링한 모델을 사용하여 영업 프로세스를 최적화하려고 한다. 그들이 요구하는 데이터를 가져와보자.

```
public class AnalysisModelProjection
{
  public long LeadId { get; private set; }
  public int Followups { get; private set; }
  public LeadStatus Status { get; private set; }
  public int Version { get; private set; }


  public void Apply(LeadInitialized @event)
  {
```

```
    LeadId = @event.LeadId;
    Followups = 0;
    Status = LeadStatus.NEW_LEAD;
    Version = 0;
}

public void Apply(Contacted@event)
{
    Version += 1;
}

public void Apply(FollowupSet@event)
{
    Status = LeadStatus.FOLLOWUP_SET;
    Followups += 1;
    Version += 1;
}

public void Apply(ContactDetailsChanged@event)
{
    Version += 1;
}

public void Apply(OrderSubmitted@event)
{
    Status = LeadStatus.PENDING_PAYMENT;
    Version += 1;
}

public void Apply(PaymentConfirmed@event)
{
    Status = LeadStatus.CONVERTED;
    Version += 1;
}
}
```

앞의 로직은 후속 전화 이벤트가 리드 이벤트에 나타난 횟수의 카운터를 유지한다. 이 프로젝션을 애그리게이트 이벤트의 예에 적용하면 다음 상태가 생성된다.

```
LeadId: 12
Followups: 1
Status: Converted
Version: 6
```

앞의 예에서 구현한 로직은 검색 최적화와 분석 최적화 모델을 메모리에서 프로젝션한다. 그러나 실제로 필요한 기능을 구현하려면 프로젝션된 모델을 데이터베이스에 유지해야 한다. 8장에서는 이를 가능케 하는 CQRS(command-query responsibility segregation; 명령과 조회의 책임 분리) 패턴에 대해 배울 것이다.

원천 데이터

이벤트 소싱 패턴이 작동하려면 객체 상태에 대한 모든 변경사항이 이벤트로 표현되고 저장되어야 한다. 이러한 이벤트는 시스템의 원천 데이터가 된다(여기에서 패턴의 이름이 유래했다). 이 프로세스는 그림 7-1에 나와 있다.

그림 7-1. 이벤트 소싱 애그리게이트

시스템의 이벤트를 저장하는 데이터베이스는 유일하고 강력하게 일관된 저장소인 시스템의 원천 데이터다. 이벤트를 저장하는 데 사용되는 데이터베이스를 지칭하는 이름이 **이벤트 스토어** (**event store**)다.

---

3   (옮긴이) 데이터 또는 파일 등에 액세스할 수 있게 재구성 또는 복원하는 작업

이벤트 스토어

이벤트 스토어는 추가만 가능한 저장소이므로 이벤트[4]를 수정하거나 삭제할 수 없다. 이벤트 소싱 패턴을 구현하려면 이벤트 스토어가 최소한 다음의 기능을 지원해야 한다. 즉, 특정 비즈니스 엔티티에 속한 모든 이벤트를 가져오고 이벤트를 추가하는 것이다. 예를 들면 다음과 같다.

```
interface IEventStore
{
    IEnumerable<Event> Fetch(Guid instanceId);
    void Append(Guid instanceId, Event[] newEvents, int expectedVersion);
}
```

Append 메서드의 expectedVersion 인수는 낙관적 동시성 제어를 구현하는 데 필요하다. 새 이벤트를 추가할 때 의사결정의 기반이 되는 엔티티 버전도 지정한다. 버전이 유효하지 않으면, 즉 예상 버전 이후에 새 이벤트가 추가된 경우 이벤트 스토어는 동시성 예외를 발생시킨다.

대부분의 시스템에서는 다음 장에서 논의할 CQRS 패턴을 구현하기 위해 추가 엔드포인트가 필요하다.

 본질적으로 이벤트 소싱 패턴은 새로운 것이 아니다. 금융 산업에서는 이벤트를 사용하여 원장의 변경사항을 나타낸다. 원장은 트랜잭션을 문서화하는 추가 전용 로그다. 계정 잔액과 같은 현재 상태는 원장의 기록을 '프로젝션'해서 언제든지 추론할 수 있다.

이벤트 소싱 도메인 모델

원래 도메인 모델은 애그리게이트의 상태 표현 방식을 유지 관리하고 선택 도메인 이벤트를 내보낸다. 이벤트 소싱 도메인 모델은 애그리게이트의 수명주기를 모델링하기 위해 독점적으로 도메인 이벤트를 사용한다. 애그리게이트 상태에 대한 모든 변경사항은 도메인 이벤트로 표현돼야 한다.

이벤트 소싱 애그리게이트에 대한 각 작업은 다음 단계를 따른다.

---

4 데이터 마이그레이션과 같은 예외적인 경우는 제외함

- 애그리게이트의 도메인 이벤트를 로드한다.

- 이벤트를 비즈니스 의사결정을 내리는 데 사용할 수 있는 상태로 프로젝션해서 상태 표현을 재구성한다.

- 애그리게이트의 명령을 실행하여 비즈니스 로직을 실행하고 결과적으로 새로운 도메인 이벤트를 생성한다.

- 새 도메인 이벤트를 이벤트 스토어에 커밋한다.

6장의 Ticket 애그리게이트 예제로 돌아가서 이벤트 소싱 애그리게이트로 구현하는 방법을 살펴보자.

애플리케이션 서비스는 앞에서 설명한 과정을 따른다. 관련 티켓의 이벤트를 로드하고, 애그리게이트 인스턴스를 리하이드레이션하고, 관련 명령을 호출하고, 변경사항을 데이터베이스에 다시 저장한다.

```
01 public class TicketAPI
02 {
03   private ITicketsRepository _ticketsRepository;
04     ...
05
06   public void RequestEscalation(TicketId id, EscalationReason reason)
07   {
08     var events = _ticketsRepository.LoadEvents(id);
09     var ticket = new Ticket(events);
10     var originalVersion = ticket.Version;
11     var cmd = new RequestEscalation(reason);
12     ticket.Execute(cmd);
13     _ticketsRepository.CommitChanges(ticket, originalVersion);
14   }
15
16   ...
17 }
```

생성자에 있는 Ticket 애그리게이트의 리하이드레이션 로직(27~31행)은 상태를 프로젝션하는 클래스인 TicketState의 인스턴스를 생성하고 티켓의 각 이벤트에 대해 AppendEvent 메서드를 순차적으로 호출한다.

```
18 public class Ticket
19 {
20   ...
21   private List<DomainEvent> _domainEvents = new List<DomainEvent>();
22   private TicketState _state;
23   ...
24
25   public Ticket(IEnumerable<IDomainEvents> events)
26   {
27     _state = new TicketState();
28     foreach(var e in events)
29     {
30       AppendEvent(e);
31     }
32   }
```

AppendEvent는 들어오는 이벤트를 TicketState 프로젝션 로직에 전달하여 티켓의 현재 상태에 대한 메모리 내 표현 방식을 만든다.

```
33   private void AppendEvent(IDomainEvent@event)
34   {
35     _domainEvents.Append( @event);
36     // "Apply" 메서드의 올바른 오버로드를 동적으로 호출함.
37     ((dynamic) state).Apply((dynamic) @event);
38   }
```

이전 장에서 본 구현 방식과는 달리 이벤트 소싱 애그리게이트의 RequestEscalation 메서드는 IsEscalated 플래그를 명시적으로 true로 설정하지 않는다. 대신 적절한 이벤트를 인스턴스화하고 AppendEvent 메서드에 전달한다(43~44행).

```
39   public void Execute(RequestEscalation cmd)
40   {
41     if (!_state.IsEscalated && _state.RemainingTimePercentage <= 0)
42     {
43       var escalatedEvent = new TicketEscalated(_id, cmd.Reason);
44       AppendEvent(escalatedEvent);
```

```
45    }
46  }
47
48  ...
49 }
```

애그리게이트의 이벤트 컬렉션에 추가된 모든 이벤트는 TicketState 클래스의 상태 프로젝션 로직으로 전달되며 여기서 관련 필드 값은 이벤트 데이터에 따라 변경된다.

```
50 public class TicketState
51 {
52   public TicketId Id { get; private set; }
53   public int Version { get; private set; }
54   public bool IsEscalated { get; private set; }
55   ...
56   public void Apply(TicketInitialized@event)
57   {
58     Id = @event.Id ;
59     Version = 0;
60     IsEscalated = false;
61     ....
62   }
63
64   public void Apply(TicketEscalated@event)
65   {
66     IsEscalated = true;
67     Version += 1;
68   }
69
70   ...
71 }
```

이제 복잡한 비즈니스 로직을 구현할 때 이벤트 소싱을 활용함으로써 얻을 수 있는 몇 가지 이점을 살펴보자.

왜 '이벤트 소싱 도메인 모델'일까?

이벤트 소싱이 아닌 이벤트 소싱 도메인 모델이라는 용어를 사용하는 이유에 대해 설명해야 할 것 같다. 이벤트를 사용하여 상태 전환(이벤트 소싱 패턴)을 나타내는 것은 도메인 모델의 구성요소가 있든 없든 가능하다. 따라서 필자는 도메인 모델 애그리게이트의 수명주기 변경을 나타내기 위해 이벤트 소싱을 사용하고 있음을 명시적으로 보여주는 방법을 선택했다.

장점

애그리게이트의 현재 상태만을 데이터베이스에 유지하는 기존 모델에 비해 이벤트 소싱 도메인 모델은 애그리게이트를 모델링하는 데 더 많은 노력이 필요하다. 그러나 이 패턴은 많은 시나리오에서 고려할 만한 가치가 있을 정도로 중요한 장점이 있다.

시간 여행

도메인 이벤트를 사용하여 애그리게이트의 현재 상태를 재구성할 수 있는 것처럼 도메인 이벤트는 애그리게이트의 모든 과거 상태를 복원하는 데도 사용할 수 있다. 즉, 애그리게이트의 모든 과거 상태를 필요할 때 언제든 재구성할 수 있다.

시간 여행은 시스템의 동작을 분석하고, 시스템의 의사결정을 검사하고, 비즈니스 로직을 최적화할 때 종종 필요하다.

과거 상태를 재구성하는 또 다른 일반적인 유스케이스는 소급 디버깅(retroactive debugging)이다. 애그리게이트를 정확히 버그가 관찰됐을 때의 상태로 되돌릴 수 있다.

심오한 통찰력

이 책의 1부에서 핵심 하위 도메인을 최적화하는 것이 비즈니스에 전략적으로 중요하다는 것을 확인했다. 이벤트 소싱은 시스템의 상태와 동작에 대한 깊은 통찰력을 제공한다. 이번 장의 앞부분에서 배운 것처럼 이벤트 소싱은 이벤트를 다른 상태 표현 방식으로 변환할 수 있는 유연한 모델을 제공한다. 기존 이벤트의 데이터를 활용하여 추가 통찰력을 제공할 새로운 프로젝션 방법을 언제든지 추가할 수 있다.

감사 로그

영속적인 도메인 이벤트는 애그리게이트 상태에 발생한 모든 것에 대한 강력하게 일관된 감사 로그(audit log)를 나타낸다. 법률에 따라 일부 비즈니스 도메인은 이러한 감사 로그를 반드시 구현해야 하며 이벤트 소싱은 이를 즉시 제공한다.

이 모델은 화폐 또는 금전 거래를 관리하는 시스템에 잘 이용된다. 이를 통해 시스템의 의사결정과 계정 간의 자금 흐름을 쉽게 추적할 수 있다.

고급 낙관적 동시성 제어

고급 낙관적 동시성 모델은 읽기 데이터가 기록되는 동안 다른 프로세스에 의해 덮어 쓰여지는 경우 예외를 발생시킨다.

이벤트 소싱을 사용할 때 기존 이벤트를 읽고 새 이벤트를 작성하는 사이에 정확히 무슨 일이 일어났는지 더 깊은 통찰력을 얻을 수 있다. 이벤트 스토어에 동시에 추가된 정확한 이벤트를 추출하고 새로운 이벤트가 시도된 작업과 충돌하는지, 또는 추가 이벤트가 관련이 없고 계속 진행하는 것이 안전한지에 대해 비즈니스 도메인 주도 의사결정을 내릴 수 있다.

단점

지금까지는 이벤트 소싱 도메인 모델이 비즈니스 로직을 구현하기 위한 궁극의 패턴처럼 보이므로 가능한 한 자주 사용해야 할 것처럼 보인다. 물론 이는 비즈니스 도메인의 요구사항이 설계 의사결정을 주도하도록 하는 원칙에 모순된다. 따라서 이 패턴이 제시하는 몇 가지 문제에 대해 논의해 보자.

학습 곡선

패턴이 데이터를 관리하는 기존 기술과 엄청난 차이가 있다는 것은 명백한 단점이다. 패턴을 성공적으로 구현하려면 팀 교육과 새로운 사고 방식에 익숙해지는 시간이 필요하다. 팀이 지금까지 이벤트 소싱 시스템을 구현한 경험이 없다면 학습 곡선을 고려해야 한다.

모델의 진화

이벤트 소싱 모델을 발전시키는 것은 어려울 수 있다. 이벤트 소싱의 정의를 엄밀하게 따지면 이벤트는 변경할 수 없다. 그렇다면 이벤트의 스키마를 조정해야 하는 경우는 어떻게 해야 할까? 그 과정은 테이블의 스키마를 변경하는 것만큼 간단하지 않다. 실제로 그레그 영(Greg Young)의 ≪Versioning in an Event Sourced System≫[5]에서는 오로지 이 주제에 대해서만 다룰 정도다.

아키텍처 복잡성

이벤트 소싱을 구현하면 수많은 아키텍처의 '유동적인 부분'이 도입되어 전체 설계가 더 복잡해진다. 이 주제는 다음 장에서 CQRS 아키텍처를 논의할 때 더 자세히 다룰 것이다.

당면한 작업에 이 패턴을 적용할 당위성이 없으며, 대신 더 단순한 설계로 해결할 수 있는 경우라면 앞에 제시한 모든 문제는 훨씬 더 심각해진다. 10장에서는 경험적으로 어떤 비즈니스 로직 구현 패턴을 사용할지 결정하는 데 도움이 될 만한 간단한 법칙을 배울 것이다.

---

5 https://leanpub.com/esversioning

자주 묻는 질문

이벤트 소싱 패턴을 소개할 때 엔지니어는 종종 몇 가지 일반적인 질문을 한다. 이번 장에서 그 질문들에 대해 설명하고자 한다.

성능

이벤트에서 애그리게이트 상태를 재구성하면 시스템 성능에 부정적인 영향을 준다. 이벤트가 추가되면서 성능이 저하된다. 이것이 어떻게 작동할 수 있을까?

이벤트를 상태 표현 방식으로 프로젝션하려면 실제로 컴퓨팅 성능이 필요하며 애그리게이트 목록에 더 많은 이벤트가 추가됨에 따라 그 필요성은 더 커진다.

프로젝션 과정이 성능에 미치는 영향, 즉 수백 또는 수천 개의 이벤트 작업 효과를 벤치마킹하는 것이 중요하다. 벤치마킹 결과는 애그리게이트의 예상 수명과 비교해서 의사결정해야 한다. 즉, 이벤트의 평균 수명 동안 기록될 것으로 예상되는 이벤트 수와 비교해서 누적될 이벤트 목록의 규모를 예측해야 한다.

대부분의 시스템에서 애그리게이트당 10,000개 이상의 이벤트가 있을 경우 성능 저하가 눈에 띄게 나타난다. 그러나 대다수의 시스템에서 애그리게이트의 평균 수명은 100개 이벤트를 초과하지 않는다.

상태를 프로젝션하는 것이 성능에 문제가 되는 경우는 드물지만, 스냅숏 패턴 같은 다른 패턴을 적용할 수도 있다. 그림 7-2에 표시된 이 패턴은 다음 단계를 구현한다.

- 프로세스는 이벤트 스토어에서 새 이벤트를 지속적으로 순회하고 해당 프로젝션을 생성하고 캐시에 저장한다.

- 애그리게이트에 대한 작업을 실행하려면 메모리 내 프로젝션이 필요하다. 이러한 경우

  – 프로세스는 캐시에서 현재 상태의 프로젝션을 가져온다.

  – 프로세스는 이벤트 스토어에서 스냅숏 버전 이후에 발생한 이벤트를 가져온다.

  – 추가 이벤트는 메모리 내 스냅숏에 적용된다.

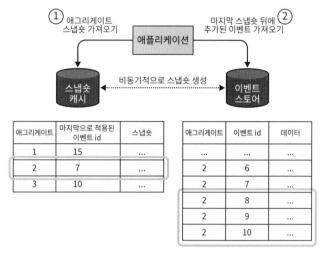

그림 7-2. 애그리게이트 이벤트 스냅숏

스냅숏 패턴은 적용에 대한 당위성 증명이 필요한 최적화 과정이라는 점을 상기하자. 시스템의 애그리게이트 가 10,000개 이상의 이벤트를 저장하지 않는 경우 스냅숏 패턴을 구현하는 것은 시스템을 복잡하게 만들 뿐이 다. 그러므로 계속해서 스냅숏 패턴을 구현하기 전에 한 걸음 물러서서 애그리게이트의 경계를 다시 확인하는 것이 필요하다.

이 모델은 엄청난 양의 데이터를 생성한다. 확장할 수 있을까?

이벤트 소싱 모델은 쉽게 확장할 수 있다. 모든 애그리게이트 관련 작업은 단일 애그리게이트 컨텍스트에서 수 행되므로 이벤트 스토어는 애그리게이트 ID로 분할할 수 있다. 애그리게이트의 인스턴스에 속하는 모든 이벤트 는 단일 샤드(shard)에 있어야 한다(그림 7-3 참조).

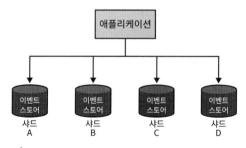

그림 7-3. 이벤트 스토어 샤딩[6]

---

6 (옮긴이) 대량의 데이터를 처리하기 위해 데이터베이스 테이블을 분할하여 물리적으로 서로 다른 곳에 분산 저장 및 조회하는 것

데이터 삭제

이벤트 스토어는 추가 전용 데이터베이스지만 물리적으로 데이터를 삭제해야 하는 경우에는 어떻게 할까? 예를 들어, GDPR[7]을 준수하기 위해 물리적으로 데이터 삭제가 필요하다.

이러한 요구사항은 잊어버릴 수 있는 페이로드 패턴(forgettable payload pattern)으로 해결할 수 있다. 즉, 모든 민감 정보는 암호화된 형식으로 이벤트에 포함한다. 암호화 키는 외부 키–값 저장소인 키 저장소에 저장한다. 여기서 키는 특정 애그리게이트의 ID이고 값은 암호화 키다. 민감 데이터를 삭제해야 하는 경우 키 저장소에서 암호화 키를 삭제한다. 결과적으로 이벤트에 포함된 민감 정보에 더 이상 접근할 수 없다.

이렇게 하면 안될까요…?

텍스트 파일에 로그를 작성하여 감사 로그로 사용할 수 없는 이유는 무엇일까?

실시간 데이터 처리 데이터베이스(operational database)와 로그 파일 모두에 데이터를 쓰는 것은 오류가 발생하기 쉬운 작업이다. 그것은 본질적으로 데이터베이스와 파일이라는 두 가지 저장 장치에 대한 트랜잭션이다. 첫 번째 작업이 실패하면 두 번째 작업을 롤백해야 한다. 예를 들어, 데이터베이스 트랜잭션이 실패하면 아무도 이전 로그 메시지를 삭제하지 않는다. 따라서 이러한 로그는 결국 일관성이 없어진다.

상태 기반 모델을 계속 사용할 수 없지만 동일한 데이터베이스 트랜잭션에서 로그를 로그 테이블에 추가할 수 없는 이유는 무엇일까?

인프라 관점에서 이 접근 방식은 상태와 로그 레코드 간의 일관된 동기화를 제공한다. 그러나 여전히 오류가 발생하기 쉽다. 미래에 코드베이스에서 작업할 엔지니어가 적절한 로그 레코드를 추가하는 것을 잊어버리면 어떻게 될까?

또한 상태 기반 표현 방식을 원천 데이터로 사용할 때 추가 로그 테이블의 스키마는 일반적으로 빠르게 혼돈에 빠진다. 모든 필수 정보가 올바른 형식으로 작성되도록 강제할 방법은 없다.

상태 기반 모델을 계속 사용할 수 없지만 레코드의 스냅숏을 만들어 전용 '이력' 테이블에 복사하는 데이터베이스 트리거를 추가할 수 없는 이유는 무엇일까?

이 접근 방식은 이전 방식의 단점을 극복한다. 즉, 로그 테이블에 레코드를 추가하기 위해 명시적으로 수동 호출이 필요하지 않다. 결과 기록에는 어떤 필드가 변경되었는지에 대한 사실만 포함한다. '왜' 필드가 변경되었는지와 같은 비즈니스 컨텍스트를 잃게 된다. 이 같은 변경에 이력 정보가 없으면 부가적인 모델을 프로젝션하는 역량이 상당히 제한된다.

---

7 General Data Protection Regulation. (날짜 미상) 2021년 6월 14일 기준. https://oreil.ly/08px7

결론

이번 장에서는 이벤트 소싱 패턴과 도메인 모델의 애그리게이트에서 시간 차원을 모델링을 적용하는 방식에 대해 설명했다.

이벤트 소싱 도메인 모델에서 애그리게이트 상태에 대한 모든 변경사항은 일련의 도메인 이벤트로 표현한다. 이는 상태 변경이 데이터베이스의 레코드를 업데이트하는 좀 더 전통적인 접근 방식과 대조적이다. 결과 도메인 이벤트는 애그리게이트의 현재 상태를 프로젝션하는 데 사용할 수 있다. 또한 이벤트 기반 모델은 이벤트를 특정 작업에 최적화된 여러 표현 모델로 프로젝션할 수 있는 유연성을 제공한다.

이 패턴은 분석과 최적화를 위해, 또는 법적으로 감사 로그를 요구하기 때문에 시스템 데이터에 대한 심오한 통찰력이 필요한 경우에 적합하다.

이번 장에서는 비즈니스 로직을 모델링하고 구현하는 다양한 방법을 살펴봤다. 다음 장에서는 더 높은 범주에 속하는 아키텍처 패턴에 대해 살펴볼 것이다.

연습문제

1. 도메인 이벤트와 밸류 오브젝트 간의 관계에 대한 다음 설명 중 옳은 것은?

    a. 도메인 이벤트는 밸류 오브젝트를 사용하여 비즈니스 도메인에서 발생한 일을 설명한다.

    b. 이벤트 소싱 도메인 모델을 구현할 때 밸류 오브젝트는 이벤트 소싱 애그리게이트로 리팩터링해야 한다.

    c. 밸류 오브젝트는 도메인 모델 패턴과 관련이 있으며 이벤트 소싱 도메인 모델의 도메인 이벤트로 대체된다.

    d. 모든 설명이 잘못되었다.

2. 일련의 사건에서 상태를 프로젝션하는 옵션에 대한 다음 설명 중 옳은 것은?

    a. 단일 상태 표현은 애그리게이트의 이벤트에서 프로젝션할 수 있다.

    b. 여러 상태 표현을 프로젝션할 수 있지만 도메인 이벤트는 여러 가지 프로젝션을 지원하는 방식으로 모델링돼야 한다.

    c. 여러 상태 표현을 프로젝션할 수 있으며 나중에 언제든지 추가로 프로젝션할 수 있다.

    d. 모든 설명이 잘못되었다.

3. 상태 기반 애그리게이트와 이벤트 소싱 애그리게이트의 차이점에 대한 다음 설명 중 옳은 것은?

    a. 이벤트 소싱 애그리게이트는 도메인 이벤트를 생성할 수 있지만 상태 기반 애그리게이트는 도메인 이벤트를 생성할 수 없다.

    b. 애그리게이트 패턴의 두 변형은 모두 도메인 이벤트를 생성하지만 이벤트 소싱 애그리게이트만 도메인 이벤트를 원천 데이터로 사용한다.

    c. 이벤트 소싱 애그리게이트는 모든 상태 전환에 대해 도메인 이벤트가 생성되게 한다.

    d. B와 C 모두 맞다.

4. 책 서문에 있는 울프데스크 회사로 돌아가서 이벤트 소싱 도메인 모델로 구현하기에 적합한 시스템 기능은 무엇일까?

아키텍처
패턴

지금까지 이 책에서 논의한 전술적 패턴을 통해 비즈니스 로직을 모델링하고 구현하는 다양한 방법을 정의했다. 이번 장에서는 좀 더 넓은 맥락에서 전술적 설계 의사결정에 대해 알아본다. 즉, 시스템의 구성요소 간의 상호작용과 의존성을 조율하는 다양한 방법을 살펴본다.

비즈니스 로직과 아키텍처 패턴

비즈니스 로직은 소프트웨어에서 가장 중요한 요소다. 하지만 소프트웨어 시스템에는 다른 요소도 많다. 코드베이스는 기능 또는 비기능 요구사항을 구현하기 위한 많은 책임을 담당한다. 또한 사용자와 상호작용해서 입력을 받고 결과를 제공하며 다양한 저장소에 상태를 저장하고 외부 시스템 및 정보 제공자와 연동도 해야 한다.

코드베이스가 처리해야 할 다양한 관심사로 인해 비즈니스 로직이 다양한 구성요소에 흩어지기 쉽다. 예를 들어, 어떤 로직은 사용자 인터페이스 또는 데이터베이스에 구현되거나 다양한 구성요소에 중복될 수 있다. 관심사를 구현할 때 엄격하게 구성하지 않으면 코드베이스의 변경이 어려워진다. 비즈니스 로직이 변경될 때 코드베이스의 어떤 부분이 영향을 받는지 분명하지 않을 수 있다. 또한 겉으로 보기에 관련 없는 부분에 기대치 않게 변경이 영향을 미칠 수도 있다. 반대로 변경해야 할 부분을 놓치기도 쉽다. 이 모든 문제는 코드베이스의 유지보수 비용을 크게 증가시킨다.

아키텍처 패턴은 코드베이스의 다양한 측면에 대한 구성 원칙을 도입하고 이들 사이의 명확한 경계를 제시한다. 예를 들어, 비즈니스 로직이 어떻게 시스템의 입력과 출력, 그리고 다른 기반 구성요소와 연결되는가와 같은 것이 코드베이스의 다양한 측면 중 하나다.

코드베이스를 조직하는 적절한 방법 혹은 올바른 아키텍처 패턴을 선택하는 것은 단기적으로는 비즈니스 로직 구현을 지원하고, 장기적으로 유지보수를 돕기 위해 매우 중요하다. 그것을 가능하게 해주는 세 가지 주요 아키텍처 패턴인 계층형 아키텍처, 포트와 어댑터, 그리고 CQRS에 대해 알아보자.

계층형 아키텍처

계층형 아키텍처(layered architecture)는 가장 일반적인 아키텍처 패턴 중 하나다. 코드베이스를 수평 계층으로 조직하고, 각 계층은 사용자와 상호작용, 비즈니스 로직의 구현, 그리고 데이터의 저장과 같은 기술적 관심사 중 하나를 다룬다. 이것을 그림 8-1에 표현했다.

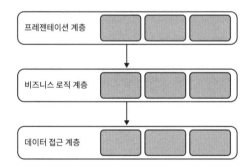

그림 8-1. 계층형 아키텍처

고전적인 형태의 계층형 아키텍처는 프레젠테이션 계층(PL: presentation layer), 비즈니스 로직 계층(BLL: business logic layer), 데이터 접근 계층(DAL: data access layer)의 세 가지 계층으로 구성된다.

프레젠테이션 계층

그림 8-2에 표현된 프레젠테이션 계층은 사용자와 상호작용을 하기 위한 프로그램의 사용자 인터페이스를 구현한다. 이 패턴의 원래 형태에서 이 계층은 웹 인터페이스 또는 데스크톱 인터페이스와 같은 그래픽 인터페이스를 나타낸다.

하지만 현대 시스템에서 프레젠테이션 계층은 프로그램의 동작을 촉발하는 모든 동기식 또는 비동기식 수단과 같은 좀 더 광범위한 범주를 포함한다. 다음의 예를 보자.

- 그래픽 사용자 인터페이스(GUI)

- 커맨드 라인 인터페이스(CLI)

- 다른 시스템과 연동하는 프로그래밍 API

- 메시지 브로커에서 이벤트에 대한 구독

- 나가는 이벤트를 발행하는 메시지 토픽

이 모든 것은 시스템이 외부 환경으로부터 요청을 받고 결과를 소통하는 수단이다. 엄밀히 말하면 프레젠테이션 계층은 프로그램의 퍼블릭 인터페이스다.

그림 8-2. 프레젠테이션 계층

비즈니스 로직 계층

이름에서 알 수 있듯이, 이 계층은 프로그램의 비즈니스 로직을 구현하고 묶는 것을 담당한다. 이곳에 비즈니스 의사결정을 구현한다. 에릭 에반스[1]는 이 계층이 소프트웨어의 중심이라고 했다.

5~7장에서 설명한 액티브 레코드 또는 도메인 모델과 같은 비즈니스 로직 패턴을 이 계층에서 구현한다(그림 8-3 참조).

---

1 《도메인 주도 설계》(위키북스, 2011)

그림 8-3. 비즈니스 로직 계층

데이터 접근 계층

데이터 접근 계층은 영속성 메커니즘에 접근할 수 있게 해준다. 원래 패턴에서는 이 계층이 시스템의 데이터베이스를 가리킨다. 그러나 프레젠테이션 계층의 경우처럼 현대 시스템에서는 이 계층이 좀 더 넓은 범위의 책임을 진다.

첫째, 혁신적인 NoSQL이 출현한 이래로 여러 데이터베이스를 사용하는 시스템이 보편화됐다. 예를 들어, 도큐먼트 저장소는 실시간 데이터 처리 데이터베이스의 역할을 하고 검색 인덱스는 동적 질의에 쓰이며, 인메모리 데이터베이스는 최적화된 성능을 내는 동작에 활용된다.

둘째, 정보 저장용으로 전통적인 데이터베이스뿐만 아니라 다양한 매체가 있다. 예를 들어, 클라우드 기반 오브젝트 저장소[2]는 시스템의 파일을 저장할 수 있고, 메시지 버스는 프로그램의 다양한 기능[3]의 커뮤니케이션을 조율하는 데 쓰인다.

마지막으로, 이 계층은 프로그램의 기능을 구현하는 데 필요한 다양한 외부 정보 제공자와 연동하는 것을 포함한다. 예를 들어, 언어 번역, 주식 데이터, 오디오 녹음과 같은 외부 시스템에서 제공되는 API 또는 클라우드 벤더의 관리형 서비스와 연동한다(그림 8-4 참조).

그림 8-4. 데이터 접근 계층

계층 간 커뮤니케이션

계층은 톱다운(top-down) 커뮤니케이션 모델에 따라 연동한다. 그림 8-5와 같이 각 계층은 바로 아래 계층에만 의존한다. 이렇게 하면 구현 관심사의 결합성을 낮추고 계층 간에 공유할 지식을 줄인다. 그림 8-5에서 프레젠테이션 계층은 비즈니스 로직 계층만 참조하고 데이터 접근 계층의 설계 의사결정을 알지 못한다.

---

2   AWS S3 또는 구글 클라우드 스토리지 등
3   여기서는 메시지 버스를 시스템의 내부 용도로 사용하는 것이다. 외부로 노출된다면 이는 프레젠테이션 계층에 속한다.

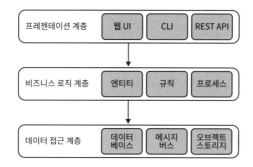

그림 8-5. 계층형 아키텍처

변종(variation)

계층형 아키텍처 패턴을 확장해서 서비스 계층을 추가하는 것을 흔히 볼 수 있다.

서비스 계층

"가용한 오퍼레이션을 구축하고 각 오퍼레이션에서 애플리케이션의 응답을 조정하는 서비스 계층을 애플리케이션의 경계에 정의한다."

– 《엔터프라이즈 애플리케이션 아키텍처 패턴》(위키북스, 2015)

서비스 계층은 프로그램의 프레젠테이션 계층과 비즈니스 로직 계층 사이의 중간 역할을 한다. 다음 코드를 보자.

```
namespace MvcApplication.Controllers
{
  public class UserController: Controller
  {
    ...

    [AcceptVerbs(HttpVerbs.Post)]
    public ActionResult Create (ContactDetails contactDetails)
    {
      OperationResult result = null;

      try
      {
```

```
    _db.StartTransaction();

    var user = new User();
    user.SetContactDetails(contactDetails)
    user.Save();

    _db.Commit();
    result = OperationResult.Success;
  } catch (Exception ex){
    _db.Rollback();
    result = OperationResult.Exception(ex);
  }

  return View(result);
  }
 }
}
```

예제에서 MVC 컨트롤러는 프레젠테이션 계층에 속한다. 예제에서는 새로운 사용자를 생성하는 엔드포인트를 노출한다. 이 엔드포인트는 User 액티브 레코드 객체를 사용하여 새로운 인스턴스를 만들고 저장한다. 또한 에러가 발생하면 적절한 응답을 생성하도록 데이터베이스 트랜잭션을 조율한다.

그림 8-6에서처럼 프레젠테이션 계층과 하부의 비즈니스 로직의 결합을 제거하기 위해 이 조율 로직을 서비스 계층으로 이동할 수도 있다.

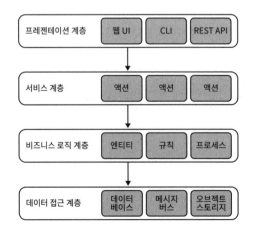

그림 8-6. 서비스 계층

아키텍처 패턴의 컨텍스트에서 서비스 계층은 **논리적** 경계라는 것이 중요하다. 이것은 물리적 서비스가 아니다.

서비스 계층은 비즈니스 로직 계층으로의 관문 역할을 한다. 즉, 하부 계층을 조율하는 데 필요한 것들을 감싸서 퍼블릭 인터페이스의 메서드에 상응하는 인터페이스로 노출한다. 다음 예제를 보자.

```
interface CampaignManagementService
{
  OperationResult CreateCampaign(CampaignDetails details);
  OperationResult Publish(CampaignId id, PublishingSchedule schedule);
  OperationResult Deactivate(CampaignId id);
  OperationResult AddDisplayLocation(CampaignId id, DisplayLocation newLocation);
  ...
}
```

앞의 모든 메서드는 시스템의 퍼블릭 인터페이스에 상응한다. 한편 프레젠테이션에서는 관련된 구현 상세를 포함하지는 않는다. 프레젠테이션 계층은 서비스 계층에서 요구하는 입력을 제공하고 결과를 호출자에게 반환하는 것까지만 책임진다.

앞의 예제를 리팩터링해서 조율 로직을 서비스 계층으로 분리해보자.

```
namespace ServiceLayer
{
  public class UserService
  {
    ...

    public OperationResult Create(ContactDetails contactDetails)
    {
      OperationResult result = null;

      try
      {
        _db.StartTransaction();

        var user = new User();
```

```
        user.SetContactDetails(contactDetails)
        user.Save();

        _db.Commit();
        result = OperationResult.Success;
      } catch (Exception ex){
        _db.Rollback();
        result = OperationResult.Exception(ex);
      }
      return result;
    }
    ...
  }
}


namespace MvcApplication.Controllers
{
  public class UserController:Controller
  {
    ...
    [AcceptVerbs(HttpVerbs.Post)]
    public ActionResult Create(ContactDetails contactDetails)
    {
      var result=_userService.Create(contactDetails);
      return View(result);
    }
  }
}
```

서비스 계층을 명시적으로 갖추면 몇 가지 장점이 생긴다.

- 동일한 서비스 계층을 여러 퍼블릭 인터페이스에서 재사용할 수 있다. 예를 들어, 그래픽 유저 인터페이스와 API 등이다. 중복된 조율 로직이 필요 없게 된다.

- 모든 관련 메서드를 한곳에 모으면 모듈화가 개선된다.

- 프레젠테이션 계층과 비즈니스 로직 계층의 결합도를 낮춘다.

- 비즈니스 기능을 테스트하기 쉬워진다.

다만, 서비스 계층이 항상 필요한 것은 아니다. 예를 들어, 비즈니스 로직이 트랜잭션 스크립트로 구현된 경우 이미 시스템의 퍼블릭 인터페이스를 구성하는 일련의 메서드를 노출하므로 기본적으로 서비스 계층 역할을 한다. 이 경우 서비스 계층의 API는 어떤 복잡성을 추상화하거나 감싸지 않고 단순히 트랜잭션 스크립트의 퍼블릭 인터페이스를 되풀이한다. 따라서 서비스 계층 또는 비즈니스 로직 계층 중 하나면 충분하다.

반면, 액티브 레코드 패턴을 사용하는 경우처럼 비즈니스 로직 패턴에서 외부 조율을 해야 할 경우 서비스 계층이 필요하다. 이 경우 서비스 계층은 트랜잭션 스크립트 패턴을 구현하되 이것이 실제로 동작하는 액티브 레코드는 비즈니스 로직 계층에 둔다.

용어

계층형 아키텍처에 사용되는 다른 용어를 봤을 수도 있다.

- 프레젠테이션 계층 = 사용자 인터페이스 계층
- 서비스 계층 = 애플리케이션 계층
- 비즈니스 로직 계층 = 도메인 계층 = 모델 계층
- 데이터 접근 계층 = 인프라스트럭처 계층

혼동을 피하기 위해 원래 패턴의 용어를 사용했다. 하지만 필자는 현대 시스템의 역할을 더 잘 반영하는 용어인 '사용자 인터페이스 계층', '인프라스트럭처 계층'과 서비스의 물리적 경계와 혼동을 방지하는 '애플리케이션 계층'을 선호한다.

계층형 아키텍처를 사용하는 경우

비즈니스 로직과 데이터 접근 계층 간에는 의존성이 있다. 따라서 비즈니스 로직이 트랜잭션 스크립트 또는 액티브 레코드 패턴을 사용하여 구현된 시스템에 계층형 아키텍처 패턴이 적합하다.

반면, 도메인 모델을 구현하는 데 계층형 아키텍처 패턴을 적용하는 것은 어렵다. 도메인 모델에서는 비즈니스 엔티티(애그리게이트와 밸류 오브젝트)가 하부의 인프라스트럭처에 대해 의존성이 없어야 하고 그것을 몰라야 하기 때문이다. 계층형 아키텍처의 톱다운 의존성에서 이런 요구사항을 충족하려면 몇 가지 난관을 극복해야 한다. 여전히 계층형 아키텍처를 적용해서 구현할 수 있지만 도메인 모델의 구현에는 다음에 논의할 패턴이 더 적합하다.

계층과 티어

계층형 아키텍처와 N-티어(N-Tier) 아키텍처는 혼동될 때가 많다. 두 패턴이 비슷하지만 계층과 티어는 개념적으로 다르다. 계층이 논리적 경계인 반면, 티어는 물리적 경계다. 계층형 아키텍처에서 모든 계층은 동일한 수명주기를 갖는다. 즉, 단일 단위로 구현되고 발전하고 배포된다. 반면 티어는 독립적으로 배포될 수 있는 서비스나 서버, 또는 시스템이다. 예를 들어, 그림 8-7의 N-티어 시스템을 보자.

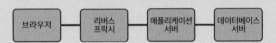

그림 8-7. N-티어 시스템

이 시스템은 웹 기반 시스템에 관련된 물리적 서비스의 연동을 표현한다. 사용자는 데스크톱 컴퓨터나 모바일 장치에서 작동하는 브라우저를 사용한다. 브라우저는 요청을 실제 웹 애플리케이션에 전달하는 리버스 프락시(reverse proxy)와 상호작용한다. 웹 애플리케이션은 웹 서버에서 작동하고 데이터베이스 서버와 통신한다. 이 모든 구성요소는 동일한 물리 서버에서 컨테이너 등으로 작동하거나 여러 서버에 분산돼 작동할 수 있다. 그러나 각 구성요소는 서로 독립적으로 배포되고 관리된다. 이런 것은 계층이 아니라 티어다.

반면 계층은 웹 애플리케이션 내부의 논리적 경계다.

포트와 어댑터

포트와 어댑터(port & adapter) 아키텍처는 계층형 아키텍처의 단점을 해결하고 좀 더 복잡한 비즈니스 로직을 구현하는 데 적합하다. 흥미롭게도 두 패턴은 매우 비슷하다. 그러면 계층형 아키텍처를 포트와 어댑터 아키텍처로 '리팩터링'해보자.

용어

본질적으로 프레젠테이션 계층과 데이터 접근 계층 모두 데이터베이스, 외부 서비스, 사용자 인터페이스 프레임워크 등의 외부 구성요소와 연동하는 것을 표현한다. 하지만 이와 같은 기술적 구현 상세는 시스템의 비즈니스 로직을 반영하지 못하므로 이 같은 모든 인프라 관심사를 그림 8-8에서처럼 단일 '인프라스트럭처 계층'으로 통합해봤다.

그림 8-8. 프레젠테이션 계층과 데이터 접근 계층을 인프라스트럭처 계층으로 통합했다.

의존성 역전 원칙

의존성 역전 원칙(DIP: dependency inversion principle)에서 비즈니스 로직을 구현하는 상위 수준의 모듈은 하위 수준의 모듈에 의존해서는 안 된다고 말한다. 그러나 전통적인 계층형 아키텍처에서 비즈니스 로직 계층은 인프라스트럭처 계층에 의존한다. DIP를 준수하기 위해 그림 8-9처럼 관계를 반대로 해보자.

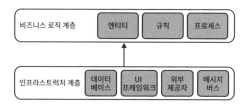

그림 8-9. 역 의존성

이렇게 하면 비즈니스 로직 계층은 프레젠테이션 계층과 데이터 접근 계층에 끼어 있는 대신, 중심적인 역할을 맡는다. 더이상 시스템의 인프라스트럭처 구성요소에 의지하지 않는다.

마지막으로, 시스템의 퍼블릭 인터페이스를 위한 관문으로서 애플리케이션 계층[4]을 추가하자. 마치 계층형 아키텍처에서의 서비스 계층처럼, 애플리케이션 계층은 시스템이 노출하는 모든 오퍼레이션을 설명하고 이를 실행할 때 시스템의 비즈니스 로직을 조율한다. 그림 8-10을 참조하자.

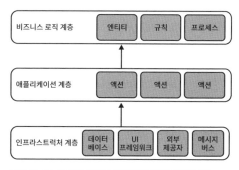

그림 8-10. 포트와 어댑터 아키텍처의 전통적인 계층

---

4 여기서는 계층형 아키텍처의 맥락이 아니므로 서비스 계층이라는 용어 대신 목적을 더 잘 표현하는 애플리케이션 계층이라는 용어를 사용한다.

그림 8-10에 포트와 어댑터 아키텍처를 나타냈다. 도메인 모델, 이벤트 소싱 도메인 모델 패턴의 구현 요건에 따라 비즈니스 로직은 어떠한 하위 계층에도 의존하지 않는다.

왜 이 패턴을 포트와 어댑터라고 부를까? 이 질문에 답하려면 인프라스트럭처 구성요소가 어떻게 비즈니스 로직과 연동하는지 살펴봐야 한다.

인프라 구성요소의 연동

포트와 어댑터 아키텍처의 핵심 목적은 인프라스트럭처 구성요소로부터 시스템의 비즈니스 로직을 분리하는 것이다.

인프라스트럭처 구성요소를 직접 참조하고 호출하는 대신, 비즈니스 로직 계층은 인프라스트럭처 계층이 구현해야 할 '포트'를 정의한다. 인프라스트럭처 계층은 '어댑터'를 구현한다. 즉, 다양한 기술을 사용하기 위해 정의된 포트의 인터페이스를 구체적으로 구현한다(그림 8-11 참조).

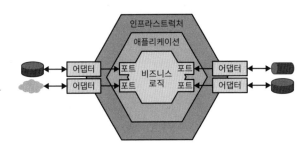

그림 8-11. 포트와 어댑터 아키텍처

추상 포트(abstract port)는 인프라스트럭처 계층에서 의존성 주입 또는 부트스트래핑을 통해 구체적인 어댑터로 나타난다.

예를 들어, 다음은 메시지 버스를 위한 포트 정의와 구체적인 어댑터의 예시다.

```
namespace App.BusinessLogicLayer
{
  public interface IMessaging
  {
    void Publish(Message payload);
    void Subscribe(Message type, Action callback);
  }
}
```

```
namespace App.Infrastructure.Adapters
{
  public class SQSBus: IMessaging { ... }
}
```

변형

포트와 어댑터 아키텍처는 헥사고날(hexagonal) 아키텍처, 어니언(onion) 아키텍처, 그리고 클린(clean) 아키텍처로 알려졌다. 이 모든 패턴이 비록 동일한 설계 원칙에 기반하고 동일한 구성요소를 가지며 동일한 관계를 가진다 해도 계층형 아키텍처에서와 마찬가지로 용어는 다음과 같이 다를 수 있다.

- 애플리케이션 계층 = 서비스 계층 = 유스케이스 계층

- 비즈니스 로직 계층 = 도메인 계층 = 핵심 계층

그럼에도 불구하고 이런 패턴은 개념적으로 다른 것으로 잘못 취급될 수 있다. 이 또한 유비쿼터스 언어의 중요성을 보여주는 하나의 예다.

포트와 어댑터를 사용하는 경우

모든 기술적 관심사로부터 비즈니스 로직을 분리하는 것이 포트와 어댑터 아키텍처의 목적이므로 이 아키텍처는 도메인 모델 패턴을 사용하여 구현한 비즈니스 로직에 매우 적합하다.

CQRS

CQRS(command-query responsibility segregation) 패턴은 포트와 어댑터와 동일한 비즈니스 로직과 인프라스트럭처 관심사에 기반한다. 하지만 시스템의 데이터를 관리하는 방식이 다르다. 이 패턴을 사용하면 여러 영속 모델에 시스템의 데이터를 표현할 수 있다.

그러면 왜 이 같은 솔루션이 필요한지, 그리고 어떻게 구현하는지 살펴보자.

폴리글랏 모델링

대부분의 경우 단일 비즈니스 도메인 모델로 시스템의 모든 요구사항을 해결하기는 불가능하지는 않지만 어려울 수 있다. 예를 들어, 7장에서 논의한 OLTP(online transaction processing)와 OLAP(online analytical processing)에서는 시스템 데이터의 다양한 표현이 필요할 수 있다.

여러 모델로 작업하는 또 다른 이유는 다양한 언어를 사용하는 영속성 개념과 관련이 있다. 완벽한 데이터베이스는 없다. 그레그 영[5]은 모든 데이터베이스는 제각기 고유한 결점이 있다고 했다. 즉, 확장성이나 일관성, 또는 지원하는 질의 모델 간에 균형이 필요하다. 완전한 데이터베이스의 대안으로 폴리글랏 영속성 모델(polyglot persistence model)이 있다. 이는 다양한 데이터 관련 요구사항을 구현하기 위해 여러 데이터베이스를 사용하는 것이다. 예를 들어, 단일 시스템에서 실시간 데이터 처리 데이터베이스로 도큐먼트 저장소를 사용하거나 분석/보고용으로 칼럼 저장소, 그리고 견고한 검색 기능을 위해 검색 엔진을 사용할 수 있다.

마지막으로, CQRS 패턴은 이벤트 소싱과 밀접하게 관련이 있다. 원래 CQRS는 이벤트 소싱 모델의 질의 한계를 극복하려고 정의됐다. 즉, 한 번에 하나의 애그리게이트 인스턴스에 대한 이벤트를 질의할 수 있다. CQRS 패턴은 프로젝션된 모델을 물리적 데이터베이스에 머터리얼라이즈[6]해서 유연한 질의에 사용할 수 있게 해준다.

하지만 이번 장에서는 이벤트 소싱과 CQRS를 별개로 본다. 비록 다른 구현 패턴을 사용하여 비즈니스 로직이 구현됐더라도 CQRS 패턴이 유용할 수 있다는 것을 보여주고자 한다.

이제부터는 CQRS에서 시스템의 데이터에 대한 다양한 모델을 표현하는 데 어떻게 여러 저장소 메커니즘을 사용하는지 알아보자.

구현

이름에서 알 수 있듯이 이 패턴은 시스템 모델의 책임을 분리시킨다. 여기에는 커맨드 실행 모델과 읽기 모델의 두 유형이 있다.

---

5 그레그 영(Greg Young, 생년월일 미상)의 "폴리글랏 데이터(Polyglot Data)". 2021년 1월 14일 유튜브 기준. https://youtu.be/hv2dKtPq0ME
6 (옮긴이) 데이터베이스의 머터리얼라이즈 뷰(materialized view) 기능을 활용하여 빈번한 질의의 결과를 물리 테이블에 저장해 성능을 높이는 메커니즘

커맨드 실행 모델

CQRS에는 시스템의 상태를 수정하는 오퍼레이션(시스템 커맨드)을 전담으로 수행하는 단일 모델이 있다. 이 모델은 비즈니스 로직을 구현하고 규칙을 검사하며 불변성을 강화하는 데 사용된다. 커맨드 실행 모델(command execution model)은 시스템의 원천인 강력한 일관성을 가진 데이터를 표현하는 유일한 모델이다. 비즈니스 엔티티의 일관적 상태를 읽을 수 있어야 하고 갱신할 때 낙관적 동시성을 지원해야 한다.

읽기 모델(프로젝션)

시스템은 사용자에게 데이터를 보여주거나 다른 시스템에 정보를 제공하기 위해 필요한 만큼 모델을 정의할 수 있다.

읽기 모델(read model)은 캐시에서 언제든 다시 추출할 수 있는 프로젝션이다. 이는 견고한 데이터베이스, 일반 파일, 또는 인메모리 캐시에 위치할 수 있다. 잘 구현된 CQRS에서는 모든 프로젝션의 모든 데이터를 삭제하고 처음부터 다시 재생성할 수 있다. 또한 지금 예측하지 못한 미래에 새로운 프로젝션을 시스템에 확장하는 것도 가능하다.

마지막으로, 읽기 모델은 읽기 전용이다. 시스템의 어떠한 오퍼레이션도 읽기 모델의 데이터를 직접 수정할 수 없다.

읽기 모델의 프로젝션

읽기 모델이 작동하려면 시스템은 커맨드 실행 모델에서 변경을 모든 읽기 모델로 프로젝션해야 한다. 이 개념을 그림 8-12에 표현했다.

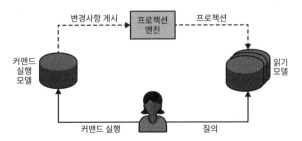

그림 8-12. CQRS 아키텍처

읽기 모델의 프로젝션은 관계형 데이터베이스의 머터리얼라이즈 뷰(materialized view)[7]의 개념과 유사하다. 즉, 원천 테이블이 갱신되면 변경사항은 미리 작성된 뷰에 반영되어야 한다.

다음으로, 프로젝션을 생성하는 두 가지 방식인 동기식 방식과 비동기 방식을 살펴보자.

동기식 프로젝션

동기식 프로젝션(synchronous projection)은 격차 해소 구독 모델(catch-up subscription model)을 통해 OLTP 데이터의 변경사항을 가져온다.

- 프로젝션 엔진이 OLTP 데이터베이스로부터 마지막에 처리했던 체크포인트 이후에 추가되거나 갱신된 레코드를 조회한다.
- 프로젝션 엔진이 조회된 데이터를 이용해서 시스템의 읽기 모델을 재생성 또는 갱신한다.
- 프로젝션 엔진은 마지막으로 처리 레코드의 체크포인트를 저장한다. 이 값은 다음 처리 때 추가되거나 갱신된 레코드를 조회하는 데 사용된다.

이 과정을 그림 8-13에 설명했고, 그림 8-14에 시퀀스 다이어그램으로 표현했다.

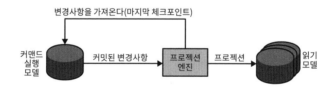

그림 8-13. 동기식 프로젝션 모델

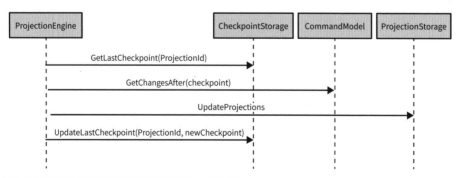

그림 8-14. 격차 해소 구독을 통한 읽기 모델의 동기식 프로젝션

---

7 (옮긴이) 빈번한 질의의 결과를 물리 테이블에 저장해 성능을 높이는 메커니즘

격차 해소 구독이 작동하려면 커맨드 실행 모델이 추가되거나 갱신되는 모든 데이터베이스 레코드를 체크포인트로 관리해야 한다. 또한 저장 메커니즘도 체크포인트 기반으로 레코드를 조회하는 것을 지원해야 한다.

체크포인트는 데이터베이스의 기능을 사용해 구현할 수 있다. 예를 들어, 그림 8–15에 설명했듯이 추가되거나 갱신되는 행에 대해 SQL 서버의 'rowversion' 칼럼을 활용해 유일하고 순차적으로 증가하는 숫자를 생성할 수 있다. 이 같은 기능을 지원하지 않는 데이터베이스의 경우, 수정되는 각 레코드에 카운터를 증가시켜 추가하는 맞춤 솔루션을 구현할 수 있다. 체크포인트 기반의 질의가 일관된 결과를 반환하도록 보장하는 것이 중요하다.

마지막에 반환된 레코드의 체크포인트가 10이라면, 다음 번 실행에서 새로운 요청은 10보다 낮은 값을 가지면 안 된다. 낮은 값을 갖게 되면 프로젝션 엔진이 이 값을 건너뛰게 되고 일관성 없는 모델이 만들어진다.

Id	First Name	Last Name	Checkpoint
1	Tom	Cook	0x0000000000001792
2	Harold	Elliot	0x0000000000001793
3	Dianna	Daniels	0x0000000000001796
4	Dianna	Daniels	0x0000000000001795

그림 8–15. 관계형 데이터베이스에서 자동으로 생성된 체크포인트 칼럼

동기식 프로젝션 메서드에서 새로운 프로젝션을 추가하고 기존의 것을 처음부터 다시 생성하는 것은 쉽다. 후자의 경우, 할 일은 단지 체크포인트를 0으로 초기화하는 것뿐이다. 그러면 프로젝션 엔진이 레코드를 읽고 처음부터 프로젝션을 다시 만들 것이다.

비동기식 프로젝션

비동기식 프로젝션 시나리오에서 커맨드 실행 모델은 모든 커밋된 변경사항을 메시지 버스에 발행한다. 그림 8–16에서처럼 시스템의 프로젝션 엔진은 발행된 메시지를 구독하고 읽기 모델을 갱신하는 데 사용한다.

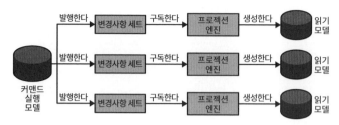

그림 8-16. 읽기 모델의 비동기식 프로젝션

도전과제

비동기식 프로젝션 방식의 확실한 확장성과 성능의 장점에도 불구하고, 분산 컴퓨팅에서 문제가 발생하기 더 쉽다. 메시지의 순서가 잘못되거나 중복 처리되면 읽기 모델에 일관성 없는 데이터가 프로젝션된다.

또한 이 방식은 새로운 프로젝션을 추가하거나 이미 존재하는 것을 재생성하는 것이 어렵다. 그러므로 가능하면 동기식 프로젝션 방식을 구현하고, 그 위에 선택적으로 비동기식 프로젝션 방식을 추가하는 것을 권장한다.

모델 분리

CQRS 아키텍처에서 시스템 모델이 담당하는 책임은 그 타입에 따라 분리된다. 커맨드는 강한 일관성을 가진 커맨드 실행 모델에서만 동작한다. 질의는 읽기 모델과 커맨드 실행 모델을 포함하여 그 어떤 시스템의 영속 상태를 직접 수정할 수 없다.

CQRS 기반 시스템에 대한 일반적인 오해는 커맨드가 데이터를 수정만 할 수 있고, 데이터를 오직 표현 용도로 읽기 모델을 통해서만 조회할 수 있다는 것이다. 다시 말해, 커맨드 실행 메서드는 어떤 데이터도 반환해서는 안 된다는 것이다. 하지만 이것은 잘못된 것이다. 이런 접근 방식은 우발적 복잡성을 만들고 좋지 않은 사용자 경험을 유발한다.

커맨드는 실행이 성공했는지 또는 실패했는지를 항상 호출자에게 알려야 한다. 실패했다면 왜 실패했는가? 유효성 검사 또는 기술적 문제가 있었는가? 이런 정보가 있어야 호출자가 커맨드를 어떻게 수정할지 알 수 있다. **그러므로 대부분의 경우 커맨드는 데이터를 반환해야 한다.** 예를 들어, 시스템의 사용자 인터페이스에서 커맨드의 결과를 수정해서 반영해야 하는 경우가 그렇다. 이렇게 하면 사용자의 동작에 대한 즉각적인 피드백으로 좀 더 쉽게 시스템을 사용하게 해줄 뿐만 아니라 반환값을 사용자의 다음 워크플로에 활용해서 불필요한 데이터 왕복을 없앨 수 있다.

이 방법의 유일한 단점이자 한계는 반환 데이터가 강한 일관성 모델(커맨드 실행 모델)에서 비롯되어야 한다는 것이다. 즉, 데이터가 궁극적으로 일관성을 갖는 프로젝션의 경우에는 데이터에 대한 즉각적인 갱신은 기대할 수 없다.[8]

CQRS를 사용해야 하는 경우

CQRS 패턴은 여러 모델, 궁극적으로 다양한 종류의 데이터베이스에 저장된 동일한 데이터와 작동할 필요가 있는 애플리케이션에 유용하다. 운영의 관점에서 보면, 이 패턴은 당면한 과제에 가장 효과적인 모델을 사용하고 비즈니스 도메인 모델을 지속적으로 개선하는 도메인 주도 설계의 핵심 가치를 지원한다. 한편 인프라스트럭처 관점에서는 CQRS가 다양한 종류의 데이터베이스의 장점을 활용할 수 있게 해준다. 예를 들어, 커맨드 실행 모델을 저장을 위한 관계형 데이터베이스, 전문 검색을 위한 검색 인덱스, 빠른 데이터 검색을 위한 사전 렌더링된 플랫 파일 등이 있으며, 이러한 모든 스토리지 메커니즘이 신뢰성 있게 동기화된다.

또한 CQRS는 이벤트 소싱 도메인 모델에도 적합하다. 이벤트 소싱 모델에서는 애그리게이트의 상태에 기반한 레코드 조회가 불가능하지만 CQRS는 상태를 질의할 수 있는 데이터베이스에 상태를 프로젝션하므로 이것이 가능하다.

범위

앞서 논의한 패턴, 즉 계층형 아키텍처, 포트와 어댑터 아키텍처, CQRS는 시스템 전체에 적용하는 구성 원칙으로 취급하면 안 된다. 이것은 전체 바운디드 컨텍스트를 위한 고수준의 아키텍처 패턴도 아니다. 그림 8-17에서처럼 다양한 하위 도메인을 포함하는 바운디드 컨텍스트를 생각해보자.

하위 도메인에는 핵심, 지원, 일반의 다양한 타입이 있다. 동일한 타입의 하위 도메인도 다양한 비즈니스 로직과 아키텍처 패턴이 필요할 수 있다(이것은 10장의 주제다). 바운디드 컨텍스트에 단일 아키텍처를 강요하면 의도치 않은 우발적 복잡성을 유발할 것이다.

---

[8] (옮긴이) CQRS 패턴은 이벤트 소싱과 밀접하게 관련이 있다. 원래 CQRS는 이벤트 소싱 모델의 질의 한계를 극복하려고 정의됐다. 이벤트 소싱 패턴은 궁극적인 일관성을 제공한다.

그림 8-17. 여러 하위 도메인에 걸친 바운디드 컨텍스트

우리의 목적은 실제 필요성과 비즈니스 전략에 따라 설계 의사결정을 내리는 것이다. 시스템을 수평으로 분할하는 계층 외에도, 수직으로 나누는 것을 추가로 도입할 수도 있다. 그림 8-18에 서처럼 비즈니스 하위 도메인을 묶는 모듈의 논리적 경계를 분명하게 정의하고 각각에 맞는 적합한 도구를 사용하는 것이 중요하다.

적절한 수직 경계는 모놀리식 바운디드 컨텍스트를 모듈화하고 커다란 진흙 덩어리가 되는 것을 방지하는 데 도움을 준다. 11장에서 논의하겠지만 이와 같은 논리적 경계는 좀 더 세분화된 바운디드 컨텍스트의 물리적 경계로 리팩터링될 수 있다.

그림 8-18. 아키텍처 슬라이스

결론

계층형 아키텍처는 기술적 관심사에 따라 코드베이스를 분해한다. 이 패턴은 비즈니스 로직과 데이터 접근 구현을 결합시키므로 액티브 레코드 기반 시스템에 적합하다.

포트와 어댑터 아키텍처는 관계를 역전시킨다. 비즈니스 로직을 중심에 두고 모든 인프라스트럭처와의 의존성을 분리한다. 이 패턴은 도메인 모델 패턴을 구현하는 비즈니스 로직에 적합하다.

CQRS 패턴은 여러 모델에서 동일한 데이터를 표현한다. 이 패턴은 이벤트 소싱 도메인 모델에 기반한 시스템에 적합하지만 다양한 영속 모델을 사용할 필요가 있는 어떤 시스템에도 사용할 수 있다.

다음 장에서 논의할 패턴은 예를 들어 시스템의 다양한 컴포넌트 간에 신뢰성 있는 상호작용을 구현하는 방법과 같은, 다른 관점에서의 아키텍처 관심사에 관한 것이다.

연습문제

1. 다음 중 액티브 레코드 패턴으로 비즈니스 로직을 구현할 때 사용할 수 있는 아키텍처 패턴은?

   a. 계층형 아키텍처

   b. 포트와 어댑터

   c. CQRS

   d. A와 C

2. 다음 중 비즈니스 로직과 인프라스트럭처 관심사를 분리하는 아키텍처 패턴은?

   a. 계층형 아키텍처

   b. 포트와 어댑터

   c. CQRS

   d. B와 C

3. 포트와 어댑터 패턴을 구현하고 있는데, 클라우드 제공자의 관리형 메시지 버스와 연동해야 한다고 가정해보자. 어떤 계층에서 연동을 구현해야 할까?

   a. 비즈니스 로직 계층

   b. 애플리케이션 계층

   c. 인프라스트럭처 계층

   d. 모든 계층

4. 다음 중 CQRS 패턴에 관한 설명이 올바른 것은?

    a. 비동기식 프로젝션은 확장하기 쉽다.

    b. 동기식 또는 비동기식 프로젝션 중 어떤 것이든 사용할 수 있지만, 둘 다 동시에 사용할 수는 없다.

    c. 커맨드는 호출자에게 어떤 정보도 반환할 수 없다. 호출자는 항상 읽기 모델을 통해 실행된 액션의 결과를 얻어야 한다.

    d. 커맨드는 강한 일관성 모델에서 정보를 가져오는 한 정보를 반환할 수 있다.

    e. A와 D

5. CQRS 패턴에서 동일한 비즈니스 로직을 여러 영속 모델에 표현할 수 있고, 그래서 동일한 바운디드 컨텍스트 내에 여러 모델과 작동하는 것이 가능하다. 이것이 바운디드 컨텍스트가 모델의 경계가 되는 개념에 모순되는가?

커뮤니케이션
패턴

5~8장에서는 시스템 컴포넌트를 구현하는 다양한 방법, 즉 비즈니스 로직을 모델링하는 방법과 바운디드 컨텍스트의 내부를 아키텍처상에서 구성하는 방법을 정의하는 전술적 설계 패턴을 제시했다. 이번 장에서는 단일 컴포넌트의 경계를 넘어 시스템 요소 전반의 커뮤니케이션 흐름을 구성하는 패턴에 대해 논의할 것이다.

이번 장에서 배우게 될 패턴은 바운디드 컨텍스트 간 커뮤니케이션을 용이하게 하고, 애그리게이트 설계 원칙에 의해 부과된 제한 사항을 해결하고, 여러 시스템 컴포넌트에 걸쳐 비즈니스 프로세스를 조율한다.

모델 변환

바운디드 컨텍스트는 유비쿼터스 언어 모델의 경계다. 3장에서 배웠듯이 서로 다른 바운디드 컨텍스트 사이에 커뮤니케이션하기 위한 다양한 설계 패턴이 있다. 각기 다른 바운디드 컨텍스트를 구현하는 두 팀이 효과적으로 의사소통하고 협력할 의향이 있다고 가정하자. 이 경우 바운디드 컨텍스트를 파트너십을 통해 통합할 수 있다. 프로토콜은 임시방편식으로 조정될 수 있고 모든 통합 문제는 사실상 팀 간의 커뮤니케이션을 통해 해결할 수 있다. 또 다른 협력 기반 통합 방법은 공유 커널이다. 팀은 모델의 제한된 부분을 분리해서 공동으로 함께 발전시킨다. 예를 들어, 바운디드 컨텍스트의 연동 컨트랙트를 공동 소유의 저장소로 분리할 수 있다.

사용자-제공자 관계에서 권력은 업스트림(제공자) 또는 다운스트림(사용자) 바운디드 컨텍스트가 갖는다. 다운스트림 바운디드 컨텍스트가 업스트림 바운디드 컨텍스트 모델을 따를 수 없다고 가정하자. 이 경우 바운디드 컨텍스트의 모델을 변환하여 커뮤니케이션을 용이하게 하는 것보다 더 정교한 기술 솔루션이 필요하다.

이 변환은 한쪽 또는 때로는 양쪽 모두에서 처리할 수 있다. 다운스트림 바운디드 컨텍스트는 충돌 방지 계층(ACL)을 사용하여 업스트림 바운디드 컨텍스트의 모델을 필요에 맞게 조정할 수 있는 반면, 업스트림 바운디드 컨텍스트는 오픈 호스트 서비스(OHS)의 역할을 하고 연동 관련 공표된 언어를 사용하여 구현 모델에 대한 변경으로부터 사용자를 보호할 수 있다. 충돌 방지 계층과 오픈 호스트 서비스 모두 변환 로직이 비슷하기 때문에 이번 장에서는 두 패턴의 구분 없이 구현 옵션을 다루고 예외적인 경우에만 차이점을 언급한다.

모델의 변환 로직은 스테이트리스 또는 스테이트풀이 될 수 있다. 상태를 보존하지 않는 **스테이트리스 변환(stateless translation)**은 수신(OHS) 또는 발신(ACL) 요청이 발행할 때 즉석에서 발생하는 반면, **스테이트풀 변환(stateful translation)**은 상태 보존을 위해 데이터베이스를 사용하여 좀 더 복잡한 변환 로직을 다룰 수 있다. 두 가지 유형의 모델 변환을 구현하기 위한 디자인 패턴을 살펴보자.

스테이트리스 모델 변환

스테이트리스 모델 변환을 소유하는 바운디드 컨텍스트(업스트림의 경우 OHS, 다운스트림의 경우 ACL)는 프락시 디자인 패턴(proxy design pattern)[1]을 구현하여 수신과 발신 요청을 삽입하고 소스 모델을 바운디드 컨텍스트의 목표 모델에 매핑한다. 이것이 그림 9-1에 나와 있다.

그림 9-1. 프락시에 의한 모델 변환

프락시 구현은 바운디드 컨텍스트가 동기식으로 통신하는지 또는 비동기식으로 통신하는지에 따라 다르다.

---

1 https://en.wikipedia.org/wiki/Proxy_pattern

동기

동기식 통신에 사용하는 모델을 변환하는 일반적인 방법은 그림 9-2와 같이 바운디드 컨텍스트의 코드베이스에 변환 로직을 포함하는 것이다. 오픈 호스트 서비스에서 공용 언어로의 변환은 유입되는 요청을 처리할 때 발생하고 충돌 방지 계층에서는 업스트림 바운디드 컨텍스트를 호출할 때 발생한다.

그림 9-2. 동기 통신

경우에 따라 변환 로직을 API 게이트웨이 패턴과 같은 외부 컴포넌트로 넘기는 것이 더 비용 효과적이고 편할 수 있다. API 게이트웨이 컴포넌트는 Kong 또는 KrakenD 같은 오픈소스 소프트웨어 기반 솔루션이거나 AWS API Gateway, Google Apigee, Azure API Management 같은 클라우드 업체의 관리형 서비스일 수 있다.

오픈 호스트 패턴을 구현하는 바운디드 컨텍스트의 경우 API 게이트웨이는 내부 모델을 통합에 최적화된 공표된 언어로 변환하는 역할을 한다. 게다가 명시적 API 게이트웨이를 사용하면 그림 9-3에 나온 것처럼 바운디드 컨텍스트 API의 여러 버전을 관리하고 제공하는 프로세스를 도울 수 있다.

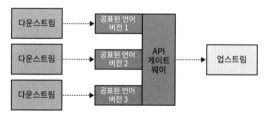

그림 9-3. 공표된 언어의 다른 버전 노출

API 게이트웨이를 사용하여 구현된 충돌 방지 계층은 여러 다운스트림 바운디드 컨텍스트에서 사용할 수 있다. 이러한 경우 충돌 방지 계층은 그림 9-4와 같이 통합 관련 바운디드 컨텍스트 역할을 한다.

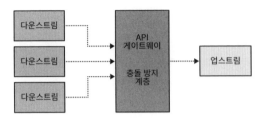

그림 9-4. 공유 충돌 방지 계층

이러한 바운디드 컨텍스트는 주로 다른 컴포넌트에서 좀 더 편리하게 사용할 수 있게 모델을 변환하는 역할을 하며, 종종 **교환 컨텍스트**(interchange context)라고도 부른다.

비동기

비동기 통신에 사용하는 모델을 변환하기 위해 **메시지 프락시**(message proxy)를 구현할 수 있다. 메시지 프락시는 소스 바운디드 컨텍스트에서 오는 메시지를 구독하는 중개 컴포넌트다. 프락시는 필요한 모델 변환을 적용하고 결과 메시지를 대상 구독자에게 전달한다(그림 9-5 참조).

그림 9-5. 비동기 통신에서 모델 변환

메시지 모델을 변환하는 것 외에도 중개 컴포넌트는 관련 없는 메시지를 필터링하여 목표 바운디드 컨텍스트의 노이즈를 줄일 수 있다.

오픈 호스트 서비스를 구현할 때 비동기식 모델 변환은 반드시 필요하다. 모델의 객체에 대해 공표된 언어를 설계하고 노출해서 도메인 이벤트가 있는 그대로 발행되게 허용하여 바운디드 컨텍스트의 구현 모델을 노출하는 것은 흔한 실수다. 비동기 변환을 사용하면 도메인 이벤트를 가로채서 공표된 언어로 변환할 수 있으므로 바운디드 컨텍스트의 구현 상세를 더 잘 캡슐화할 수 있다(그림 9-6 참조).

또한 메시지를 공표된 언어로 변환하면 바운디드 컨텍스트의 내부 요구사항을 위한 프라이빗 이벤트(private event)와 다른 바운디드 컨텍스트와 연동하기 위해 설계된 퍼블릭 이벤트(public event)를 구분할 수 있다. 15장에서 도메인 주도 설계와 이벤트 주도 아키텍처 간의 관계와 프라이빗/퍼블릭 이벤트라는 주제에 대해 다시 확장해서 논의할 것이다.

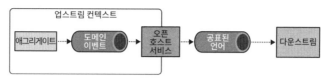

그림 9-6. 공표된 언어로 된 도메인 이벤트

스테이트풀 모델 변환

더 중요한 모델 변환의 경우 스테이트풀 변환이 필요할 수 있다. 예를 들어, 원천 데이터를 집계 하거나 여러 개의 요청에서 들어오는 데이터를 단일 모델로 통합해야 하는 변환 메커니즘의 경 우다. 지금부터 이러한 유스케이스에 대해 자세히 논의해 보자.

들어오는 데이터 집계하기

바운디드 컨텍스트가 들어오는 요청을 집계하고 성능 최적화를 위해 일괄 처리에 관심이 있다고 가정해 보자. 이 경우 동기와 비동기 요청 모두에 대해 집계가 필요할 수 있다(그림 9-7 참조).

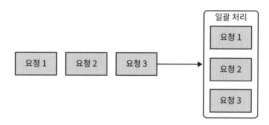

그림 9-7. 요청의 일괄 처리

소스 데이터를 집계하는 또 다른 유스케이스는 그림 9-8에서와 같이 여러 개의 세분화된 메시 지를 단일 메시지로 결합하는 것이다.

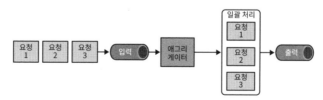

그림 9-8. 들어오는 이벤트 통합

유입되는 데이터를 집계하는 모델 변환은 API 게이트웨이를 사용하여 구현할 수 없으므로 좀 더
정교한 스테이트풀 처리가 필요하다. 들어오는 데이터를 추적하고 그에 따라 처리하려면 변환
로직에 자체 영구 저장소가 필요하다(그림 9-9 참조).

그림 9-9. 스테이트풀 모델 변환

일부 유스케이스에서는 상용 제품을 사용함으로써 스테이트풀 변환을 위한 맞춤 제작 솔루션을
구현하지 않는 경우도 있다. 예를 들어, 스트림 처리 플랫폼(Kafka, AWS Kinesis 등) 또는 일
괄 처리 솔루션(Apache NiFi, AWS Glue, Spark 등)을 사용할 수 있다.

여러 요청 통합

다른 바운디드 컨텍스트를 포함하여 여러 요청에서 집계된 데이터를 처리해야 할 수도 있다. 이
에 대한 일반적인 예는 사용자 인터페이스가 여러 서비스에서 발생하는 데이터를 결합해야 하는
프런트엔드를 위한 백엔드 패턴(backend-for-frontend pattern)[2]이다.

또 다른 예는 여러 다른 컨텍스트의 데이
터를 처리하고 이를 위해 복잡한 비즈니스
로직을 구현해야 하는 바운디드 컨텍스트
다. 이 경우 그림 9-10과 같이 다른 모든
바운디드 컨텍스트에서 데이터를 집계하
는 충돌 방지 계층(ACL)을 바운디드 컨텍
스트 전면에 배치하여 바운디드 컨텍스트
연동과 비즈니스 로직의 복잡성을 분리하
는 것이 유리할 수 있다.

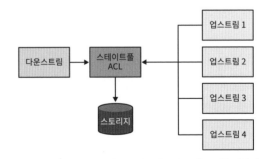

그림 9-10. 충돌 방지 계층 패턴을 사용하여 통합 모델을 단순화

---

2 《마이크로서비스 패턴》(길벗, 2020)

애그리게이트 연동

6장에서 논의했듯이, 애그리게이트가 시스템의 나머지 부분과 통신하는 방법 중 하나는 도메인 이벤트를 발행하는 것이다. 외부 컴포넌트는 이러한 도메인 이벤트를 구독하고 해당 로직을 실행할 수 있다. 그렇다면 어떻게 도메인 이벤트가 메시지 버스에 발행될까?

해결책을 논의하기 전에 이벤트 발행 프로세스에서 일어날 법한 몇 가지 일반적인 실수와 각 접근 방식의 결과를 먼저 살펴보자. 다음 코드를 먼저 보자.

```
01 public class Campaign
02 {
03   ...
04   List<DomainEvent> _events;
05   IMessageBus _messageBus;
06   ...
07
08   public void Deactivate(string reason)
09   {
10     for (l in _locations.Values())
11     {
12       l.Deactivate();
13     }
14
15     IsActive = false;
16
17     var newEvent = new CampaignDeactivated(_id, reason);
18     _events.Append(newEvent);
19     _messageBus.Publish(newEvent);
20   }
21 }
```

17행에서 새 이벤트가 인스턴스화된다. 다음 두 줄에서 애그리게이트의 도메인 이벤트 내부 목록에 새 이벤트가 추가(18행)되고, 해당 이벤트는 메시지 버스(19행)로 발행된다. 도메인 이벤트 발행의 구현은 간단하지만 잘못됐다. 애그리게이트에서 바로 도메인 이벤트를 발행하는 것은 두 가지 이유로 좋지 않다. 첫째, 애그리게이트의 새 상태가 데이터베이스에 커밋되기 전에 이벤트가 전달된다. 구독자는 캠페인이 비활성화되었다는 알림을 받을 수 있지만 실제 캠페인 상태와 모순된다. 둘째, 경합 조건, 후속 애그리게이트 로직으로 인해 작업이 무효화되거나 단순히 데이터베이스의 기술적인 문제로 인해 데이터베이스 트랜잭션이 커밋되지 않으면 어떻게 될까? 데이터베이스 트랜잭션이 롤백되더라도 이벤트는 이미 발행되어 구독자에게 전달되며 철회할 수 있는 방법이 없을 것이다.

다른 방법을 시도해보자.

```
01 public class ManagementAPI
02 {
03   ...
04   private readonly IMessageBus _messageBus;
05   private readonly ICampaignRepository _repository;
06   ...
07   public ExecutionResult DeactivateCampaign(CampaignId id, string reason)
08   {
09     try
10     {
11       var campaign = repository.Load(id);
12       campaign.Deactivate(reason);
13       _repository.CommitChanges(campaign);
14
15       var events = campaign.GetUnpublishedEvents();
16       for (IDomainEvent e in events)
17       {
18         _messageBus.publish(e);
19       }
20       campaign.ClearUnpublishedEvents();
21     }
22     catch(Exception ex)
23     {
24       ...
25     }
26   }
27 }
```

앞의 예제에서는 새 도메인 이벤트를 발행할 책임을 애플리케이션 계층으로 이전했다. 11~13행에서 캠페인(Campaign) 애그리게이트 관련 인스턴스가 로드되고 비활성화(Deactivate) 커맨드가 실행되며 갱신된 상태가 데이터베이스에 성공적으로 커밋된 후 15~20행에서 새 도메인 이벤트가 메시지 버스에 발행된다. 이 코드를 신뢰할 수 있을까? 아니다.

이 경우 어떤 이유로 로직을 실행하는 프로세스가 도메인 이벤트를 발행하지 못할 수 있다. 어쩌면 메시지 버스가 다운되었을 수도 있다. 또는 코드를 실행하는 서버가 데이터베이스 트랜잭션을 커밋한 직후 이벤트를 발행하기 전에 실패하면 시스템은 여전히 일관성 없는 상태로 종료된다. 즉, 데이터베이스 트랜잭션은 커밋되지만 도메인 이벤트는 발행되지 않는다.

이러한 극단적인 경우는 아웃박스 패턴을 사용하여 해결할 수 있다.

아웃박스

아웃박스 패턴(그림 9-11)은 다음 알고리즘을 사용하여 도메인 이벤트의 안정적인 발행을 보장한다.

- 업데이트된 애그리게이트의 상태와 새 도메인 이벤트는 모두 동일한 원자성 트랜잭션으로 커밋된다.
- 메시지 릴레이는 데이터베이스에서 새로 커밋된 도메인 이벤트를 가져온다.
- 릴레이는 도메인 이벤트를 메시지 버스에 발행한다.
- 성공적으로 발행되면 릴레이는 이벤트를 데이터베이스에 발행한 것으로 표시하거나 완전히 삭제한다.

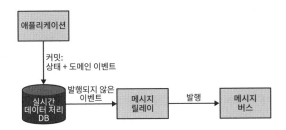

그림 9-11. 아웃박스 패턴

관계형 데이터베이스를 사용할 때 그림 9-12와 같이 두 개의 테이블에 원자적으로 커밋하고 메시지를 저장하기 위한 전용 테이블을 사용하는 데이터베이스의 기능을 활용하는 것이 좋다.

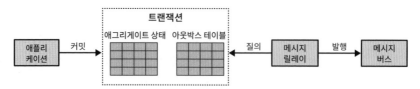

그림 9-12. 아웃박스 테이블

다중 문서 트랜잭션을 지원하지 않는 NoSQL 데이터베이스를 사용할 때 (메시지 버스로) 전달될 도메인 이벤트[3]는 애그리게이트 레코드에 포함되어야 한다. 다음 예제 코드를 보자.

```json
{
  "campaign-id": "364b33c3-2171-446d-b652-8e5a7b2be1af",
  "state": {
    "name": "Autumn 2017",
    "publishing-state": "DEACTIVATED",
    "ad-locations": [
      ...
    ]
    ...
  },
  "outbox": [
    {
      "campaign-id": "364b33c3-2171-446d-b652-8e5a7b2be1af",
      "type": "campaign-deactivated",
      "reason": "Goals met",
      "published": false
    }
  ]
}
```

이 예제에서는 발행해야 하는 도메인 이벤트 목록이 포함된 JSON 문서의 추가 속성인 outbox를 볼 수 있다.

---

3 (옮긴이) 아웃박스 패턴에서 도메인 이벤트를 메시지 버스로 전달(발행)하는 흐름

발행되지 않은 이벤트 가져오기

발행 릴레이는 풀(Pull) 기반 또는 푸시(Push) 기반 방식으로 새 도메인 이벤트를 가져올 수 있다.

풀: 발행자 폴링

릴레이는 발행되지 않은 이벤트에 대해 데이터베이스를 지속해서 질의할 수 있다. 지속적인 폴링으로 인한 데이터베이스 부하를 최소화하려면 적절한 인덱스가 있어야 한다.

푸시: 트랜잭션 로그 추적

데이터베이스의 기능을 활용하여 새 이벤트가 추가될 때마다 발행 릴레이를 호출할 수 있다. 예를 들어, 일부 관계형 데이터베이스는 데이터베이스의 트랜잭션 로그를 추적하여 업데이트/삽입된 레코드에 대한 알림을 받을 수 있다. 일부 NoSQL 데이터베이스는 커밋된 변경사항을 이벤트 스트림으로 노출하기도 한다(예: AWS DynamoDB Streams).

아웃박스 패턴은 적어도 한 번은 메시지 배달을 보장한다는 점에 유의해야 한다. 메시지를 발행한 후 릴레이가 실패했지만 데이터베이스에 발행한 것으로 표시하기 전에 릴레이가 실패하면 다음 이터레이션에서 같은 메시지가 다시 발행된다.

다음으로 도메인 이벤트의 안정적인 발행을 활용하여 애그리게이트 설계 원칙으로 인해 발생한 몇 가지 제한 사항을 극복할 수 있는 방법을 살펴보자.

사가

핵심 애그리게이트 설계 원칙 중 하나는 각 트랜잭션을 애그리게이트의 단일 인스턴스로 제한하는 것이다. 이렇게 하면 애그리게이트의 경계를 신중하게 고려하고 응집된 비즈니스 기능 집합을 캡슐화할 수 있다. 그러나 여러 애그리게이트에 걸쳐 있는 비즈니스 프로세스를 구현해야 하는 경우가 있다.

다음 예를 살펴보자. 광고 캠페인이 활성화되면 캠페인의 광고 자료를 퍼블리셔에게 자동으로 제출해야 한다. 퍼블리셔로부터 확인을 받으면 캠페인의 발행 상태가 발행됨(Published)으로 변경되어야 한다. 퍼블리셔가 거부한 경우 캠페인은 거부됨(Rejected)로 표시되어야 한다.

이 흐름은 광고 캠페인과 퍼블리셔라는 두 가지 비즈니스 엔티티에 걸쳐 있다. 동일한 애그리게이트 경계에 두 가지 엔티티를 배치하는 것은 명백하게 잘못됐다. 이들은 책임이 다르고 다른 바운디드 컨텍스트에 속할 수 있는 분명히 다른 비즈니스 엔티티이기 때문이다. 대신 이 흐름을 사가(saga)로 구현할 수 있다.

사가는 오래 지속되는 비즈니스 프로세스다. 사가가 몇 초에서 몇 년까지 계속될 수 있지만, 반드시 시간 측면이 아니라 트랜잭션 측면에서 보는 것이다. 즉, 여러 트랜잭션에 걸쳐 있는 비즈니스 프로세스를 말한다. 트랜잭션은 애그리게이트뿐만 아니라 도메인 이벤트를 내보내고 커맨드에 응답하는 모든 컴포넌트에서 처리할 수 있다. 사가는 관련 컴포넌트에서 발생하는 이벤트를 수신하고 다른 컴포넌트에 후속 커맨드를 발행한다. 발행 단계 중 하나가 실패하면 사가는 시스템 상태를 일관되게 유지하도록 적절한 보상 조치를 발행하는 일을 담당한다.

그림 9-13처럼 앞의 예에서 나온 광고 캠페인 발행 흐름을 사가로 구현하는 방법을 살펴보자.

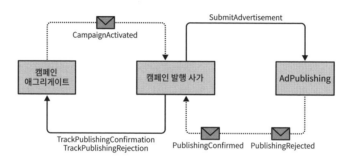

그림 9-13. 사가

발행 프로세스를 구현하기 위해 사가는 Campaign 애그리게이트로부터 CampaignActivated 이벤트를, AdPublishing 바운디드 컨텍스트로부터 PublishingConfirmed와 PublishingRejected 이벤트를 기다린다. 사가는 AdPublishing에서 SubmitAdvertisement 커맨드를 실행하고 Campaign 애그리게이트에서 TrackPublishingConfirmation과 TrackPublishingRejection 커맨드를 실행해야 한다. 이 예에서 TrackPublishingRejection 커맨드는 광고 캠페인이 활성 상태가 되지 않도록 하는 보상 조치를 실행하는 역할을 한다. 코드는 다음과 같다.

```
public class CampaignPublishingSaga
{
  private readonly ICampaignRepository _repository;
  private readonly IPublishingServiceClient _publishingService;
  ...
```

```
public void Process(CampaignActivated @event)
{
  var campaign = _repository.Load(@event.CampaignId);
  var advertisingMaterials = campaign.GenerateAdvertisingMaterials();
  _publishingService.SubmitAdvertisement(@event.CampaignId,
                                         advertisingMaterials);
}

public void Process(PublishingConfirmed @event)
{
  var campaign = _repository.Load(@event.CampaignId);
  campaign.TrackPublishingConfirmation(@event.ConfirmationId);
  _repository.CommitChanges(campaign);
}

public void Process(PublishingRejected @event)
{
  var campaign = _repository.Load(@event.CampaignId);
  campaign.TrackPublishingRejection(@event.RejectionReason);
  _repository.CommitChanges(campaign);
}
}
```

앞의 예는 메시징 인프라에 의존하여 관련 이벤트를 전달하고 관련 커맨드를 실행하여 이벤트에 반응한다. 이것은 사가의 비교적 단순한 예로, 상태 관리가 필요 없다. 또 다른 예로 상태 관리가 필요한 사가가 있다. 예를 들어, 실행된 작업을 추적하여 실패 시 적절한 보상 조치를 발행할 수 있다. 이러한 상황에서 사가는 이벤트 소싱 애그리게이트로 구현되어 수신된 이벤트와 발행된 커맨드의 전체 기록을 유지할 수 있다. 그러나 커맨드 실행 로직은 도메인 이벤트가 아웃박스 패턴으로 전달하는 방식과 유사하게 사가 패턴 자체에서 벗어나 비동기적으로 실행한다.

```
public class CampaignPublishingSaga
{
  private readonly ICampaignRepository _repository;
  private readonly IList<IDomainEvent> _events;

  ...
```

```
public void Process(CampaignActivated activated)
{
  var campaign = _repository.Load(activated.CampaignId);
  var advertisingMaterials = campaign.GenerateAdvertisingMaterials();
  var commandIssuedEvent = new CommandIssuedEvent(
      target: Target.PublishingService,
      command: new SubmitAdvertisementCommand(activated.CampaignId,
      advertisingMaterials));

  _events.Append(activated);
  _events.Append(commandIssuedEvent);
}

public void Process(PublishingConfirmed confirmed)
{
  var commandIssuedEvent = new CommandIssuedEvent(
      target: Target.CampaignAggregate,
      command: new TrackConfirmation(confirmed.CampaignId,
                                     confirmed.ConfirmationId));
  _events.Append(commandIssuedEvent);
  _events.Append(confirmed);
}

public void Process(PublishingRejected rejected)
{
  var commandIssuedEvent = new CommandIssuedEvent(
      target: Target.CampaignAggregate,
      command: new TrackRejection(rejected.CampaignId,
                                  rejected.RejectionReason));
  _events.Append(rejected);
  _events.Append(commandIssuedEvent);
  }
}
```

이 예에서 아웃박스 릴레이는 CommandIssuedEvent의 각 인스턴스에 대한 관련 엔드포인트에서 커맨드를 실행해야 한다. 도메인 이벤트 발행의 경우 사가 상태의 전환을 커맨드 실행과 분리하면 프로세스가 어느 단계에서 실패하더라도 커맨드가 안정적으로 실행될 수 있다.

일관성

사가 패턴이 다중 컴포넌트의 트랜잭션을 조율하기는 하지만 관련된 컴포넌트의 상태는 궁극적으로 일관성을 갖는다. 그리고 사가가 결국 관련 커맨드를 실행한다고 해도 두 개의 트랜잭션은 원자적으로 간주되지 않으므로 모두 성공하거나 실패할 수 없다. 이것은 또 다른 애그리게이트 설계 원칙과 관련이 있다.

애그리게이트 경계 내의 데이터만 강한 일관성을 가진다. 외부의 모든 것은 궁극적으로 일관성을 갖는다.

부적절한 애그리게이트 경계를 보상하기 위해 사가를 남용하지 않는 지침을 따르는 것을 원칙으로 하자. 동일한 애그리게이트에 속해야 하는 비즈니스 작업에는 강한 일관성을 갖는 데이터가 필요하다.

사가 패턴은 종종 다른 패턴인 프로세스 관리자(process manager)와 혼동된다. 사가와 프로세스 관리자는 구현은 비슷하지만 다른 패턴이다. 다음 절에서 프로세스 관리자 패턴의 목적을 알아보고 사가 패턴과 어떻게 다른지 논의할 것이다.

프로세스 관리자

사가 패턴은 단순하고 선형적인 흐름을 관리한다. 엄밀히 말하면 사가는 이벤트를 해당 커맨드와 일치시킨다. 사가 구현을 시연하는 데 사용한 예제에서도 실제로 이벤트와 커맨드를 간단하게 일치시켰다.

- CampaignActivated 이벤트와 PublishingService.SubmitAdvertisement 커맨드
- PublishingConfirmed 이벤트와 Campaign.TrackConfirmation 커맨드
- PublishingRejected 이벤트와 Campaign.TrackRejection 커맨드

그림 9-14에 표시된 프로세스 관리자 패턴은 비즈니스 로직 기반 프로세스를 구현하기 위한 것이다. 프로세스 관리자는 시퀀스의 상태를 유지하고 다음 처리 단계를 결정하는 중앙 처리 장치로 정의한다.[4]

---

4 《기업 통합 패턴 Enterprise Integration Patterns》(에이콘출판사, 2014)

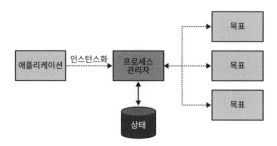

그림 9-14. 프로세스 관리자

경험에 비추어 볼 때 사가에 올바른 동작 과정을 선택하는 if-else 문이 포함되어 있다면 아마도 프로세스 관리자일 것이다.

프로세스 관리자와 사가의 또 다른 차이점은 이전 예제의 CampaignActivated와 같이 특정 이벤트가 관찰될 때 사가가 암시적으로 인스턴스화된다는 것이다. 반면 프로세스 관리자는 단일 소스 이벤트에 바인딩될 수 없다. 대신 여러 단계로 구성된 응집된 비즈니스 프로세스다. 따라서 프로세스 관리자는 명시적으로 인스턴스화해야 한다. 다음 예를 살펴보자.

출장 예약은 가장 비용 효과적인 비행 경로를 선택하고 직원에게 승인을 요청하는 라우팅 알고리즘으로 시작한다. 직원이 다른 경로를 선호하는 경우 직속 관리자가 승인해야 한다. 항공편을 예약한 후 사전 승인된 호텔 중 하나를 적절한 날짜에 예약해야 한다. 이용 가능한 호텔이 없으면 항공권을 취소해야 한다.

이 예제에는 출장 예약 프로세스를 트리거하는 중앙 엔티티가 없다. 출장 예약은 프로세스이며, 프로세스 관리자로 구현해야 한다(그림 9-15 참조).

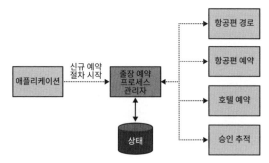

그림 9-15. 출장 예약 프로세스 관리자

구현 관점에서 프로세스 관리자는 종종 상태 기반 또는 이벤트 소싱의 애그리게이트로 구현된다. 예를 들면 다음과 같다.

```csharp
public class BookingProcessManager
{
  private readonly IList<IDomainEvent>_events;
  private BookingId _id;
  private Destination _destination;
  private TripDefinition _parameters;
  private EmployeeId _traveler;
  private Route _route;
  private IList<Route> _rejectedRoutes;
  private IRoutingService _routing; ...

  public void Initialize(Destination destination,
                         TripDefinition parameters,
                         EmployeeId traveler)
  {
    _destination = destination;
    _parameters = parameters;
    _traveler = traveler;
    _route = _routing.Calculate(destination, parameters);

    var routeGenerated = new RouteGeneratedEvent(
        BookingId: _id,
        Route:_route);

    var commandIssuedEvent = new CommandIssuedEvent(
        command: new RequestEmployeeApproval(_traveler, _route)
    );
    _events.Append(routeGenerated);
    _events.Append(commandIssuedEvent);
  }

  public void Process(RouteConfirmed confirmed)
  {
    var commandIssuedEvent = new CommandIssuedEvent(
```

```
      command: new BookFlights(_route, _parameters)
  );
  _events.Append(confirmed);
  _events.Append(commandIssuedEvent);
}


public void Process(RouteRejected rejected)
{
  var commandIssuedEvent = new CommandIssuedEvent(
      command: new RequestRerouting(_traveler, _route)
  );
  _events.Append(rejected);
  _events.Append(commandIssuedEvent);
}


public void Process(ReroutingConfirmed confirmed)
{
  _rejectedRoutes.Append(route);
  _route = _routing.CalculateAltRoute(destination,
                              parameters, rejectedRoutes);
  var routeGenerated = new RouteGeneratedEvent(
      BookingId: _id,
      Route:_route);
  var commandIssuedEvent = new CommandIssuedEvent(
      command: new RequestEmployeeApproval(_traveler, _route)
  );

  _events.Append(confirmed);
  _events.Append(routeGenerated);
  _events.Append(commandIssuedEvent);
}


public void Process(FlightBooked booked)
{
  var commandIssuedEvent = new CommandIssuedEvent(
      command: new BookHotel(_destination, _parameters)
  );
  _events.Append(booked);
```

```
    _events.Append(commandIssuedEvent);
  }

  ...
}
```

이 예제에서 프로세스 관리자는 예약해야 하는 출장을 설명하는 명시적 ID와 영속적 상태가 있다. 앞의 사가 패턴 예제처럼 프로세스 관리자는 워크플로를 제어하는 이벤트(RouteConfirmed, RouteRejected, ReroutingConfirmed 등)를 구독하고 실제 커맨드를 실행하기 위해 아웃박스 릴레이에서 처리될 CommandIssuedEvent 타입의 이벤트를 인스턴스화한다.

결론

이번 장에서는 시스템 컴포넌트를 연동하기 위한 다양한 패턴을 배웠다. 충돌 방지 계층 또는 오픈 호스트 서비스를 구현하는 데 사용할 수 있는 모델 변환 패턴을 살펴보는 것으로 시작했다. 즉석에서 변환될 수 있거나 상태 추적이 필요한 경우 좀 더 복잡한 로직을 구현해야 한다.

아웃박스 패턴은 애그리게이트의 도메인 이벤트를 발행하는 안정적인 방법이다. 다른 프로세스 실패에 직면해도 도메인 이벤트를 항상 발행한다.

사가 패턴은 간단한 교차 컴포넌트 비즈니스 프로세스를 구현하는 데 사용할 수 있다. 프로세스 관리자 패턴을 사용하여 좀 더 복잡한 비즈니스 프로세스를 구현할 수 있다. 두 패턴 모두 도메인 이벤트에 대한 비동기식 반응과 커맨드 발행에 의존한다.

연습문제

1. 어떤 바운디드 컨텍스트 연동 패턴에 모델 변환 로직을 구현해야 할까?

   a. 순응주의자

   b. 충돌 방지 계층

   c. 오픈 호스트 서비스

   d. B와 C

2. 아웃박스 패턴의 목표는 무엇일까?

    a. 시스템의 비즈니스 로직 계층에서 메시징 인프라 분리

    b. 안정적으로 메시지를 발행

    c. 이벤트 소싱 도메인 모델 패턴의 구현을 지원

    d. A와 C

3. 메시지 버스에 메시지를 발행하는 것 외에 아웃박스 패턴의 다른 유스케이스는 무엇일까?

4. 사가와 프로세스 관리자 패턴의 차이점은 무엇일까?

    a. 프로세스 관리자는 명시적 인스턴스화가 필요하지만 사가는 관련 도메인 이벤트가 발행할 때 실행된다.

    b. 프로세스 관리자와 달리 사가는 실행 상태의 영속성을 요구하지 않는다.

    c. 사가에서는 이벤트 소싱 패턴을 구현하기 위해 조작하는 컴포넌트가 필요하지만 프로세스 관리자는 그렇지 않다.

    d. 프로세스 관리자 패턴은 복잡한 비즈니스 워크플로에 적합하다.

    e. A와 D가 맞다.

Part 3
도메인 주도 설계
적용 실무

1부와 2부에서는 전략적·전술적 설계 의사결정을 위한 도메인 주도 설계 도구에 대해 논의했다. 3부에서는 이론이 아닌 실무를 다루고 실제 프로젝트에 도메인 주도 설계를 적용하는 것을 배운다.

- 10장에서는 앞에서 논의했던 전략적 및 전술적 설계를 경험에 기반한 단순한 규칙과 병합해서 설계 의사결정을 내리는 과정을 간소화한다. 비즈니스 도메인의 복잡성과 요구사항에 적합한 패턴을 빠르게 식별하는 것을 배운다.

- 11장에서는 다양한 관점에서 도메인 주도 설계를 바라본다. 훌륭한 솔루션을 설계하는 것은 중요하지만 그것만으로는 충분하지 않다. 시간이 지나면서 프로젝트가 발전하더라도 형태를 유지하게 해야 한다. 11장에서는 소프트웨어 설계 의사결정의 유지와 발전에 도메인 주도 설계의 도구를 적용하는 것을 배운다.

- 12장에서 이벤트스토밍을 소개한다. 이벤트스토밍은 도메인 지식을 발견하고 유비쿼터스 언어를 개발하는 과정을 간소화하는 학습 활동이다.

- 13장에서는 실무에서 가장 많이 다루는 프로젝트 유형인 브라운필드 프로젝트에 도메인 주도 설계 패턴과 실무를 점진적으로 도입하고 통합하기 위한 팁과 요령을 선별하면서 3부를 마무리한다.

10

휴리스틱
설계

'상황에 따라서'라는 말은 거의 모든 질문에 맞는 답변이지만, 실전에는 별로 도움이 되지 않는다. 이번 장에서는 이 '상황'에 대해 알아볼 것이다.

1부에서는 비즈니스 도메인을 분석하고 전략적 설계 의사결정을 내리는 데 사용되는 도메인 주도 설계의 도구에 대해서 배웠다. 그리고 2부에서는 전술적 설계 패턴에 대해 알아봤는데, 여기에는 비즈니스 로직을 구현하고 시스템 아키텍처를 조직하며 시스템의 구성요소 간에 커뮤니케이션을 구현하는 다양한 방법이 있었다. 이번 장은 1부와 2부의 가교 역할을 한다. 다양한 소프트웨어 설계 의사결정, 즉 (비즈니스) 도메인 주도 (소프트웨어) 설계를 돕는 분석 도구를 사용하는 휴리스틱을 배운다.

우선, **휴리스틱**의 정의가 무엇인지부터 알아보자.

휴리스틱

휴리스틱은 모든 상황에 맞게 보장되고 수학적으로 검증된 규칙이 아니다. 오히려 완벽한 것을 보장하지 않지만 당면한 목적에 충분할 만큼의 경험에 기반한 규칙이다. 다시 말해, 휴리스틱을 사용하는 것은 수많은 단서에 내재된 노이즈를 무시하면서도 가장 중요한 단서에서 느껴지는 '압도하는 힘'에 집중하여 효과적으로 문제를 해결하는 접근법[1]이다.

---

1   Gigerenzer, G., Todd, P. M., & ABC Research Group (Research Group, Max Planck Institute, Germany). (1999). Simple Heuristics That Make
    Us Smart. New York: Oxford University Press.
    (옮긴이) 상기 논문에 소개된 'swamping forces'는 하나 또는 몇 개의 가장 중요한 단서만 사용해도 자동으로 견고함을 얻는다는 의미다.

이번 장에 제시된 휴리스틱은 다양한 비즈니스 도메인의 본질적인 특성과 다양한 설계 의사결정 으로 해결하는 문제의 본질에 집중한다.

바운디드 컨텍스트

3장에서 논의했듯이, 넓은 경계와 좁은 경계 모두 하나의 일관된 유비쿼터스 언어를 사용하는 유효한 바운디드 컨텍스트의 정의에 부합한다. 그렇다고 하더라도, 바운디드 컨텍스트의 최적의 크기는 무엇일까? 이 질문은 마이크로서비스와 바운디드 컨텍스트를 빈번히 다루는 환경에서는 특히 중요하다[2].

항상 가능한 한 작은 바운디드 컨텍스트를 만들기 위해 노력해야 할까? 필자의 친구인 닉 튠 (Nick Tune)은 이렇게 말한다.

> 한 서비스의 경계를 정의하는 데 있어 식별을 용이하게 해주는 유용한 휴리스틱은 매우 많다. 그러나 그중 크 기(size)로 경계를 구분하는 것은 가장 도움이 되지 않는다.

작은 바운디드 컨텍스트로 만들려고 기능을 원하는 크기에 최적화해서 모델링하는 것보다는 그 반대로 하는 것이 훨씬 더 효과적이다. 즉, 모델의 어떤 기능이 포함하는 크기 그대로 바운디드 컨텍스트를 다루는 것이다.

여러 바운디드 컨텍스트에 영향을 미치는 소프트웨어의 변경은 비싸고 수많은 조율이 필요하다. 특히, 영향을 받은 바운디드 컨텍스트를 다양한 팀에서 구현한 경우에는 더욱 그렇다. 또한 이런 변경이 단일 바운디드 컨텍스트 범위 내에 있지 않다면 이는 컨텍스트 경계의 설계가 효과적이 지 않다는 신호다. 불행하게도, 바운디드 컨텍스트의 경계를 리팩터링하는 것은 비용이 많이 드 는 작업이고 대부분의 경우 효과적이지 않은 경계는 방치되고 결국 기술 부채로 남게 된다(그림 10-1 참조).

---

2 11장에서 바운디드 컨텍스트와 마이크로서비스를 집중해서 다룬다.

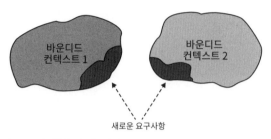

그림 10-1. 여러 바운디드 컨텍스트에 영향을 미치는 변경

바운디드 컨텍스트의 경계를 무효화하는 변경은 일반적으로 비즈니스 도메인이 잘 알려져 있지 않거나 비즈니스 요구사항이 빈번하게 바뀔 때 발생한다. 변동성과 불확실성이 핵심 하위 도메인의 특성이고, 특히 구현의 초기 단계에 그렇다는 것을 1장에서 배웠다. 따라서 바운디드 컨텍스트의 경계를 설계할 때 이런 특성을 휴리스틱으로 사용할 수 있다.

넓은 바운디드 컨텍스트의 경계 또는 여러 하위 도메인에 걸친 경계는 그 경계 또는 하위 도메인을 포함하는 모델이 잘못돼도 안전하게 해준다. 논리적 경계를 리팩터링하는 것은 물리적 경계를 리팩터링하는 것보다 적은 비용이 든다. 그러므로 바운디드 컨텍스트를 설계할 때는 경계를 넓게 해서 시작하자. 나중에 도메인 지식이 쌓이게 되면 필요에 따라 넓은 경계를 좀 더 작은 여러 경계로 쪼갠다.

일반 하위 도메인과 지원 하위 도메인은 모두 정형화되어 있고 변동성이 훨씬 적으므로 이 같은 휴리스틱은 주로 핵심 하위 도메인을 포함하는 바운디드 컨텍스트에 적용된다. 핵심 하위 도메인을 포함하는 바운디드 컨텍스트를 설계할 때 그 핵심 도메인이 가장 빈번하게 상호작용하는 다른 하위 도메인을 포함하면 예측하지 못한 변경으로부터 스스로를 보호할 수 있다.

그림 10-2에 표현했듯이, 이것은 다른 핵심 하위 도메인 또는 지원 하위 도메인 및 일반 하위 도메인이 될 수도 있다.

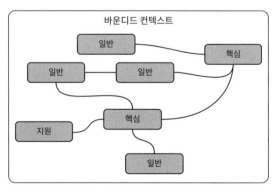

그림 10-2. 넓은 바운디드 컨텍스트 경계

비즈니스 로직 구현 패턴

5~7장에서 비즈니스 로직을 상세히 다루면서 비즈니스 로직을 모델링하는 네 가지 방법, 즉 트랜잭션 스크립트, 액티브 레코드, 도메인 모델, 이벤트 소싱 도메인 모델 패턴을 배웠다.

트랜잭션 스크립트와 액티브 레코드 패턴은 둘 다 간단한 비즈니스 로직을 포함하는 하위 도메인에 적합하다. 예를 들어, 지원 하위 도메인 또는 일반 하위 도메인을 위해 외부 솔루션을 연동하는 것 등이다. 두 패턴의 차이점은 자료구조의 복잡성에 있다. 트랜잭션 스크립트 패턴은 단순한 자료구조에 사용되는 반면, 액티브 레코드 패턴은 복잡한 자료구조를 하부 데이터베이스에 매핑하는 것을 한데 묶는 데 도움을 준다(캡슐화).

도메인 모델과 그 변형인 이벤트 소싱 도메인 모델은 복잡한 비즈니스 로직을 가진 핵심 하위 도메인에 적합하다. 예를 들어, 통화 트랜잭션을 다루거나 법에 따라 감사 로그를 제공하거나 시스템의 동작을 심층적으로 분석할 필요가 있는 핵심 하위 도메인의 경우 이벤트 소싱 도메인 모델이 적합하다.

이 모든 것을 고려한다면, 비즈니스 로직의 적절한 구현 패턴을 선택하기 위한 효과적인 휴리스틱은 다음과 같은 질문을 해보는 것이다.

- 하위 도메인이 금전 또는 통화의 트랜잭션을 추적하거나, 일관된 감사 로그를 제공하거나, 또는 비즈니스에서 하위 도메인의 동작에 대한 심층적인 분석을 요청하는가? 그렇다면 이벤트 소싱 도메인 모델을 적용한다. 그렇지 않다면
- 하위 도메인의 비즈니스 로직이 복잡한가? 그렇다면 도메인 모델을 구현한다. 그렇지 않다면
- 하위 도메인이 복잡한 자료구조를 포함하는가? 그렇다면 액티브 레코드 패턴을 사용한다. 그렇지 않다면
- 그것이 아니라면 트랜잭션 스크립트를 구현한다.

하위 도메인의 복잡성과 그 유형은 강한 관계가 있으므로 이를 그림 10-3과 같이 도메인 주도 의사결정 트리로 나타낼 수 있다.

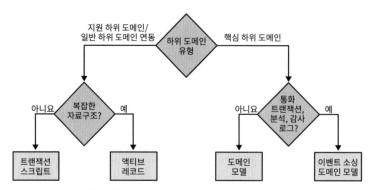

그림 10-3. 비즈니스 로직의 구현 패턴을 위한 의사결정 트리

복잡한 비즈니스 로직과 간단한 비즈니스 로직의 차이점을 정의하는 데도 또 다른 휴리스틱을 사용할 수 있다. 두 유형의 비즈니스 로직 사이의 경계가 아주 명확하지는 않지만, 그래도 유용하다. 일반적으로 복잡한 비즈니스 로직은 복잡한 비즈니스 규칙, 불변성, 알고리즘을 포함한다. 간단한 접근 방법은 주로 입력을 검증하는 것이다. 또한 유비쿼터스 언어 자체의 복잡성을 평가하는 다른 휴리스틱도 있다. 예를 들어, 언어에서 주로 CRUD 동작을 표현하는가? 아니면 좀 더 복잡한 비즈니스 프로세스와 규칙을 설명하는가?

비즈니스 로직과 그 자료구조의 복잡성에 따라 비즈니스 로직의 구현 패턴을 결정하는 것은 하위 도메인의 유형에 대한 가정을 검증하는 방법이다. 예를 들어, 처음에 핵심 하위 도메인이라 생각했지만 결국 액티브 레코드 또는 트랜잭션 스크립트가 잘 맞거나, 지원 하위 도메인이라 믿었지만 결국 도메인 모델 또는 이벤트 소싱 도메인 모델로 결정되는 경우가 있다. 이러한 상황은 일반적으로 하위 도메인과 비즈니스 도메인에 대한 추측(assumption)을 다시 되돌아보는 좋은 기회가 된다. 핵심 하위 도메인의 경쟁력은 반드시 기술적인 것이 아닐 수 있다는 점을 기억하자.

아키텍처 패턴

8장에서 배운 세 가지 아키텍처 패턴에는 계층형 아키텍처, 포트와 어댑터, CQRS가 있다.

이 아키텍처 패턴이 의도한 비즈니스 로직 구현 패턴을 알면 쉽게 아키텍처 패턴을 선정할 수 있다.

- 이벤트 소싱 도메인 모델은 CQRS가 필요하다. 그렇지 않으면 시스템은 데이터 질의 옵션이 극심하게 제한되어 자신의 ID만으로 단일 인스턴스를 가져와야 한다.

- 도메인 모델은 포트와 어댑터 아키텍처가 필요하다. 계층형 아키텍처에서는 영속성에 대한 고려 없이 애그리게이트와 밸류 오브젝트를 만들기가 어렵다.

- 액티브 레코드 패턴은 애플리케이션(서비스) 계층을 추가한 계층형 아키텍처와 잘 어울린다. 이는 액티브 레코드를 제어하는 로직을 위한 것이다.

- 트랜잭션 스크립트 패턴은 세 개의 계층만으로 이어진 최소한의 계층형 아키텍처를 적용하여 구현할 수 있다.

앞의 휴리스틱에서 유일한 예외는 CQRS 패턴이다. CQRS는 이벤트 소싱 도메인 모델에 도움이 될 뿐만 아니라 하위 도메인이 여러 영속 모델에 있는 데이터를 표현할 필요가 있는 경우에도 도움이 된다.

그림 10-4는 이 같은 휴리스틱 기반으로 아키텍처 패턴을 선택하는 의사결정 트리다.

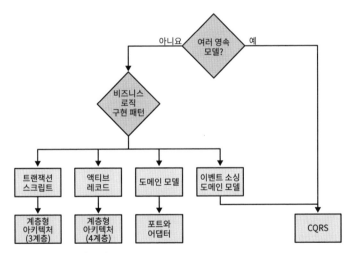

그림 10-4. 아키텍처 패턴의 의사결정 트리

테스트 전략

비즈니스 구현 패턴과 아키텍처 패턴의 모든 지식은 코드베이스의 테스트 전략을 선택할 때 휴리스틱으로써 활용할 수 있다. 그림 10-5에 세 가지 테스트 전략을 표현했다.

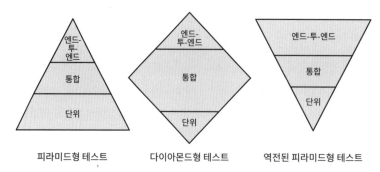

그림 10-5. 테스트 전략

엔드-투-엔드(end-to-end), 통합, 단위의 여러 가지 테스트 유형, 강조하는 유형에 따라 테스트 전략을 나눴다. 이제 각 전략과 컨텍스트에 따라 사용해야 할 패턴을 분석해보자.

피라미드형 테스트

고전적인 피라미드형 테스트 전략에서는 단위 테스트를 강조하고 통합 테스트는 별로 없으며, 엔드-투-엔드 테스트는 더더욱 없다. 피라미드형 테스트는 애그리게이트와 밸류 오브젝트 도메인 모델 패턴을 모두 잘 지원한다. 즉, 두 도메인 모델 패턴은 모두 사실상 비즈니스 로직을 테스트하는 완벽한 단위다.

다이아몬드형 테스트

다이아몬드형 테스트에서 가장 집중하는 유형은 통합 테스트다. 액티브 레코드 패턴이 사용되면 시스템의 비즈니스 로직은 서비스 계층과 비즈니스 로직 계층에 흩어지므로 두 계층의 연동에 중점을 둔다면 다이아몬드형 테스트가 더 효과적인 선택이다.

역전된 피라미드형 테스트

역전된 피라미드형 테스트 전략은 엔드-투-엔드 테스트에 가장 많이 집중한다. 즉, 처음부터 끝까지 애플리케이션의 워크플로를 검증하는 것이다. 이 같은 접근 방법은 트랜잭션 스크립트 패턴을 구현한 코드베이스에 가장 잘 어울린다. 이 경우, 비즈니스 로직이 간단하고 계층의 수가 적으므로 이 테스트 전략이 시스템의 엔드-투-엔드 흐름을 검증하는 데 더 효과적이다.

그림 10-6에 테스트 전략을 결정하는 의사결정 트리를 표현했다.

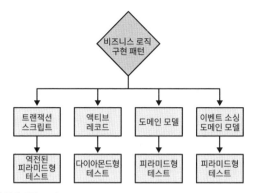

그림 10-6. 아키텍처 패턴의 의사결정 트리

전술적 설계 의사결정 트리

비즈니스 로직 패턴, 아키텍처 패턴, 테스트 전략에 관한 휴리스틱은 그림 10-7에서처럼 하나의 전술적 설계 의사결정 트리로 합쳐서 요약할 수 있다.

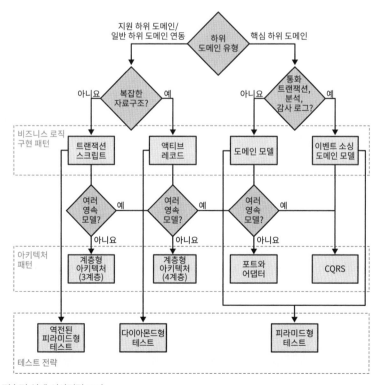

그림 10-7. 전술적 설계 의사결정 트리

이처럼 하위 도메인의 유형을 식별하고 의사결정 트리를 참조하는 것은 필수적인 설계 의사결정을 위한 시작점이다. 즉, 고정된 규칙이 아닌 휴리스틱을 반복하는 것이 중요하다. 모든 규칙에는 예외가 있듯이, 휴리스틱도 예외는 아니어서 모든 경우에 100% 정확하게 들어맞게 하려는 것이 아님에 유의하자.

위의 의사결정 트리는 간단한 도구를 사용하고 꼭 필요한 경우에 한해 도메인 모델, 이벤트 소싱 도메인 모델, CQRS 같은 고도의 패턴을 적용하려는 필자의 취향에 기반한 것이다. 한편, 팀이 이벤트 소싱 도메인 모델을 구현한 수많은 경험이 있어서 모든 하위 도메인에 이와 같은 접근 방식을 적용한 여러 사례가 있다. 그렇다고 해서 이런 접근 방법을 모두에게 적용할 수 있을까? 물론 아니다. 필자가 컨설팅한 여러 회사의 경우, 모든 문제에 동일한 솔루션을 사용하는 것보다 휴리스틱 기반 접근 방법이 더 효과적이었다.

결국, 특정 상황에 따라 효과적인 접근 방법은 달라진다. 그러므로 그림 10-7에 표현한 의사결정 트리는 중요한 의사결정 방식을 대체하는 것이 아닌 가이드 규칙으로만 사용하자. 당면한 문제에 더 잘 맞는 다른 휴리스틱을 찾는다면 가이드 원칙을 개선하거나 모두 함께 자신만의 의사결정 트리를 만들도록 한다.

결론

이번 장에서는 1부와 2부를 휴리스틱 기반 의사결정 프레임워크와 연관 지었다. 기술적 의사결정을 내리는 데 비즈니스 도메인 지식과 그 하위 도메인을 적용하는 방법을 배웠다. 여기에는 안전한 바운디드 컨텍스트 경계를 선택하기, 애플리케이션의 비즈니스 로직을 모델링하기, 그리고 각 바운디드 컨텍스트의 내부 구성요소를 조율하는 데 필요한 아키텍처 패턴을 결정하는 방법이 있다. 마지막에는 격렬한 논쟁의 주제인 "어떤 종류의 테스트가 더 중요한가"로 돌아가서 동일한 프레임워크를 적용해 비즈니스 도메인에 따라 다양한 테스트의 우선순위를 정했다.

설계 의사결정을 내리는 것도 중요하지만, 더 중요한 것은 시간이 지나면서 과거의 의사결정이 여전히 유효한지를 검증하는 것이다. 다음 장에서는 소프트웨어 설계의 수명주기에서 다음 국면인 설계 의사결정의 발전에 대해 논의한다.

연습문제

1. 울프데스크(서문 참조)의 티켓 수명주기 관리 시스템을 구현하고 있다고 가정하자. 시간이 지남에 따라 알고리즘이 더욱 최적화될 수 있도록 동작에 대한 심층 분석이 필요한 핵심 하위 도메인이다. 비즈니스 로직과 구성요소의 아키텍처를 구현하는 여러분의 초기 전략은 무엇인가? 테스트 전략은 무엇인가?

2. 울프데스크의 지원 에이전트의 교대 관리 모듈을 위한 설계 의사결정은 무엇인가?

3. 에이전트의 교대 관리 프로세스를 쉽게 하기 위해 다양한 지역별 공휴일 정보에 대한 외부 제공자를 사용하려고 한다. 이 프로세스는 주기적으로 외부 제공자를 호출해서 다가오는 공휴일의 날짜와 이름을 얻는다. 이와 같은 연동을 구현하기 위한 비즈니스 로직과 아키텍처 패턴은 무엇인가? 테스트는 어떻게 할 것인가?

4. 경험에 비추어 볼 때, 이번 장에 제시된 휴리스틱 기반 의사결정 트리에 포함될 수 있는 소프트웨어 개발 과정의 다른 측면은 무엇이 있는가?

11

진화하는
설계 의사결정

빠르게 변화하는 현대 사회에서 기업은 정신을 바짝 차려야 한다. 경쟁에 뒤처지지 않으려면 지속해서 변화하고 진화하며 시간이 지남에 따라 스스로를 재창조해야 한다. 시스템을 설계할 때도 이 사실을 무시할 수 없다. 특히 비즈니스 도메인의 요구사항에 잘 맞는 소프트웨어를 설계하는 경우에는 더욱 그렇다. 변경사항을 제대로 관리하지 않으면 아무리 정교하게 잘 설계했어도 결국에는 유지보수하고 개선하는 일이 악몽이 될 것이다. 이번 장에서는 소프트웨어 프로젝트 환경의 변화가 소프트웨어 설계 의사결정에 어떻게 영향을 미칠 수 있는지와 그에 따라 설계를 발전시키는 방법에 대해 설명할 것이다. 비즈니스 도메인, 조직 구조, 도메인 지식, 성장이라는 가장 일반적인 네 가지 변화의 방향을 검토해보자.

도메인 변경

2장에서는 세 가지 유형의 비즈니스 하위 도메인을 알아보고 그것들이 서로 어떻게 다른지 배웠다.

핵심

기업이 경쟁 우위를 확보하기 위해 경쟁자와 다르게 수행하는 활동

지원

회사가 경쟁자와 다르게 하고 있지만 경쟁 우위를 제공하지 않는 활동

일반

모든 회사가 같은 방식으로 하는 일

이전 장에서 실행 중인 하위 도메인 유형이 전략적 및 전술적 설계 의사결정에 영향을 미치는 것을 봤다.

- 바운디드 컨텍스트의 경계를 설계하는 방법
- 컨텍스트 간의 연동을 조율하는 방법
- 복잡한 비즈니스 로직을 다루기 위해 사용할 디자인 패턴

비즈니스 도메인의 요구사항에 따라 구동되는 소프트웨어를 설계하려면 비즈니스 하위 도메인과 해당 유형을 식별하는 것이 중요하다. 그러나 그것이 전부가 아니며, 하위 도메인의 진화에 주의를 기울이는 것도 마찬가지로 중요하다. 조직이 성장하고 발전함에 따라 일부 하위 도메인이 한 유형에서 다른 유형으로 변하는 것은 흔한 일이다. 이러한 변화의 몇 가지 예를 살펴보자.

핵심에서 일반으로

BuyIT이라는 온라인 소매 회사가 자체 주문 배송 솔루션을 구현했다고 상상해보자. 택배사의 배송 경로를 최적화하는 혁신적인 알고리즘을 개발하여 경쟁사보다 낮은 배송료를 청구할 수 있다.

어느 날 또 다른 회사인 DeliverIT이 배송 업계를 혼란에 빠뜨린다. '외판원 문제'를 해결했으며 경로 최적화 서비스를 제공한다고 주장한다. DeliverIT은 BuyIT보다 진보된 최적화 서비스를 구현했으며, 훨씬 더 저렴하게 같은 작업을 처리할 수 있는 서비스를 제공한다.

BuyIT 관점에서 DeliverIT의 솔루션이 상용 제품으로 제공되면 핵심 하위 도메인이 일반 하위 도메인으로 바뀐다. 그 결과 BuyIT의 모든 경쟁업체가 최적의 솔루션을 사용할 수 있게 된다. 연구 개발에 막대한 투자 없이 BuyIT은 더 이상 경로 최적화 하위 도메인에서 경쟁 우위를 확보할 수 없다. 이전에는 BuyIT의 경쟁 우위로 간주했던 것이 모든 경쟁업체가 사용할 수 있는 상품이 된 것이다.

일반에서 핵심으로

BuyIT은 창립 이래 재고를 관리하기 위해 상용 솔루션을 사용해 왔다. 그러나 비즈니스 인텔리전스 보고서에 고객 수요에 대한 잘못된 예측이 계속해서 보이고 있다. 결과적으로 BuyIT은 가장 인기 있는 제품의 재고를 보충하지 못하고 인기 없는 제품에 창고 공간을 낭비하고 있다. 몇 가지 대체 재고관리 솔루션을 평가한 후 BuyIT의 경영진은 사내 시스템 설계 및 구축에 투자하기로 전략적 결정을 내린다. 이 사내 솔루션은 BuyIT이 판매하는 제품의 복잡성을 고려해 고객의 수요를 더 잘 예측한다.

상용 솔루션을 자체 구현으로 교체하기로 한 BuyIT의 결정은 재고관리를 일반 하위 도메인에서 핵심 하위 도메인으로 바꿨다. 기능을 성공적으로 구현하면 BuyIT이 경쟁업체보다 추가로 경쟁 우위를 확보할 수 있다. 경쟁업체는 일반 솔루션에 머물러 있어서 BuyIT에서 개발한 고급 수요 예측 알고리즘을 사용할 수 없게 된다.

일반 하위 도메인을 핵심 하위 도메인으로 전환한 기업의 좋은 예제는 아마존(Amazon)이다. 모든 서비스 제공업체와 마찬가지로 아마존은 서비스를 실행할 인프라가 필요했다. 회사는 물리적 인프라를 관리하는 방식을 '재창조'할 수 있었고 나중에 이를 수익성 있는 비즈니스인 아마존 웹 서비스(Amazon Web Services)로 전환했다.

지원에서 일반으로

BuyIT의 마케팅 부서는 협력하는 공급업체와 계약을 관리하기 위한 시스템을 구현한다. 이 시스템에서 특별하거나 복잡한 내용은 없으며, 데이터를 입력하기 위한 일부 CRUD 사용자 인터페이스만 필요하다. 즉, 전형적인 지원 하위 도메인이다.

그러나 BuyIT이 사내 솔루션을 구현하기 시작한 지 몇 년 후 계약 관리 솔루션이 오픈소스로 나왔다. 이 오픈소스 프로젝트는 기존 솔루션과 같은 기능을 포함하며, OCR과 전문 검색과 같은 고급 기능을 제공한다. 이러한 추가 기능은 오랫동안 BuyIT의 백로그에 있었지만 비즈니스에 미치는 영향이 적어서 우선순위로 지정되지 않았다. 따라서 회사는 사내 솔루션을 버리고 오픈소스 솔루션과 연동하기로 결정한다. 이렇게 하면 문서 관리 솔루션의 하위 도메인이 지원에서 일반 하위 도메인으로 바뀐다.

지원에서 핵심으로

지원 하위 도메인도 핵심 하위 도메인으로 전환될 수 있다. 예를 들어, 회사에서 비용을 줄이거나 추가 수익을 창출하는 방식으로 지원 로직을 최적화하는 방법을 찾는 경우다.

이러한 전환의 일반적인 전조 증상은 하위 도메인의 비즈니스 로직이 점점 더 복잡해지는 것이다. 정의에 따르면 지원 하위 도메인은 단순하며 주로 CRUD 인터페이스 또는 ETL 프로세스와 유사하다. 그러나 시간이 지남에 따라 비즈니스 로직이 더 복잡해진다면 복잡성이 증가한 이유가 있을 것이다. 회사의 이익에 영향을 미치지 않는다면 왜 더 복잡해질까? 이런 경우가 우발적 비즈니스 복잡성이다. 반면 회사의 수익성이 개선된다면 지원 하위 도메인이 핵심 하위 도메인이 될 징조다.

핵심에서 지원으로

핵심 하위 도메인은 시간이 지남에 따라 지원 하위 도메인으로 전환될 수 있다. 이는 하위 도메인의 복잡성이 정당화되지 않을 때 발생할 수 있다. 다시 말해, 복잡성에 비해 수익성이 없는 경우다. 이러한 경우 조직은 다른 하위 도메인의 개발을 지원하는 데 필요한 최소한의 로직만 남겨두고 불필요한 복잡성을 줄이기로 결정할 수 있다.

일반에서 지원으로

마지막으로, 핵심 하위 도메인과 같은 이유로 일반 하위 도메인이 지원 하위 도메인으로 바뀔 수 있다. BuyIT의 문서 관리 시스템 사례로 돌아가서, 회사가 오픈소스 솔루션과 통합 과정에서 복잡성 대비 얻는 이점을 정당화할 수 없다고 결정을 내려 다시 사내 개발 시스템에 의존했다고 가정해보자. 그 결과 일반 하위 도메인이 지원 하위 도메인으로 전환됐다.

방금 논의한 하위 도메인의 변경사항이 그림 11-1에 나와 있다.

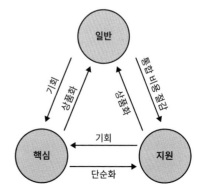

그림 11-1. 하위 도메인 유형의 변경 요인

전략적 설계 문제

하위 도메인 유형의 변경은 바운디드 컨텍스트에 직접적인 영향을 미치고 결과적으로 전략적 설계 의사결정에도 영향을 준다. 4장에서 배웠듯이 다양한 바운디드 컨텍스트 연동 패턴은 다양한 하위 도메인 유형을 수용한다. 예를 들어, 핵심 하위 도메인은 충돌 방지 계층을 사용해서 모델을 보호하고, 오픈 호스트 서비스를 사용하여 구현 모델의 빈번한 변경으로부터 사용자를 보호해야 한다.

이러한 변경의 영향을 받는 또 다른 통합 패턴은 분리형 노선이다. 앞서 봤듯이 지원 하위 도메인과 일반 하위 도메인에 이 패턴을 사용할 수 있다. 하위 도메인이 핵심 하위 도메인으로 변형되는 경우 여러 팀에서 해당 기능을 복제하는 것은 더 이상 허용되지 않는다. 따라서 해당 팀들은 그들의 솔루션을 이 핵심 하위 도메인과 연동할 수밖에 없다. 핵심 하위 도메인은 한 팀에서만 구현되기 때문에 이 경우 사용자-제공자 관계가 가장 적합하다.

구현 전략의 관점에서 핵심 하위 도메인과 지원 하위 도메인은 구현 방법이 다르다. 지원 하위 도메인은 외부에 위탁하거나 신규 입사자를 위한 '훈련용 도구'로 사용할 수 있다. 핵심 하위 도메인은 가능하면 도메인 지식의 원천에 최대한 가깝게 하기 위해 사내에서 구현해야 한다. 따라서 지원 하위 도메인을 핵심 하위 도메인으로 전환하면, 해당 솔루션은 사내에서 개발돼야 한다. 같은 논리가 반대로도 작동한다. 핵심 하위 도메인을 지원 하위 도메인으로 전환하면 사내 R&D 팀이 핵심 하위 도메인에 집중할 수 있도록 해당 솔루션 개발을 외부에 위탁할 수 있다.

전술적 설계 문제

하위 도메인의 유형 변경을 나타내는 주요 지표는 기존의 기술적 설계가 현재 비즈니스 요구를 지원할 수 없는 경우다.

지원 하위 도메인이 핵심 하위 도메인이 되는 예로 돌아가 보자. 지원 하위 도메인은 비즈니스 로직을 모델링하기 위해 비교적 단순한 디자인 패턴, 즉 트랜잭션 스크립트 또는 액티브 레코드 패턴으로 구현한다. 5장에서 봤듯이 이러한 패턴은 복잡한 규칙과 불변성을 가진 비즈니스 로직에는 적합하지 않다.

시간이 지남에 따라 복잡한 규칙과 불변성이 비즈니스 로직에 추가되면 코드베이스도 점점 더 복잡해질 것이다. 기존 설계가 이렇게 복잡한 로직을 지원하지 않아서 새로운 기능을 추가하는 것은 고통스러운 일이 된다. 이 '고통'은 중요한 신호다. 비즈니스 도메인과 설계 의사결정을 재평가하기 위한 신호가 된다.

구현 전략에 변화가 필요하다는 것은 두려운 것이 아니다. 이러한 변화는 자연스러운 일이다. 우리는 비즈니스가 앞으로 어떻게 발전할지 예측할 수 없다. 또한 모든 유형의 하위 도메인에 가장 정교한 디자인 패턴을 적용할 수도 없다. 그것은 낭비고 비효율적이다. 현 상황에서 가장 적합한 설계 방식을 선택하고 필요할 때 개선해야 한다.

비즈니스 로직을 모델링하는 방법을 의도적으로 결정하고, 가능한 모든 설계 옵션이 무엇인지 알고, 이들 사이의 차이점도 알고 있다면 현재 디자인 패턴에서 다른 디자인 패턴으로 마이그레이션하는 것도 어려운 일이 아니다. 다음 장에서 몇 가지 예를 보여주겠다.

트랜잭션 스크립트에서 액티브 레코드로

기본적으로 트랜잭션 스크립트와 액티브 레코드 패턴은 모두 절차지향 스크립트를 사용하여 비즈니스 로직을 구현한다. 그러나 이들은 자료구조를 모델링하는 방식에 차이가 있다. 액티브 레코드 패턴은 저장 장치에 매핑하면서 발생하는 복잡성을 자료구조를 사용하여 캡슐화한다.

결과적으로 트랜잭션 스크립트에서 데이터 작업이 어려워지면 그것을 액티브 레코드 패턴으로 리팩터링하자. 복잡한 자료구조를 찾아 액티브 레코드 객체에 캡슐화한다. 데이터베이스에 직접 접근하는 대신 액티브 레코드를 사용하여 모델과 구조를 추상화한다.

액티브 레코드에서 도메인 모델로

액티브 레코드를 조작하는 비즈니스 로직이 점점 더 복잡해지고 불일치 및 중복 사례가 많아진다면 도메인 모델 패턴으로 리팩터링하자.

밸류 오브젝트를 식별하는 것으로 시작하라. 불변 객체로 모델링할 수 있는 자료구조는 무엇일까? 관련된 비즈니스 로직을 찾아 밸류 오브젝트의 일부로 만들어라.

다음으로 자료구조를 분석하고 트랜잭션 경계를 찾아라. 모든 상태 수정 로직이 명시적임을 확인하려면 액티브 레코드 내부에서만 수정할 수 있게 모든 액티브 레코드의 세터(setter)를

private으로 만든다. 그러면 분명히 컴파일이 실패할 것이다. 하지만 컴파일 오류는 상태 수정 로직이 있는 위치를 명확하게 한다. 액티브 레코드의 경계로 리팩터링한다. 예를 들면 다음 코드와 같다.

```csharp
public class Player
{
  public Guid Id { get; set; }
  public int Points { get; set; }
}

public class ApplyBonus
{
  ...

  public void Execute(Guid playerId, byte percentage)
  {
    var player = _repository.Load(playerId);
    player.Points *= 1 + percentage/100.0;
    _repository.Save(player);
  }
}
```

다음 코드에서 변환하기 위한 첫 번째 단계를 볼 수 있다. 코드는 아직 컴파일되지 않았지만 오류가 발생하면 외부 컴포넌트가 객체 상태를 제어하는 위치를 명시적으로 보여준다.

```csharp
public class Player
{
  public Guid Id { get; private set; }
  public int Points { get; private set; }
}

public class ApplyBonus
{
  ...

  public void Execute(Guid playerId, byte percentage)
  {
```

```
    var player = _repository.Load(playerId);
    player.Points *= 1 + percentage/100.0;
    _repository.Save(player);
  }
}
```

다음 리팩터링 이터레이션에서는 액티브 레코드의 경계 내부로 해당 로직을 이동할 수 있다.

```
public class Player
{
  public Guid Id { get; private set; }
  public int Points { get; private set; }

  public void ApplyBonus(int percentage)
  {
    this.Points *= 1 + percentage/100.0;
  }
}
```

모든 상태 수정 비즈니스 로직이 그에 상응하는 객체의 경계 내부로 이동할 때 비즈니스 규칙과 불변성을 지속적으로 확인하기 위해서 어떤 계층이 필요한지 검토하라. 그것은 애그리게이트의 좋은 후보다. 6장에서 논의한 애그리게이트 설계 원칙을 염두에 두고 가장 작은 트랜잭션 경계, 즉 강한 일관성을 유지하는 데 필요한 최소 데이터를 찾아라. 해당 경계를 따라 계층을 분해하고, 외부 애그리게이트가 해당 ID로만 참조되게 한다.

마지막으로 각 애그리게이트에 대해 루트 또는 퍼블릭 인터페이스의 엔드포인트를 식별한다. 애그리게이트에 있는 다른 모든 내부 객체의 메서드를 private으로 만들어서 애그리게이트 내에서만 호출 가능하게 한다.

도메인 모델에서 이벤트 소싱 도메인 모델로

애그리게이트 경계가 적절하게 설계된 도메인 모델이 있으면 이벤트 소싱 모델로 전환할 수 있다. 애그리게이트의 데이터를 직접 수정하는 대신 애그리게이트의 수명주기를 나타내는 데 필요한 도메인 이벤트를 모델링한다.

도메인 모델을 이벤트 소싱 도메인 모델로 리팩터링할 때 가장 어려운 점은 기존 애그리게이트의 이력이다. 즉, '이력이 없는' 상태를 이벤트 기반 모델로 마이그레이션하는 것이다. 모든 과거 상태 변경을 나타내는 세분화된 데이터가 없기 때문에 최선의 방법으로 과거 이벤트를 생성하거나 마이그레이션 이벤트를 모델링해야 한다.

전환에 필요한 과거 이력 생성

이 방법은 각 애그리게이트를 위한 대략적인 이벤트 스트림을 생성해서, 변환된 모델이 생성된 이벤트 스트림을 프로젝션해서 원래 구현과 동일한 상태를 나타내게 한다. 표 11-1에 나와 있는 것처럼 7장에서 살펴본 예제를 생각해보라.

표 11-1. 애그리게이트 데이터의 상태 기반 표현 방식

lead-id	first-name	last-name	phone_number	status	last-contacted-on	order-placed-on	converted-on	followup-on
12	Shauna	Mercia	555-4753	converted	2020-05-27T 12:02:12.51Z	2020-05-27T 12:02:12.51Z	2020-05-27T 12:02:12.51Z	null

비즈니스 로직 관점에서 다음과 같이 애그리게이트의 인스턴스가 초기화되었다고 가정해보자. 그런 다음, 그 사람에게 연락이 와서 주문이 완료되었으며 마지막 상태가 'converted'이므로 주문에 대한 결제가 확인됐다. 다음의 이벤트 집합은 이러한 모든 가정을 나타낸다.

```
{
  "lead-id": 12,
  "event-id": 0,
  "event-type": "lead-initialized",
  "first-name": "Shauna",
  "last-name": "Mercia",
  "phone-number": "555-4753"
},
{
  "lead-id": 12,
  "event-id": 1,
  "event-type": "contacted",
  "timestamp": "2020-05-27T12:02:12.51Z"
},
```

```json
{
  "lead-id": 12,
  "event-id": 2,
  "event-type": "order-submitted",
  "payment-deadline": "2020-05-30T12:02:12.51Z",
  "timestamp": "2020-05-27T12:02:12.51Z"
},
{
  "lead-id": 12,
  "event-id": 3,
  "event-type": "payment-confirmed",
  "status": "converted",
  "timestamp": "2020-05-27T12:38:44.12Z"
}
```

이러한 이벤트를 하나씩 적용하면 원래 시스템에서와 같이 정확한 상태 표현 방식으로 프로젝션 할 수 있다. 'recovered' 이벤트는 상태를 반영하고 원본 데이터와 비교하여 쉽게 테스트할 수 있다.

그러나 이 접근 방식의 단점도 염두에 두는 것이 중요하다. 이벤트 소싱을 사용하는 목표는 애그리게이트의 도메인 이벤트에 대해 안정적이고 강한 일관성을 가진 이력을 보유하는 것이다. 그런데 이 같은 접근 방식을 사용하면 상태 전환의 전체 히스토리를 복구하는 것은 불가능하다. 앞의 예제에서 영업 담당자가 그 사람에게 연락한 횟수를 알지 못하므로 우리가 놓친 'contacted' 이벤트가 몇 개인지도 알 수 없다.

마이그레이션 이벤트 모델링

대안으로는 과거 이벤트에 대한 지식 부족을 인정하고, 명시적으로 이벤트를 모델링하는 방법이다. 현재 상태로 이어질 수 있는 모든 이벤트를 복구하는 대신 마이그레이션 이벤트를 정의하고 기존 애그리게이트 인스턴스의 이벤트 스트림을 초기화한다.

```json
{
  "lead-id": 12,
  "event-id": 0,
  "event-type": "migrated-from-legacy",
  "first-name": "Shauna",
```

```
  "last-name": "Mercia",
  "phone-number": "555-4753",
  "status": "converted",
  "last-contacted-on": "2020-05-27T12:02:12.51Z",
  "order-placed-on": "2020-05-27T12:02:12.51Z",
  "converted-on": "2020-05-27T12:38:44.12Z",
  "followup-on": null
}
```

이 방식의 장점은 과거 데이터의 부족함을 명확히 한다는 것이다. 즉, 어떤 단계에서 그 누구도 이벤트 스트림이 애그리게이트 인스턴스의 수명주기 동안 발생한 모든 도메인 이벤트를 포착한다는 잘못된 추측을 할 수 없다. 단점은 레거시 시스템의 흔적이 이벤트 스토어에 영원히 남는다는 것이다. 예를 들어, CQRS 패턴을 사용하는 경우(그리고 이벤트 소싱 도메인 모델을 사용하는 경우) 항상 마이그레이션 이벤트를 고려해서 프로젝션해야 한다.

조직 변화

시스템 설계에 영향을 줄 수 있는 또 다른 변화의 유형은 조직 자체의 변화다. 4장에서 파트너십, 공유 커널, 순응주의자, 충돌 방지 계층, 오픈 호스트 서비스, 분리형 노선과 같은 바운디드 컨텍스트 연동의 다양한 패턴을 살펴봤다. 조직 구조의 변화는 팀 의사소통 및 협업 수준에 영향을 미치고 결과적으로 바운디드 컨텍스트를 통합하는 방식에 영향을 준다.

그림 11-2와 같이 이러한 변화의 예시로 개발 센터의 성장을 들 수 있다. 바운디드 컨텍스트는 한 팀에서만 구현할 수 있으므로 새 개발팀을 추가하면 기존의 더 넓은 바운디드 컨텍스트 경계가 더 작게 분할되어 각 팀이 고유한 바운디드 컨텍스트에서 작업할 수 있다.

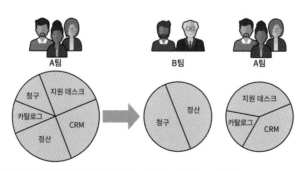

그림 11-2. 성장하는 엔지니어링 팀을 수용하기 위해 넓은 바운디드 컨텍스트로 분할

또한 개발 센터가 다양한 지역에 위치하기도 한다. 기존 바운디드 컨텍스트에 대한 작업이 다른 지역으로 이동하면 팀의 협업에 부정적인 영향을 줄 수 있다. 결과적으로 다음 시나리오에 설명한 대로 바운디드 컨텍스트의 연동 패턴이 그에 맞게 진화해야 한다.

파트너십에서 사용자-제공자로

파트너십 패턴은 팀 간의 강력한 의사소통과 협업을 전제로 한다. 시간이 지남에 따라 이런 전제가 없어질 수 있다. 예를 들어, 바운디드 컨텍스트 중 하나에 대한 작업이 멀리 위치한 개발 센터로 이동하는 경우다. 이러한 변화는 팀 의사소통에 부정적인 영향을 주며 파트너십 패턴에서 사용자-제공자 관계로 이동하는 것이 적절할 수 있다.

사용자-제공자에서 분리형 노선으로

안타깝게도 팀에 심각한 의사소통 문제가 생기는 일이 일어나기도 한다. 이런 문제는 지리적 거리나 조직 내부 정치로 인해 발생할 수 있다. 그렇게 되면 팀은 시간이 지남에 따라 점점 더 많은 통합 문제를 겪게 된다. 어떤 시점에서는 계속해서 서로의 꼬리를 쫓는 대신 기능을 복제하는 것이 더 비용 효과적일 수 있다.

도메인 지식

기억하겠지만, 도메인 주도 설계의 핵심 신조는 성공적인 소프트웨어 시스템을 설계하는 데 도메인 지식이 반드시 필요하다는 것이다. 소프트웨어 엔지니어링에서 도메인 지식을 습득하는 것은 특히 핵심 하위 도메인의 경우 가장 어려운 측면 중 하나다. 핵심 하위 도메인은 로직이 복잡할 뿐만 아니라 자주 변경될 것으로 예상된다. 또한 모델링은 지속적인 과정이다. 비즈니스 도메인에 대한 더 많은 지식을 습득함에 따라 모델을 개선해야 한다.

비즈니스 도메인의 복잡성은 잘 드러나지 않을 때가 많다. 처음에는 모든 것이 간단하고 쉬워 보인다. 초기의 단순함에 종종 현혹되기 쉬우나 순식간에 복잡하게 변한다. 기능이 추가됨에 따라 점점 더 많은 엣지 케이스, 불변성, 규칙이 발견된다. 이러한 통찰은 방해가 되기도 하며, 바운디드 컨텍스트, 애그리게이트, 기타 구현 상세의 경계를 포함하여 모델을 처음부터 다시 만들어야 한다.

전략적 설계 관점에서 볼 때 도메인 지식 수준에 따라 바운디드 컨텍스트의 경계를 설계하는 것은 유용한 휴리스틱이다. 시스템을 잘못된 바운디드 컨텍스트로 분해하면 시간이 지날수록 유지보수 비용이 증가한다. 따라서 도메인 로직이 불명확하고 자주 변경되는 경우 바운디드 컨텍스트를 더 넓은 경계로 설계하는 것이 합리적이다. 그런 다음 시간이 지남에 따라 도메인 지식이 발견되고 비즈니스 로직의 변경사항이 안정화됨에 따라 이러한 넓은 바운디드 컨텍스트는 더 좁은 바운디드 컨텍스트 또는 **마이크로서비스**로 분해될 수 있다. 바운디드 컨텍스트와 마이크로서비스 간의 상호작용에 대해서는 14장에서 더 자세히 논의할 것이다.

새로운 도메인 지식이 발견되면 이를 활용하여 설계를 발전시키고 회복성(resilience)[1]을 높여야 한다. 불행히도 도메인 지식의 변화가 항상 긍정적인 것은 아니다. 도메인 지식이 손실될 수 있기 때문이다. 시간이 지남에 따라 문서는 종종 부실해지고 원래 설계했던 사람들은 회사를 떠나고 새로운 기능이 임시변통으로 추가되기 시작하면 결국 코드베이스는 의심스러운 상태의 레거시 시스템이 되어 버리고 만다. 이러한 도메인 지식의 퇴보를 사전에 방지하는 것이 중요하다. 도메인 지식을 복구하는 효과적인 도구는 다음 장의 주제인 이벤트스토밍(EventStorming) 워크숍이다.

성장

성장은 시스템이 건강하다는 신호다. 새로운 기능이 지속해서 추가된다는 것은 시스템이 성공적이라는 신호다. 즉, 사용자에게 가치를 제공하고 사용자의 요구사항을 추가로 해결하고 경쟁 제품에 뒤지지 않게 확장한다는 뜻이다. 반대로 성장에는 어두운 면이 따라온다. 소프트웨어 프로젝트가 성장함에 따라 해당 코드베이스는 '커다란 진흙 덩어리'로 성장할 수 있다.

> *"커다란 진흙 덩어리는 엉터리 구조의 거대하고 허술한 와이어 무더기와 강력 접착 테이프 범벅의 스파게티 코드 정글[2]과도 같다. 이러한 시스템은 규제되지 않은 성장과 반복적이고 편의에 따른 수리의 명백한 징후를 보여준다."*
>
> *– 브라이언(Brian Foote)과 조셉(Joseph Yoder)[3]*

---

1 (옮긴이) 오류가 있어도 프로그램 수행을 계속할 수 있는 시스템의 능력
2 (옮긴이) 유지보수가 어려울 정도로 코드가 복잡해진 상태를 비유적으로 표현한 것
3 Brian Foote and Joseph Yoder, Big Ball of Mud, Fourth Conference on Patterns Languages of Programs (PLoP '97/EuroPLoP '97), Monticello, Illinois, September 1997. (http://www.laputan.org/mud/)

커다란 진흙 덩어리를 초래하는 규제 없는 성장은 설계의 의사결정을 재평가하지 않고 소프트웨어 시스템의 기능을 확장한 결과다. 성장은 구성요소의 경계를 허물고 점점 더 기능을 확장한다. 특히 많은 도메인 주도 설계 도구가 비즈니스 구성요소(하위 도메인), 모델(바운디드 컨텍스트), 불변성(밸류 오브젝트), 일관성(애그리게이트)과 같은 경계 설정에 관한 것이기 때문에 성장이 설계 의사결정에 미치는 영향을 조사하는 것은 중요하다.

성장에 따른 복잡성을 다루는 기본 원칙은 우발적 복잡성, 즉 오래된 설계의 결정으로 발생하는 복잡성을 식별하고 제거하는 것이다. 비즈니스 도메인의 본질적인 복잡성 또는 고유한 복잡성은 도메인 주도 설계 도구와 관행을 사용하여 관리해야 한다.

이전 장에서 DDD에 대해 논의할 때 먼저 비즈니스 도메인과 그 전략적 구성요소를 분석하고 비즈니스 도메인과 관련된 모델을 설계한 다음, 코드에서 해당 모델을 설계하고 구현하는 프로세스를 따랐다. 성장 중심의 복잡성을 다루기 위해 이와 동일한 과정을 적용해 보자.

하위 도메인

1장에서 논의한 것처럼 하위 도메인의 경계는 식별하기 어려울 수 있으며, 결과적으로 완벽한 경계를 찾기 위해 노력하는 대신 유용한 경계를 찾기 위해 노력해야 한다. 즉, 하위 도메인을 통해 다양한 비즈니스 가치의 구성요소를 식별하고 적절한 도구를 사용해서 솔루션을 설계하고 구현할 수 있어야 한다.

비즈니스 도메인이 성장함에 따라 하위 도메인의 경계가 훨씬 더 흐려질 수 있기에 여러 개로 세분화된 하위 도메인에 걸쳐 있는 하위 도메인은 식별하기가 더 어려워진다. 따라서 이미 식별된 하위 도메인을 다시 확인하고 응집된 유스케이스(동일한 데이터 집합에서 작동하는 유스케이스 집합)에서 휴리스틱을 활용하여 하위 도메인을 나누는 지점을 다시 식별하는 것이 중요하다(그림 11-3 참조).

그림 11-3. 성장을 수용하기 위해 하위 도메인 경계를 최적화

다양한 유형의 세분화된 하위 도메인을 식별할 수 있다면 비즈니스 도메인의 본질적인 복잡성을 관리할 수 있는 중요한 통찰력을 보여줄 수 있다. 하위 도메인과 해당 유형에 대한 정보가 정확할수록 각 하위 도메인에 대한 기술 솔루션을 효과적으로 선택할 수 있다.

추출하고 명시적으로 만들 수 있는 내부 하위 도메인을 식별하는 것은 핵심 하위 도메인에 특히 중요하다. 비즈니스 전략 관점에서 가장 중요한 부분에 노력을 투자할 수 있도록 항상 모든 하위 도메인에서 핵심 하위 도메인을 최대한 추출하는 것을 목표로 삼아야 한다.

바운디드 컨텍스트

3장에서 바운디드 컨텍스트 패턴을 통해 비즈니스 도메인의 다양한 모델을 사용할 수 있다는 것을 배웠다. "이것저것 다 잘하는 사람은 단 한 분야에서도 달인이 될 수 없다."라는 속담처럼 모델을 구축하는 대신 특정 문제 해결에 각각 초점을 맞춘 여러 모델을 만들 수 있다.

프로젝트가 발전하고 성장함에 따라 바운디드 컨텍스트가 초점을 잃고 다양한 문제와 관련된 로직이 늘어나는 것은 흔한 일이다. 그것은 우발적 복잡성이다. 하위 도메인과 마찬가지로 바운디드 컨텍스트의 경계를 때때로 다시 살펴보는 것은 중요하다. 특정 문제를 해결하는 데 초점을 맞춘 바운디드 컨텍스트를 추출하여 모델을 단순화할 수 있는 기회를 항상 찾아라.

성장은 기존의 암시적 설계 문제를 명확하게 만들 수 있다. 예를 들어, 많은 바운디드 컨텍스트가 시간이 지남에 따라 점점 '수다스러워'져서 다른 바운디드 컨텍스트를 호출하지 않고는 작업을 완료할 수 없게 되었음을 확인할 수 있다. 이는 비효율적인 모델의 강력한 신호일 수 있으며, 바운디드 컨텍스트의 경계를 재설계하여 바운디드 컨텍스트 각각의 자율성을 높여야 한다.

애그리게이트

6장에서 도메인 모델 패턴에 대해 논의할 때 애그리게이트의 경계를 설계하기 위해 다음의 원칙을 사용했다.

> 경험상 애그리게이트는 가능한 한 작게 유지하고, 비즈니스 도메인에서 강력하게 일관적인 상태를 유지해야 하는 객체만 포함한다.

시스템의 비즈니스 요구사항이 증가함에 따라 애그리게이트를 작게 유지한다는 원칙을 떠올리지 않고 이미 있는 애그리게이트에 새로운 기능을 배포하는 것이 '편할' 수 있다. 비즈니스 로직에 따라 강력하게 일관성을 유지할 필요가 없는 데이터까지 포함되면서 애그리게이트가 커진다면 이는 제거해야 하는 우발적 복잡성으로 봐야 한다.

비즈니스 기능을 전담 애그리게이트로 추출하면 원래 애그리게이트가 단순해질 뿐만 아니라 잠재적으로 해당 애그리게이트가 속한 바운디드 컨텍스트도 단순해진다. 이러한 리팩터링을 통해, 일단 드러나면 또 하나의 바운디드 컨텍스트로 추출해야 할 숨겨진 모델이 발견될 때가 많다.

결론

그리스의 철학자 헤라클레이토스(Heraclitus)의 유명한 말처럼, 우리 인생에서 영원한 것은 변화한다는 사실뿐이다. 기업도 예외가 아니다. 기업은 경쟁력을 유지하기 위해 끊임없이 진화하고 스스로를 재창조하기 위해 노력한다. 이러한 변화를 설계 프로세스의 최우선으로 다뤄야 한다.

비즈니스 도메인이 발전함에 따라 하위 도메인에 대한 변경사항을 식별하고 시스템 설계에서 조치를 취해야 한다. 과거의 설계 의사결정이 비즈니스 도메인과 하위 도메인의 현재 상태에 부합하는지 확인하라. 필요한 경우 현재 비즈니스 전략과 요구사항에 더 잘 맞게 설계를 발전시켜라.

조직 구조의 변화가 팀 간의 의사소통과 협력, 바운디드 컨텍스트를 통합하는 방식에 영향을 줄 수 있다는 점을 인식하는 것도 중요하다. 비즈니스 도메인에 대해 배우는 것은 계속 진행되는 과정이다. 시간이 지남에 따라 더 많은 도메인 지식이 발견되면, 그것을 전략적, 전술적 설계 의사결정을 발전시키는 데 활용해야 한다.

마지막으로 소프트웨어 성장은 원하는 유형의 변화지만, 올바르게 관리되지 않으면 시스템 설계와 아키텍처에 치명적인 영향을 줄 수 있다.

- 그러므로 하위 도메인의 기능이 확장되면 더 나은 설계 의사결정을 내릴 수 있도록 더 세분화된 하위 도메인 경계를 식별하려고 노력하라.
- '여러 방면에 다재다능한' 바운디드 컨텍스트가 되는 것을 허용하지 마라. 바운디드 컨텍스트에 포함된 모델이 특정 문제를 해결하는 데 중점을 두고 있는지 확인하라.
- 애그리게이트의 경계가 가능한 한 작은지 확인하라. 확실하게 일관된 데이터의 휴리스틱을 사용하여 비즈니스 로직을 새 애그리게이트로 추출할 가능성을 탐지하라.

이 주제에 대한 마지막 조언은 성장 주도 복잡성의 징후가 있는지 서로 다른 경계를 지속해서 확인하는 것이다. 우발적 복잡성을 제거하고 도메인 주도 설계 도구를 사용하여 비즈니스 도메인의 본질적 복잡성을 관리하라.

연습문제

1. 조직 성장으로 인해 자주 발생하는 바운디드 컨텍스트 연동의 변화는 무엇일까?

    a. 파트너십에서 사용자-제공자로(순응주의자, 충돌 방지 계층, 오픈 호스트 서비스)

    b. 충돌 방지 계층에서 오픈 호스트 서비스로

    c. 순응주의자에서 공유 커널로

    d. 오픈 호스트 서비스에서 공유 커널로

2. 바운디드 컨텍스트의 연동이 순응주의자 관계에서 분리형 노선으로 이동한다고 가정한다. 이러한 변화를 바탕으로 어떤 정보를 추론할 수 있을까?

    a. 개발팀은 협력하기 위해 고군분투했다.

    b. 중복 기능은 지원 하위 도메인 또는 일반 하위 도메인이다.

    c. 중복 기능은 핵심 하위 도메인이다.

    d. A와 B

    e. A와 C

3. 지원 하위 도메인이 핵심 하위 도메인으로 되는 증상은 무엇일까?

    a. 기존 모델을 발전시키고 새로운 요구사항을 구현하는 것이 더 쉬워진다.

    b. 기존 모델을 진화시키는 것은 고통스럽다.

    c. 하위 도메인이 더 높은 빈도로 변경된다.

    d. B와 C

    e. 위의 어느 것도 아니다.

4. 새로운 비즈니스 기회를 발견하면 어떤 변화가 발생할까?

    a. 지원 하위 도메인이 핵심 하위 도메인으로 바뀐다.

    b. 지원 하위 도메인이 일반 하위 도메인으로 바뀐다.

    c. 일반 하위 도메인이 핵심 하위 도메인으로 바뀐다.

    d. 일반 하위 도메인이 지원 하위 도메인으로 바뀐다.

    e. A와 B

    f. A와 C

5. 울프데스크(서문에 설명된 가상 회사)의 일반 하위 도메인 중 하나를 핵심 하위 도메인으로 전환할 수 있는 비즈니스 전략의 변화는 무엇일까?

12

이벤트 스토밍

이번 장에서는 소프트웨어 설계 패턴과 기법에 대한 논의를 잠시 멈추고, 대신 로우테크(low-tech)[1] 모델링 과정인 **이벤트스토밍(EventStorming)**에 집중한다. 그 과정에서 앞에서 배운 도메인 주도 설계의 핵심 측면도 함께 다룬다.

여기서는 이벤트스토밍의 진행 과정과 이벤트스토밍 워크숍을 진행하는 하는 법, 이벤트스토밍을 활용해 사실상 도메인 지식을 공유하고 유비쿼터스 언어를 구축하는 방법을 배운다.

이벤트스토밍이란?

이벤트스토밍은 사람들이 모여 비즈니스 프로세스에 관해 브레인스토밍하고 신속하게 모델링하기 위한 로우테크 활동이다. 어떤 의미에서 이벤트스토밍은 비즈니스 도메인 지식을 공유하기 위한 전술적 도구다.

이벤트스토밍에는 **범주(scope)**, 즉 참가자가 다룰 비즈니스 프로세스가 있다. 참가자는 포스트 잇을 활용하여 일련의 도메인 이벤트를 시간의 흐름에 따라 표현한다. 모델의 모든 구성요소가 비즈니스 프로세스의 작동 방식을 설명할 때까지 단계별로 액터, 커맨드, 외부 시스템 등의 개념을 모델에 추가하여 개선한다.

---

1 (옮긴이) 간단한 도구 또는 적은 비용으로 빠르고 쉽게 반복 수행하여 목적을 달성하는 접근법

누가 이벤트스토밍에 참석하나?

> *"워크숍의 목적은 짧은 시간에 가능한 한 많은 것을 배우는 것임을 명심하라. 워크숍에 초대된 핵심 참가자의 귀중한 시간을 낭비하지 않도록 해야 한다."*
>
> — 알베르토 브랜돌리니, 이벤트스토밍 워크숍의 창시자

워크숍에는 다양한 그룹의 사람이 참가하는 것이 제일 좋다. 해결하고자 하는 비즈니스 도메인에 관련된 엔지니어, 도메인 전문가, 제품 소유자, 테스터, UI/UX 디자이너, 지원 담당자 등 누구나 참석할 수 있다. 다양한 배경을 가진 사람이 많이 참여할수록 더 많은 지식이 발견된다.

다만 참가자의 규모가 너무 크지 않게 한다. 참가자가 10명 이상이 되면 모든 참가자가 과정에 기여하는 것이 어려워진다.

이벤트스토밍에 무엇이 필요한가?

이벤트스토밍은 펜과 종이(실제로 수많은 종이가 필요)만 사용하기 때문에 로우테크 워크숍으로 간주된다. 이벤트스토밍 세션을 진행하는 데 무엇이 필요한지 살펴보자.

모델링 공간

우선 큰 모델링 공간이 필요하다. 그림 12–1처럼 종이로 덮인 벽 전체가 가장 좋다. 큰 화이트보드도 좋지만 가능한 한 커야 한다. 결국, 구할 수 있는 모델링 공간은 전부 필요할 것이다.

포스트잇

다음으로, 색깔이 다양한 많은 양의 포스트잇이 필요하다. 포스트잇은 비즈니스 도메인의 다양한 개념을 표현하는 데 사용하며, 모든 참가자가 자유롭게 메모를 추가하기 때문에 모두가 사용할 만큼 충분한 색과 양의 포스트잇을 준비한다. 다음 절에 일반적으로 이벤트스토밍에 사용되는 색에 대한 설명이 있다. 현재 가용한 이벤트스토밍 책 및 교육과 일관성을 유지하려면 가능한 한 이런 규약을 따르는 것이 좋다.

마커

포스트잇에 적을 때 쓸 마커가 필요하다. 지식 공유가 어렵지 않게 모든 참가자에게 필요한 만큼의 충분한 마커를 준비한다.

간식

일반적인 이벤트스토밍 세션은 두 시간에서 네 시간 정도 진행된다. 그러므로 에너지 보충을 위해 건강한 간식을 준비한다.

회의실

마지막으로, 넓은 회의실이 필요하다. 참가자가 자유롭게 이동하고 모델링 공간을 관망할 수 있게 회의실 가운데는 큰 테이블을 두지 않는다. 또한 이벤트스토밍 세션 중 참가자가 구석에 앉아 있지 않고 활발하게 세션에 참여하고 지식을 공유할 수 있게 의자도 가능하면 회의실 밖으로 치운다[2].

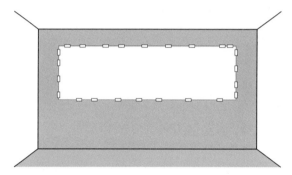

그림 12-1. 이벤트스토밍을 위한 모델링 공간

이벤트스토밍 과정

이벤트스토밍 워크숍은 일반적으로 10단계로 진행된다. 각 단계마다 정보와 개념을 모델에 추가하여 모델을 풍성하게 한다.

1단계: 자유로운 탐색

이벤트스토밍은 탐색하려는 비즈니스 도메인에 관련된 **도메인 이벤트**(domain event)를 브레인스토밍하는 것으로 시작한다. 도메인 이벤트는 이미 발생한 일을 설명하므로 과거형으로 작성하는 것이 중요하다(그림 12-2 참조).

---

2 물론, 여기에도 예외는 있다. 참가자 중에 오랫동안 서 있기 힘든 사람이 있다면 의자 몇 개는 남겨 놓는다.

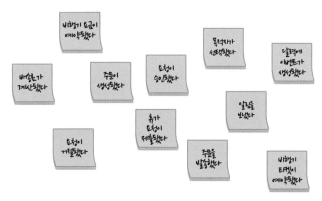

그림 12-2. 자유로운 탐색

이 단계에서 모든 참가자는 오렌지 색 포스트잇에 무엇이든 떠오르는 도메인 이벤트를 적어서 모델링 공간에 붙인다.

초기 단계에는 이벤트의 순서나 중복에 대해 걱정할 필요가 없다. 이 단계는 비즈니스 도메인에서 발생할 수 있는 것들을 브레인스토밍한다.

새로운 이벤트를 추가하는 속도가 현저히 느려질 때까지 계속해서 도메인 이벤트를 생성한다.

2단계: 타임라인

다음으로, 참가자는 생성된 도메인 이벤트를 읽어보고 그것을 비즈니스 도메인에서 발생하는 순서대로 정리한다.

성공적인 비즈니스 시나리오를 설명하는 흐름인 '정상 시나리오(happy path scenario)'부터 시작한다. 일단 '정상 시나리오'가 끝나면 다른 시나리오를 추가한다. 예를 들어, 에러가 발생하는 경로나 다른 비즈니스 의사결정을 내린 경우가 그렇다. 분기 흐름은 그림 12-3에서처럼 앞의 이벤트에서 두 개의 흐름 또는 화살표로 표현한다.

그림 12-3. 자유로운 탐색

또한 잘못된 이벤트를 수정하고 중복을 제거하며, 물론 필요할 경우 빠뜨린 이벤트도 추가한다.

3단계: 고충점

일단 시간 순서대로 이벤트를 구성했으면 전체 구성을 보고 프로세스에서 주목할 만한 포인트를 식별한다. 예를 들어, 병목구간, 자동화가 필요한 수작업 단계, 문서가 사라졌거나 도메인 지식이 없는 경우다.

이벤트스토밍 세션 과정에서 이런 포인트로 쉽게 돌아오거나 나중에 다시 다룰 수 있도록 이와 같은 비효과적인 것들을 명확하게 표시하는 것이 중요하다. 고충점은 그림 12-4에서처럼 핑크색 포스트잇을 돌려서 다이아몬드 형태로 표시한다.

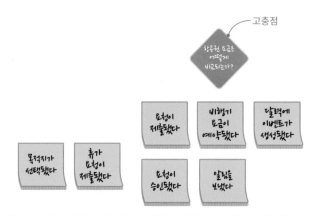

그림 12-4. 프로세스에서 주목할 만한 관점을 표시하는 다이아몬드 형태의 핑크색 포스트잇: 예약 프로세스에서 항공권 요금이 어떻게 비교되는지에 관한 사라진 도메인 지식

물론 이 단계에서만 고충점을 추적하는 것은 아니다. 진행자는 이벤트스토밍의 전 과정에서 참가자의 코멘트에 주목하고 이슈나 관심사가 나오면 고충점으로 기록한다.

4단계: 중요 이벤트

일단 이벤트 타임라인에 고충점을 기록했으면 컨텍스트나 국면이 바뀌는 것을 나타내는 중대한 비즈니스 이벤트를 찾는다. 이를 **중요 이벤트(pivotal event)**라고 하며, 이 이벤트 전후로 세로로 선을 긋는다.

예를 들어, 그림 12-5에서처럼 '쇼핑 카트가 초기화됐다', '주문이 생성됐다', '주문이 발송됐다', '주문이 배달됐다', '주문이 반품됐다'는 주문 과정에서 발생하는 중요한 상황 변화를 나타낸다.

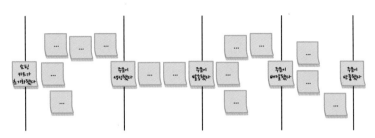

그림 12-5. 이벤트 흐름에서 컨텍스트 변경을 나타내는 중요 이벤트

이와 같은 중요 이벤트는 향후 바운디드 컨텍스트의 후보가 된다.

5단계: 커맨드

도메인 이벤트가 이미 발생한 것을 설명하는 반면, 커맨드는 무엇이 이벤트 또는 이벤트의 흐름을 시작하게 하는지를 설명한다. 커맨드는 시스템의 오퍼레이션을 설명하고 도메인 이벤트와는 반대로 명령형으로 작성한다. 다음 예시를 보자.

- 캠페인을 게시한다
- 트랜잭션을 롤백한다
- 주문을 제출한다

커맨드는 파란색 포스트잇에 작성해서 커맨드가 생성하는 이벤트 앞에 붙인다. 특정 역할을 담당하는 액터가 특정 커맨드를 실행하면 그림 12-6에서처럼 그 액터 정보를 작은 노란색 포스트잇에 적어서 붙인다. 액터는 고객, 관리자, 편집자처럼 비즈니스 도메인 내의 사용자 페르소나[3]를 나타낸다.

당연히 모든 커맨드가 액터와 연관되는 것은 아니다. 그러므로 분명한 곳에만 액터 정보를 추가한다. 다음 장에서는 커맨드를 시작하는 추가적인 엔티티를 모델에 담을 것이다.

---

3 (옮긴이) 제공하는 서비스 혹은 프로덕트의 사용자를 대표하는 가상의 인물

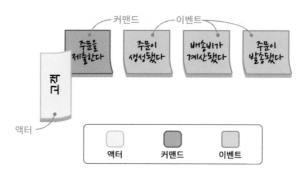

그림 12-6. 고객(액터)이 '주문을 제출한다' 커맨드를 실행한 후, 이어서 '주문이 생성됐다', '배송비가 계산됐다', '주문이 발송됐다' 이벤트가 생성된다.

6단계: 정책

대부분의 경우 커맨드에는 관련된 액터가 없다. 이 단계에서는 커맨드를 실행할 수도 있는 자동화 정책을 찾는다.

자동화 정책(automation policy)은 이벤트가 커맨드의 실행을 시작하는 시나리오다. 다시 말하면, 커맨드는 특정 도메인 이벤트가 발생할 때 자동으로 실행된다.

그림 12-7에 표현된 '정책' 포스트잇과 같이 정책은 모델링 공간에 보라색 포스트잇으로 표현해서 이벤트와 커맨드를 연결한다.

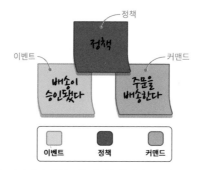

그림 12-7. '배송이 승인됐다' 이벤트가 나타날 때 '주문을 배송한다' 커맨드를 실행하는 자동화 정책

어떤 의사결정 조건이 만족할 때만 문제의 커맨드를 시작해야 한다면 그 의사결정 조건을 정책 포스트잇에 명시한다. 예를 들어, '불만이 접수됐다' 이벤트 이후에 '상부보고(escalate)' 커맨드를 시작해야 하지만 VIP 고객으로부터 접수된 불만인 경우에 한정된다면 'VIP 고객에 한함'이라는 조건을 정책 포스트잇에 명시한다.

모델링 공간에서 이벤트와 커맨드가 멀리 떨어져 있다면 화살표를 그려서 연결할 수 있다.

7단계: 읽기 모델

읽기 모델은 도메인에서 액터가 커맨드를 실행하는 의사결정을 내릴 때 사용하는 시각적 데이터다. 이것은 시스템의 스크린, 리포트, 알림 등이 될 수 있다.

읽기 모델은 녹색 포스트잇(그림 12-8의 '쇼핑 카트' 포스트잇 참조)에 액터의 의사결정을 돕는데 필요한 정보의 원천에 대해 짧게 설명한다. 액터가 이 읽기 모델을 본 후에 커맨드를 실행하므로 모델링 공간에서 커맨드 앞에 읽기 모델을 둔다.

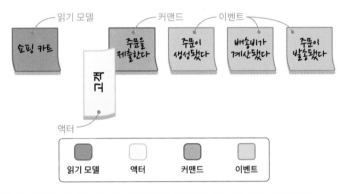

그림 12-8. 고객(액터)이 주문(커맨드)을 제출하는 의사결정을 위해 필요한 '쇼핑 카트' 뷰(읽기 모델)

8단계: 외부 시스템

이 단계에서는 외부 시스템 연동 정보를 보강한다. 탐색 중인 도메인에 포함되지 않는 모든 시스템이 외부 시스템에 해당된다. 외부 시스템이 커맨드를 실행할 수도 있고(입력) 반대로 알림을 이벤트로 만들어 외부 시스템으로 전달할 수도 있다(출력).

외부 시스템은 핑크색 포스트잇으로 표시한다. 그림 12-9에서 CRM(외부 시스템)은 '주문을 배송한다' 커맨드의 실행을 시작한다. 배송이 승인되면(이벤트) 정책을 통해 CRM(외부 시스템)과 통신한다.

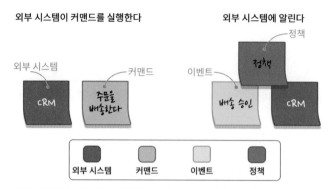

그림 12-9. 커맨드의 실행을 시작하는 외부 시스템(왼쪽)과 외부 시스템에 전달되는 이벤트의 승인(오른쪽)

이 단계가 끝나면 모든 커맨드는 액터 또는 정책에 의해서 실행되거나 외부 시스템이 호출하여 실행된다.

9단계: 애그리게이트

일단 모든 이벤트와 커맨드가 표현되면 참가자는 애그리게이트의 개념을 포함하여 모델을 구성할 수 있다. **애그리게이트**는 커맨드를 받고 이벤트를 생성한다.

애그리게이트는 그림 12-10처럼 큼지막한 노란색 포스트잇으로 표현하고 왼쪽에 커맨드를 두고 오른쪽에 이벤트를 둔다.

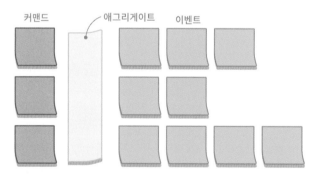

그림 12-10. 애그리게이트에 구성된 커맨드와 이벤트

10단계: 바운디드 컨텍스트

이벤트스토밍 세션의 마지막 단계에서는 서로 연관된 애그리게이트를 찾는다. 애그리게이트는 기능이 밀접하게 연관되거나 정책을 통해 연관될 수 있다. 그림 12-11에 나타낸 것처럼 애그리게이트의 그룹은 바운디드 컨텍스트 경계의 자연스러운 후보가 된다.

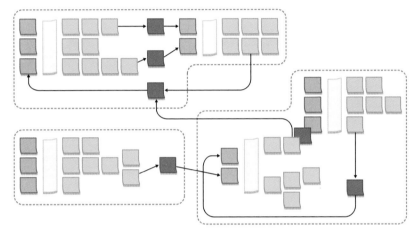

그림 12-11. 시스템을 바운디드 컨텍스트로 분리한 예시

변형

이벤트스토밍의 창시자 알베르토 브랜돌리니는 이벤트스토밍의 진행 과정을 반드시 따라야 하는 고정된 규칙이 아니라 가이드라고 했다. 즉, 여러분의 상황에 잘 맞는 비법을 찾기 위해 진행 과정에 대해 자유롭게 실험해도 좋다.

필자는 이벤트스토밍을 처음 도입하는 경우, 1단계 '무작위 탐색'부터 4단계 '중요 이벤트'를 진행해서 비즈니스 도메인의 큰 그림을 탐색하는 것을 선호한다. 그러면 도출된 모델에서 회사의 비즈니스 도메인을 폭넓게 다루게 되고, 유비쿼터스 언어를 구축하는 강력한 토대가 만들어지며, 바운디드 컨텍스트 경계의 윤곽을 그릴 수 있다.

큰 그림을 그리고 다양한 비즈니스 프로세스를 식별했다면 계속해서 개별 비즈니스 프로세스를 전담으로 다루는 이벤트스토밍 세션을 진행한다. 이번에는 모든 단계를 적용해서 완전한 프로세스를 모델링한다.

모든 이벤트스토밍 세션이 끝나면 비즈니스 도메인의 이벤트, 커맨드, 애그리게이트, 바운디드 컨텍스트 후보를 포함한 모델을 얻게 된다. 그러나 이것은 보너스에 불과하다. 이벤트스토밍 세션의 진짜 가치는 다양한 이해관계자 간의 지식 공유, 비즈니스와 멘탈 모델의 일치, 충돌하는 모델의 발견, 그리고 유비쿼터스 언어를 구축하는 과정 그 자체에 있다.

도출된 모델은 이벤트 소싱 도메인 모델을 구현하는 기반이 된다. 다만 당면한 비즈니스 도메인에 따라 의사결정을 해야 한다. 이벤트 소싱 도메인 모델을 구현하기로 결정했다면 이미 바운디드 컨텍스트와 애그리게이트, 그리고 물론 필요한 도메인 이벤트의 청사진도 이미 확보한 것이다.

이벤트스토밍을 사용하는 경우

다음과 같은 다양한 이유에서 워크숍이 필요할 수 있다.

유비쿼터스 언어 구축하기

그룹에서 비즈니스 프로세스 모델을 구축할 때 본능적으로 용어를 통일하고 동일한 언어를 사용하기 시작한다.

비즈니스 프로세스 모델링하기

이벤트스토밍 세션은 비즈니스 프로세스 모델을 구축하는 데 효과적인 방법이다. 이것은 DDD를 지향하는 구성요소에 기반하기 때문에 애그리게이트와 바운디드 컨텍스트의 경계를 발견하는 데 효과적인 방법이다.

새로운 비즈니스 요구사항 탐색하기

모든 참가자가 새로운 기능에 대해 같은 생각을 공유하게 하거나 비즈니스 요구사항에서 다루지 않는 극단적인 경우를 발견하는 데 이벤트스토밍을 사용한다.

도메인 지식 복구하기

시간이 지나면서 도메인 지식은 손실된다. 이는 현대화가 필요한 레거시 시스템에서 특히 심하다. 이벤트스토밍은 모든 참가자의 지식을 모아서 하나의 응집된 그림으로 만드는 효과적인 방법이다.

존재하는 비즈니스 프로세스의 개선 방법 탐색하기

비즈니스 프로세스를 엔드-투-엔드 관점에서 바라보면 효과적이지 못한 부분을 발견하고 프로세스를 개선할 기회를 얻을 수 있다.

새로운 팀원의 훈련

새로운 팀원과 함께 이벤트스토밍 세션을 진행하는 것은 도메인 지식을 확장하는 좋은 방법이다.

이벤트스토밍을 언제 사용할지 외에, 사용하지 말아야 할 경우를 언급하는 것도 중요하다. 검토 중인 비즈니스 프로세스가 비즈니스 로직이나 복잡성이 없고, 일련의 순차적 단계만을 수행하는 등 단순하거나 명백한 경우에는 이벤트스토밍이 그리 성공적이지 못할 것이다.

진행 팁

이벤트스토밍을 처음 해보는 그룹을 대상으로 진행할 때는 시작할 때 진행 개요를 빠르게 소개 한다. 개인적으로 진행할 때는 하려는 것, 탐구할 비즈니스 프로세스, 워크숍에서 사용할 모델링 요소 등을 설명한다. 그림 12-12에서처럼 참가자들이 도메인 이벤트, 커맨드, 액터 등 모델링 요소에 부여된 색 코드를 기억하기 쉽게 포스트잇을 사용해서 레이블을 단다. 범례는 워크숍이 진행되는 동안에 모든 참가자가 볼 수 있어야 한다.

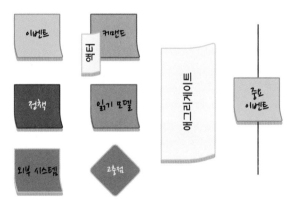

그림 12-12. 이벤트스토밍 프로세스의 다양한 요소를 연관된 포스트잇에 작성해서 나타낸 범례

활력도 살피기

워크숍 진행 중에 참가자의 활력을 살펴보는 것이 중요하다. 그룹 활동의 활발함이 떨어지면 질 문을 던져서 과정을 북돋거나 워크숍의 다음 단계로 넘어갈지를 결정한다.

이벤트스토밍은 그룹 활동이라는 것을 기억하자. 모든 참가자가 모델링 활동과 논의에 참여할 기회를 갖게 해야 한다. 일부 참가자가 수줍어한다면 진행 중인 모델링에 대해 질문을 던져서 과정에 참여하도록 유도해본다.

이벤트스토밍은 집중적인 활동이기 때문에 휴식이 필요하다. 휴식 후 다시 시작할 때는 회의실에 모든 참가자가 돌아오기 전에 세션을 시작하지 않는다. 시작할 때는 현재까지 진행된 모델링을 리뷰해서 모든 참가자가 협력적인 모델링 분위기로 돌아오게 돕는다.

원격 이벤트스토밍

이벤트스토밍은 같은 회의실에 모여서 상호작용하면서 배우는 로우테크 활동으로 설계됐다. 창시자인 알베르토 브랜돌리니는 원격으로 이벤트스토밍을 진행하는 것을 반대했다. 참가자가 모여 있지 않다면 원하는 수준의 참여를 할 수 없어서 협업과 지식 공유가 어렵기 때문이다.

그러나 2020년 코로나(COVID-19) 대유행으로 인해 대면 미팅이 불가능해지고 의도한 대로 이벤트스토밍을 할 수 없게 됐다. 원격으로 이벤트스토밍 세션을 진행하고 협업을 돕는 몇몇 도구가 등장했다. 그중에서 책을 쓰는 시점에 주목할 만한 서비스로 miro.com이 있다. 온라인으로 이벤트스토밍을 할 때는 커뮤니케이션 효과가 다소 떨어지는 점을 고려하여 좀 더 참을성을 가져야 한다.

또한 경험상 원격 이벤트스토밍 세션은 참가자의 수가 적을 때 더욱 효과적이다. 대면 이벤트스토밍 세션에서는 10명 정도 참여할 수 있지만 온라인 세션에서는 5명 정도로 제한하는 것이 낫다. 그보다 더 많은 참가자가 지식 공유를 해야 한다면 세션을 나누어 진행한 후 각각의 결과를 비교해서 취합된 모델을 만든다.

여건이 허락된다면 다시 대면 이벤트스토밍으로 돌아간다.

결론

이벤트스토밍은 협업을 통해 비즈니스 프로세스를 모델링하는 워크숍이다. 도출된 모델 외에도 지식 공유라는 중요한 이점을 얻을 수 있다. 세션이 끝나면 모든 참가자는 비즈니스 프로세스의 멘탈 모델을 일치시키고 유비쿼터스 언어를 사용하기 위한 첫발을 떼게 된다.

이벤트스토밍은 자전거를 타는 것과 같다. 책을 읽는 것보다 타면서 배우는 것이 훨씬 쉽다. 워크숍은 재미있고 진행하기 쉽다. 이벤트스토밍을 시작하기 위해 전문가가 될 필요는 없다. 단지 세션을 진행하고 단계를 따라가는 과정을 통해서 배우면 된다.

연습문제

1. 이벤트스토밍 세션에 참여해야 할 사람은?

   a. 소프트웨어 엔지니어

   b. 도메인 전문가

   c. QA 엔지니어

   d. 탐구하려는 비즈니스 도메인의 지식을 가진 모든 이해관계자

2. 이벤트스토밍 세션을 진행하기에 좋은 기회는 어떤 것인가?

   a. 유비쿼터스 언어를 구축하려고 할 때

   b. 새로운 비즈니스 도메인을 탐구할 때

   c. 브라운필드 프로젝트에서 손실된 지식을 복구하려고 할 때

   d. 새로운 팀원을 소개하려고 할 때

   e. 비즈니스 프로세스를 최적화하는 방법을 찾고자 할 때

   f. 위의 모든 답이 옳다.

3. 이벤트스토밍 세션에서 기대할 수 있는 결과는?

   a. 비즈니스 도메인에 대한 더 나은 공유된 지식

   b. 유비쿼터스 언어를 위한 강력한 기반

   c. 비즈니스 도메인 이해에서 공백 발견

   d. 도메인 모델을 구현하는 데 사용되는 이벤트 기반 모델

   e. 위 답변 모두. 그러나 세션의 목적에 따라 다름.

13

실무에서의 도메인 주도 설계

지금까지 비즈니스 도메인을 분석하고 지식을 공유하며 전략적, 전술적 설계 의사결정을 내리기 위한 도메인 주도 설계 도구를 배웠다. 이 지식을 실제로 적용하는 것이 얼마나 재미있을지 상상해보라. 여러분이 그린필드 프로젝트[1]에 참여하고 있다고 생각해 보자. 동료 모두 도메인 주도 설계를 잘 알고 있으며, 처음부터 효과적인 모델을 설계하기 위해 최선을 다하고 있고 유비쿼터스 언어를 열심히 사용한다. 프로젝트가 진행됨에 따라 바운디드 컨텍스트의 경계가 명확해지고 비즈니스 도메인 모델을 효과적으로 보호할 수 있다. 마지막으로 전술적 설계의 결정이 모두 비즈니스 전략과 일치하므로 코드베이스는 항상 훌륭한 상태를 유지한다. 코드베이스는 유비쿼터스 언어를 사용해서 모델의 복잡성을 수용하는 디자인 패턴을 구현한다. 이제 꿈에서 깨어나보자.

방금 설명한 실험실 조건을 직접 경험할 기회를 얻기는 복권에 당첨될 확률과 비슷할 정도로 쉽지 않다. 물론 가능하지만 가능성은 희박하다. 안타깝게도 많은 사람들이 도메인 주도 설계가 팀의 모든 사람이 DDD 전문가인 이상적인 조건에서 그린필드 프로젝트에만 적용할 수 있다고 잘못 생각한다. 역설적이게도 DDD의 혜택을 가장 많이 받을 수 있는 프로젝트는 브라운필드 프로젝트[2]다. 이는 이미 비즈니스 가능성을 입증했고 축적된 기술 부채와 설계 엔트로피에 맞서 대대적인 변화가 필요한 프로젝트를 말한다. 공교롭게도 소프트웨어 엔지니어는 경력의 대부분을 이러한 브라운필드, 레거시, 커다란 진흙 덩어리 코드베이스에서 보낸다.

---

1 (옮긴이) https://en.wikipedia.org/wiki/Greenfield_project
2 (옮긴이) https://en.wikipedia.org/wiki/Brownfield_(software_development)

DDD에 대한 또 다른 일반적인 오해는 이 방법론이 제공하는 모든 도구를 적용해야 하고, 그렇지 않으면 도메인 주도 설계가 아니라는 '모 아니면 도' 식의 명제다. 이건 사실이 아니다. 실무에서 구현은커녕 이러한 개념을 모두 파악하는 것은 엄청난 일로 보인다. 다행히 도메인 주도 설계에서 가치를 얻기 위해 모든 패턴을 실무에 적용할 필요는 없다. 적당한 기간 안에, 특히 브라운필드 프로젝트에 모든 DDD 패턴을 적용하고 실무에 도입하는 것은 실질적으로 불가능한 일이다.

이번 장에서는 브라운필드 프로젝트와 이상적이지 않은 환경에서 실제로 도메인 주도 설계 도구와 패턴을 적용하기 위한 전략을 배운다.

전략적 분석

실무에 도메인 주도 설계 패턴을 적용하는 순서에 따라 DDD를 도입하는 가장 좋은 출발점은 조직의 비즈니스 전략과 시스템 아키텍처의 현 상황을 이해하는 데 시간을 투자하는 것이다.

비즈니스 도메인 이해하기

먼저 회사의 비즈니스 도메인을 파악한다.

- 조직의 비즈니스 도메인은 무엇인가?
- 고객은 누구인가?
- 조직이 고객에게 제공하는 서비스 또는 가치는 무엇인가?
- 경쟁 회사 또는 그들의 제품은 무엇인가?

이 질문에 답하면 회사의 전반적인 목표에 대한 조감도를 얻을 수 있다. 다음으로 도메인을 확대해서 조직이 상위 목표인 하위 도메인을 달성하기 위해 사용하는 비즈니스 구성요소를 찾는다.

가장 먼저 활용할 만한 휴리스틱은 회사의 조직도, 즉 부서와 기타 조직 단위다. 회사가 비즈니스 도메인에서 경쟁하기 위해 조직 단위들이 어떻게 협력하는지 조사하라.

또한 특정한 유형의 하위 도메인의 신호를 찾아라.

핵심 하위 도메인

회사의 핵심 하위 도메인을 식별하려면 경쟁업체와 차별화되는 점을 찾아라.

- 경쟁업체에 없는 회사의 '비법 소스'는 무엇인가? 예를 들면, 특허와 같은 지적 재산과 자체 설계한 알고리즘이 있는가?

- 경쟁 우위인 핵심 하위 도메인이 반드시 기술적인 것은 아니라는 점을 명심하라. 회사가 비기술적 경쟁 우위를 가지고 있는가? 예를 들어, 최고 수준의 직원을 고용하거나 독특한 예술적 디자인을 할 수 있는 능력이 있는가?

핵심 하위 도메인을 식별하는 또 하나의 강력하지만 유감스러운 휴리스틱은 최악으로 설계된 소프트웨어 컴포넌트, 즉 커다란 진흙 덩어리를 찾아내는 것이다. 이 커다란 진흙 덩어리는 모든 엔지니어가 싫어하지만 회사 측에서도 비즈니스 위험이 수반되기 때문에 처음부터 소스코드를 다시 작성하는 것을 꺼린다. 여기서 핵심은 레거시 시스템을 상용 시스템으로 대체할 수 없다는 것이며(일반 하위 도메인이 됨), 이를 수정하면 비즈니스 위험이 수반된다.

일반 하위 도메인

일반 하위 도메인을 식별하려면 상용 솔루션이나 구독 서비스, 또는 연동할 수 있는 오픈소스 소프트웨어를 찾아라. 1장에서 배운 것처럼 이미 만들어진 동일한 솔루션을 경쟁 회사에서도 사용할 수 있어야 하며, 같은 솔루션을 사용하더라도 회사의 비즈니스에 영향을 미치지 않아야 한다.

지원 하위 도메인

지원 하위 도메인을 식별하려면 상용 솔루션으로 대체할 수 없지만 직접 경쟁 우위를 제공하지 않는 나머지 소프트웨어 컴포넌트를 찾아라. 코드는 뒤죽박죽되어 있어도 자주 변경되지 않기 때문에 소프트웨어 엔지니어의 감정을 덜 자극한다. 따라서 최적이 아닌 소프트웨어 설계로 인한 영향은 핵심 하위 도메인만큼 심각하지 않다.

모든 핵심 하위 도메인을 식별할 필요는 없다. 이는 중견기업이더라도 현실적으로 불가능하다. 대신 전체 구조를 식별하되, 개발 중인 소프트웨어 시스템과 가장 관련 있는 하위 도메인에 더 주의를 기울여라.

현재 설계 탐색

문제 도메인에 한 번 익숙해지면 그것의 솔루션 및 설계와 관련된 결정을 계속 살펴볼 수 있다. 먼저 상위 수준 컴포넌트부터 시작하라. 이는 DDD에서 말하는 바운디드 컨텍스트일 필요는 없으며, 비즈니스 도메인을 하위 시스템으로 분해하는 데 사용하는 경계를 의미한다.

먼저 컴포넌트의 특성 중 수명주기를 분리할 수 있는지 찾아라. 하위 시스템이 같은 소스 관리 저장소(하나의 리포지토리)에서 관리되거나 모든 컴포넌트가 하나의 모놀리식 코드베이스에 있는 경우에도 어느 것이 다른 컴포넌트와 독립적으로 개선되고 테스트되고 배포될 수 있는지 확인하라.

전술적 설계 평가

각 상위 수준 컴포넌트에 대해 그것이 어느 비즈니스 하위 도메인을 포함하고 어떤 기술적 설계 의사결정을 내렸는지 확인하라. 비즈니스 로직을 구현하고 컴포넌트의 아키텍처를 정의하는 데 어느 패턴을 사용했는가?

해당 솔루션이 문제가 가지고 있는 복잡성을 해결하기에 적합한가? 더 정교한 설계 패턴이 필요한 영역이 있는가? 반대로 비용을 절약할 수 있는 방법이나 기존 상용 솔루션을 사용할 수 있는 하위 도메인이 있는가? 이 정보를 사용하여 좀 더 현명한 전략적, 전술적 의사결정을 내려보자.

전략적 설계 평가

상위 수준 컴포넌트에 대한 지식을 사용하여 이러한 컴포넌트가 바운디드 컨텍스트인 것처럼 현재 설계의 컨텍스트 맵을 차트로 표시하라. 그리고 바운디드 컨텍스트 연동 패턴 관점에서 컴포넌트 간의 관계를 식별하고 추적하라.

마지막으로 결과 컨텍스트 맵을 분석하고 도메인 주도 설계 관점에서 아키텍처를 평가하라. 최적이 아닌 전략적 설계 의사결정이 있을까? 예를 들어보자.

- 동일한 상위 수준의 컴포넌트에 대해 작업하는 여러 팀
- 핵심 하위 도메인의 중복 구현
- 하청 회사가 핵심 하위 도메인을 구현
- 자주 실패하는 연동으로 인한 마찰
- 외부 서비스와 레거시 시스템에서 확산되는 어색한 모델

이러한 통찰력은 설계 현대화 전략을 계획하기 위한 좋은 출발점이다. 그러나 문제(비즈니스 도메인)와 솔루션(현재 설계) 영역 모두에 대한 더욱 심층적인 지식이 주어지면 손실된 도메인 지식을 먼저 찾아라. 11장에서 논의한 것처럼 비즈니스 도메인에 대한 지식은 다양한 이유로 손실될 수 있다. 비즈니스 로직이 복잡하고 비즈니스상 중요한 핵심 하위 도메인에서는 이러한 문제가 광범위하고 심각하다. 이러한 상황이 발생하면 이벤트스토밍 세션을 진행해서 지식을 다시 복구하도록 시도하라. 또한 이벤트스토밍 세션을 유비쿼터스 언어를 만드는 기회로 이용하라.

현대화 전략

엔지니어가 시스템을 처음부터 다시 작성하려고 하는 '대대적인 재작성(big rewrite)' 노력은 거의 성공하지 못한다. 전체 시스템을 처음부터 다시 올바르게 설계하고 구현하기란 매우 어렵다. 또한 경영진이 이러한 아키텍처의 변신을 지원하는 경우도 정말 드물다.

기존 시스템의 설계를 개선하기 위한 좀 더 안전한 접근 방식은 크게 생각하되 작게 시작하는 것이다. 에릭 에반스가 말했듯이 모든 대규모 시스템이 잘 설계된 것은 아니다. 이는 우리가 받아들여야 하는 사실이므로 현대화를 위한 노력의 관점에서 어디에 투자할지 전략적으로 결정해야 한다. 이 결정을 내리기 위한 전제조건은 시스템의 하위 도메인을 나누는 경계를 찾는 것이다. 물리적으로 경계를 나눌 필요는 없으며, 각 하위 도메인을 제대로 된 바운디드 컨텍스트로 나눈다. 대신 그림 13-1과 같이 최소한 논리적 경계(기술 스택에 따라 네임스페이스, 모듈, 패키지)가 하위 도메인의 경계와 일치하는지 확인하는 것부터 시작하자.

마케팅 바운디드 컨텍스트

마케팅.애플리케이션
마케팅.인프라스트럭처
마케팅.모델
마케팅.모바일
마케팅.서비스
마케팅.UI

마케팅 바운디드 컨텍스트

마케팅.광고소재
마케팅.캠페인
마케팅.최적화
마케팅.퍼블리싱

그림 13-1. 기술적 구현 패턴이 아닌 비즈니스 하위 도메인 경계를 반영하도록 바운디드 컨텍스트의 모듈을 재구성

시스템의 모듈을 조정하는 것은 비교적 안전한 형태의 리팩터링이다. 비즈니스 로직을 수정하는 것이 아니라, 단지 더 잘 구성된 구조로 유형을 재배치하는 것이다. 즉, 라이브러리의 동적 로딩, 리플렉션 등과 같은 전체 타입명에 의한 참조가 끊어지지 않게 해야 한다.

또한 데이터베이스의 저장 프로시저, 서버리스 함수 등 다른 코드베이스에서 구현된 하위 도메인의 비즈니스 로직을 관리한다. 이런 플랫폼에도 새 경계를 도입해야 한다. 예를 들어, 일부 로직이 데이터베이스의 저장 프로시저에서 처리되는 경우 해당 프로시저가 속한 모듈을 반영하도록 프로시저의 이름을 바꾸거나 전용 데이터베이스 스키마를 도입하고 저장 프로시저를 재배치하라.

전략적 현대화

10장에서 논의했듯이 시스템을 초기부터 가능한 한 작은 바운디드 컨텍스트로 분해하는 것은 위험할 수 있다. 다음 장에서 바운디드 컨텍스트와 마이크로서비스에 대해 더 자세히 논의할 것이다. 지금은 논리적 경계를 물리적 경계로 전환하여 가장 많은 가치를 얻을 수 있는 곳을 찾아라. 논리적 경계를 물리적 경계로 바꿔 바운디드 컨텍스트를 추출하는 과정은 그림 13-2와 같다.

스스로에게 다음과 같은 질문을 자문해보라.

- 여러 팀이 동일한 코드베이스에서 작업하고 있는가? 그렇다면 각 팀에 대한 바운디드 컨텍스트를 정의하여 개발 수명주기를 분리하라.

- 서로 다른 컴포넌트에서 충돌하는 모델을 사용하고 있는가? 그렇다면 충돌하는 모델을 별도의 바운디드 컨텍스트로 재배치하라.

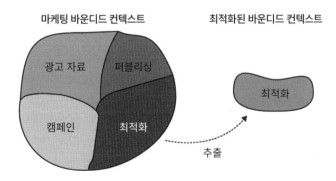

그림 13-2. 논리적 경계를 물리적 경계로 전환하여 바운디드 컨텍스트를 추출

필요한 최소 바운디드 컨텍스트가 있으면 이들 간의 관계와 연동 패턴을 조사하라. 서로 다른 바운디드 컨텍스트에서 작업하는 팀이 어떻게 의사소통하고 협업하는지 확인하라. 특히 임시 또는

공유 커널과 같은 통합을 통해 의사소통할 때 팀이 목표를 공유하고 적절한 협업을 하는가?

컨텍스트 통합 패턴이 해결할 수 있는 문제에 주목하라.

사용자-제공자 관계

11장에서 논의한 것처럼 조직의 성장은 이전의 커뮤니케이션과 협업 패턴을 무효화할 수 있다. 여러 엔지니어링 팀의 **파트너십** 관계를 위해 설계되었지만 파트너십이 더 이상 유지되지 않는 컴포넌트를 찾아라. 적절한 유형의 사용자-제공자 관계(순응주의자나 충돌 방지 계층, 오픈 호스트 서비스)로 리팩터링하라.

충돌 방지 계층

충돌 방지 계층은 특히 레거시 시스템이 다운스트림 컴포넌트로 확산되는 경향이 있는 비효율적인 모델을 사용하는 경우 레거시 시스템에서 바운디드 컨텍스트를 보호하는 데 유용하다.

충돌 방지 계층을 구현하는 또 다른 일반적인 유스케이스는 사용하는 업스트림 서비스의 퍼블릭 인터페이스에 대한 잦은 변경으로부터 바운디드 컨텍스트를 보호하는 것이다.

오픈 호스트 서비스

한 컴포넌트의 구현 상세에 대한 변경사항이 시스템을 통해 자주 파문을 일으켜 사용자에게 영향을 미치는 경우 이를 오픈 호스트 서비스로 만드는 것을 고려하라. 구현 모델을 퍼블릭 API에서 분리하라.

분리형 노선

특히 대기업에서는 공유 기능을 공동으로 발전시키고 공동 개발해야 하므로 엔지니어링 팀 간에 마찰이 발생할 수 있다. '불화의 씨앗'이 되는 기능이 비즈니스에 중요하지 않은 경우(즉 핵심 하위 도메인이 아닌 경우) 팀은 **분리형 노선** 패턴을 적용해 자체 솔루션을 구현하면 마찰의 원인을 제거할 수 있다.

전술적 현대화

무엇보다도 먼저 전술적 관점에서 비즈니스 가치와 구현 전략에서 가장 '고통스러운' 부조화를 찾아내야 한다. 이를테면, 트랜잭션 스크립트 또는 액티브 레코드처럼 모델의 복잡성에 부합하지 않는 패턴을 구현하는 핵심 하위 도메인이 그 예다. 비즈니스의 성공에 직접적인 영향을 미치는 이러한 시스템 컴포넌트는 매우 자주 변경돼야 하는데, 좋지 않은 설계 때문에 유지보수와 개선이 어렵다.

유비쿼터스 언어 육성

성공적인 현대화 설계의 전제조건은 비즈니스 도메인 지식과 비즈니스 도메인의 효과적인 모델을 만드는 것이다. 이 책 전반에 걸쳐 여러 번 언급했듯이 도메인 주도 설계의 유비쿼터스 언어는 지식을 획득하고 효과적인 솔루션 모델을 만드는 데 반드시 필요하다.

도메인 지식을 수집하기 위한 도메인 주도 설계의 지름길인 이벤트스토밍을 잊지 말라. 이벤트스토밍을 사용하여 도메인 전문가와 함께 유비쿼터스 언어를 구축하고 레거시 코드베이스를 탐색하라. 특히 코드베이스를 아무도 진정 이해하지 못하고 문서도 없을 정도로 엉망인 경우에는 더욱 그렇다. 기능과 관련된 모든 사람을 모아서 비즈니스 도메인을 탐색하라. 이벤트스토밍은 도메인 지식을 복구하기 위한 환상적인 도구다.

도메인 지식과 해당 모델을 갖췄다면 논의 중인 비즈니스 기능에 가장 적합한 비즈니스 로직 구현 패턴을 결정하라. 시작점으로 10장에서 설명한 설계 휴리스틱을 사용하라. 다음으로 내려야 할 결정은 현대화 전략과 관련이 있다. 시스템의 전체 컴포넌트(스트랭글러 패턴)를 점진적으로 교체하거나 기존 솔루션을 점진적으로 리팩터링하는 것이다.

스트랭글러 패턴

그림 13-3에 나와 있는 **스트랭글러 무화과 (Strangler fig)**는 독특한 성장 패턴을 갖는 열대나무다. 스트랭글러는 다른 나무, 즉 숙주 나무 위에서 자란다. 스트랭글러는 숙주 나무의 위쪽 가지에서 씨앗으로 삶을 시작한다. 스트랭글러는 자라면서 토양에 뿌리를 내릴 때까지 아래로 내려간다. 결국 스트랭글러는 숙주 나무를 덮는 잎사귀로 자라서 숙주 나무를 죽게 만든다.

그림 13-3. 숙주 나무 위에 서식하는 스트랭글러 무화과
(출처: https://unsplash.com/photos/y_l5tep9wxl)

스트랭글러 마이그레이션 패턴은 이 이름을 따온 나무와 같은 성장 동력을 기반으로 한다. 이 아이디어는 새로운 바운디드 컨텍스트인 스트랭글러를 생성하고, 이 스트랭글러를 사용하여 새로운 요구사항을 구현하고 점차적으로 레거시 컨텍스트의 기능을 해당 컨텍스트로 마이그레이션한다. 동시에 핫픽스(hotfix)[3]와 기타 긴급 상황을 제외하고 레거시 바운디드 컨텍스트의 개선과 개발이 중지된다. 결국 모든 기능은 새로운 바운디드 컨텍스트인 스트랭글러로 마이그레이션되고, 숙주가 죽는 것과 유사하게 레거시 코드베이스가 제거된다.

일반적으로 스트랭글러 패턴은 파사드 패턴(façade pattern)과 함께 사용한다. 파사드 패턴의 얇은 추상화 계층은 퍼블릭 인터페이스 역할을 하며 레거시 또는 현대화된 바운디드 컨텍스트로 요청을 전달해 처리하는 역할을 한다. 마이그레이션이 완료되면(즉, 숙주가 죽으면) 파사드는 더 이상 필요하지 않으므로 제거한다(그림 13-4 참조).

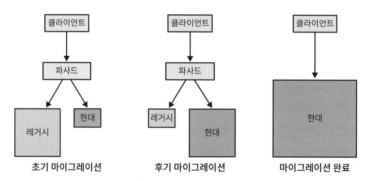

그림 13-4. 레거시에서 현대화된 시스템으로 기능을 마이그레이션하는 상태에 따라 요청을 전달하는 파사드 레이어. 마이그레이션이 완료되면 파사드와 레거시 시스템 모두 제거함.

스트랭글러 패턴을 구현할 때, 각 바운디드 컨텍스트는 별도의 하위 시스템이므로 서로 다른 바운디드 컨텍스트와 데이터베이스를 공유할 수 없다는 원칙을 완화할 수 있다. 즉, 현대화된 컨텍스트와 레거시 컨텍스트 간의 복잡한 연동을 피하기 위해 동일한 데이터베이스를 사용할 수 있으며, 그림 13-5에서처럼 두 컨텍스트는 동일한 데이터로 작동해야 한다.

바운디드 컨텍스트당 하나의 데이터베이스 규칙을 적용하기 위해서 빠르게 레거시 컨텍스트를 폐기하고 현대화된 시스템에서 독점적으로 데이터베이스를 사용한다.

---

3 (옮긴이) 오류 수정이나 성능 향상을 위해 배포되는 패치 프로그램

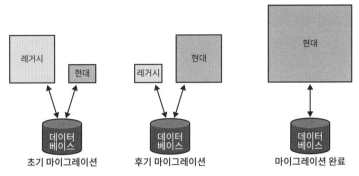

그림 13-5. 레거시와 현대화된 시스템 모두 일시적으로 동일한 데이터베이스에서 작동

스트랭글러 기반 마이그레이션의 대안은 레거시 코드베이스를 현대화하는 것이며, 이를 **리팩터링**이라고도 부른다.

전술적 설계 의사결정 리팩터링

11장에서는 전술적 설계 의사결정을 마이그레이션하는 다양한 측면을 배웠다. 그러나 레거시 코드베이스를 현대화할 때는 두 가지 미묘한 차이점을 알아둘 필요가 있다.

첫째, 작은 점진적인 조치가 대규모 재작성보다 안전하다. 따라서 트랜잭션 스크립트 또는 액티브 레코드를 이벤트 소싱 도메인 모델로 직접 리팩터링하지 마라. 대신 상태 기반 애그리게이트를 설계하는 중간 단계를 진행하라. 효과적인 애그리게이트 경계를 찾는 데 노력을 투자하라. 모든 관련 비즈니스 로직이 해당 경계 내에 있는지 확인하라. 상태 기반 애그리게이트에서 이벤트 소싱 애그리게이트로 이동하는 것은 이벤트 소싱 애그리게이트에서 잘못된 트랜잭션 경계를 발견하는 것보다 훨씬 더 안전하다.

둘째, 작은 점진적인 조치를 수행하는 것과 동일한 이유로, 도메인 모델로의 리팩터링이 한 번에 이루어질 필요는 없다. 대신 도메인 모델 패턴의 요소들을 점진적으로 도입할 수 있다.

가능한 밸류 오브젝트를 찾는 것부터 시작하라. 레거시 코드의 현대화에 완전하게 도메인 모델을 적용하지 않더라도 불변 객체를 사용함으로써 솔루션의 복잡성을 크게 줄일 수 있다.

11장에서 논의한 것처럼 액티브 레코드를 애그리게이트로 리팩터링하는 것을 하룻밤 사이에 완료할 필요는 없다. 단계적으로 수행할 수 있다. 관련 비즈니스 로직을 수집하는 것부터 시작하라. 다음으로 트랜잭션 경계를 분석하라. 확실하게 일관성이 필요하지만 궁극적으로 일관성 있는 데이터에 대해 작동하는 결정이 있는가? 또는 반대로 궁극적으로 충분하게 일관성이 보장되는 경우 솔루션이 강한 일관성을 요구하는가? 코드베이스를 분석할 때 이러한 결정이 기술이 아니라 비즈니스에 따라 좌우된다는 것을 잊지 마라. 트랜잭션 요구사항을 철저히 분석하고 나서 애그리게이트의 경계를 설계해야 한다.

마지막으로 레거시 시스템을 리팩터링하는 것처럼 필요시 충돌 방지 계층을 사용하여 이전 모델로부터 새 코드베이스를 보호할 수 있으며, 오픈 호스트 서비스를 구현하고 공표된 언어를 노출하여 레거시 코드베이스의 변경으로부터 사용자를 보호한다.

실용적인 도메인 주도 설계

이번 장의 서론에서 논의한 바와 같이 도메인 주도 설계를 적용하는 것은 '모 아니면 도'의 노력이 아니다. DDD가 제공하는 모든 도구를 적용할 필요는 없다. 예를 들어, 어떤 이유로 전술적 패턴이 적합하지 않을 수 있다. 특정 도메인에서 더 잘 작동하거나 다른 패턴이 더 효과적이기 때문에 다른 설계 패턴을 사용하는 것을 선호할 수 있다. 모두 괜찮다!

비즈니스 도메인과 해당 전략을 분석하고, 특정 문제를 해결하기 위한 효과적인 모델을 찾고, 무엇보다도 비즈니스 도메인의 요구사항에 따라 설계 의사결정을 내린다면 그것이 바로 도메인 주도 설계다!

도메인 주도 설계는 애그리게이트나 밸류 오브젝트에 관한 것이 아니라는 점을 다시 한 번 강조한다. 도메인 주도 설계는 비즈니스 도메인이 소프트웨어 설계 의사결정을 주도하게 하는 것이다.

도메인 주도 설계 확산

기술 콘퍼런스에서 이 주제에 대해 발표할 때 거의 매번 받는 질문이 하나 있다. "다 좋은 것 같네요. 그런데 도메인 주도 설계를 어떻게 우리 팀과 경영진에게 '설득(selling)'할 수 있을까요?" 이는 매우 중요한 질문이다.

설득은 힘들다. 그리고 개인적으로도 설득하는 것을 싫어한다. 그러나 생각해보면, 소프트웨어 설계는 설득의 과정이다. 우리의 아이디어를 팀과 경영진, 고객에게 판매하는 것이다. 그러나 이렇게 광범위한 설계 의사결정 관점을 다루고 다른 이해관계자를 참여시키기 위해 엔지니어링 영역 밖의 내용까지 손을 대는 방법론을 설득하기란 매우 어려울 수 있다.

조직에 상당한 변화를 주기 위해서는 경영진의 지원이 반드시 필요하다. 그러나 경영진이 이미 도메인 주도 설계에 익숙하거나 방법론의 비즈니스 가치를 배우기 위해 기꺼이 시간을 투자하지 않는 한 그들을 설득하기란 쉽지 않다. 특히 DDD에 수반되는 엔지니어링 프로세스의 변화는 겉보기에는 대대적인 변화지만 경영진은 중요하게 생각하지 않는다. 그러나 다행스럽게도 그것이 도메인 주도 설계를 사용할 수 없다는 의미는 아니다.

실무에 활용하는 도메인 주도 설계

도메인 주도 설계를 조직 전략이 아닌 실무에 활용하는 전문 도구 상자의 일부로 만들어라. DDD의 패턴과 프랙티스는 엔지니어링 기법이고, 소프트웨어 엔지니어링은 여러분 몫이니 이 도구 상자를 활용하자!

DDD에 대해 별로 신경 쓰지 않고 일상 업무에 DDD를 통합하는 방법을 살펴보자.

유비쿼터스 언어

유비쿼터스 언어의 사용은 도메인 주도 설계의 초석이다. 도메인 지식 발견과 커뮤니케이션, 효과적인 솔루션 모델링에 반드시 필요하다.

운 좋게도 이 실무 내용은 상식 수준으로 사소한 것이다. 이해관계자가 비즈니스 도메인에 대해 말할 때 사용하는 언어에 주의 깊게 귀를 기울여라. 전문 용어에서 벗어나 비즈니스 의미를 반영한 용어로 부드럽게 만들어라.

일치하지 않는 용어를 찾고 설명을 요청하라. 예를 들어, 동일한 항목에 대해 이름이 여러 개인 경우 그 이유를 찾아라. 서로 다른 모델이 동일한 솔루션에 얽혀 있는 것일까? 컨텍스트를 찾아 명시적으로 만들어라. 의미가 같으면 상식에 따라 하나의 용어를 사용하도록 요청하라.

또한 가능한 한 도메인 전문가와 소통하라. 이러한 노력에 반드시 공식적인 회의가 필요한 것은 아니다. 음료수나 커피 마시는 시간은 의사소통하기에 좋은 기회다. 비즈니스 도메인에 대해 도메인 전문가와 얘기하라. 그들의 언어를 사용하라. 이해하는 데 어려움이 생기면 설명을 요청하라. 걱정하지 마라. 도메인 전문가는 일반적으로 문제 도메인에 대해 배우는 데 진심으로 관심이 있는 엔지니어와 기꺼이 협력할 것이다!

가장 중요한 것은 코드와 모든 프로젝트 관련 의사소통에 유비쿼터스 언어를 사용하는 것이다. 인내심을 가져라. 조직에서 한동안 사용하던 용어를 바꾸는 것은 시간이 걸리겠지만, 결국에는 따라잡을 수 있다.

바운디드 컨텍스트

가능한 분해 방법을 탐색할 때 바운디드 컨텍스트 패턴의 기반이 되는 원칙을 확인하라.

- 모든 유스케이스에 대해 단일 모델 대신 문제 지향 모델을 설계하는 것이 더 나은 이유는 무엇일까? '올인원(all-in-one)' 솔루션은 거의 효과가 없기 때문이다.

- 바운디드 컨텍스트가 충돌하는 모델을 관리할 수 없는 이유는 무엇일까? 인지 부하가 증가하고 솔루션이 복잡해지기 때문이다.

- 여러 팀이 동일한 코드베이스에서 작업하는 것이 왜 나쁜 생각일까? 팀 간의 마찰이 발생하고 협업에 방해되기 때문이다.

바운디드 컨텍스트 통합 패턴에 대해 동일한 추론을 사용하라. 각 패턴이 해결해야 하는 문제를 이해하고 있는지 확인하라.

전술적 설계 의사결정

전술적 설계 패턴에 대해 논의할 때 권위자에게 호소하지 마라. "DDD 책에서 그렇게 말하니까 여기에 애그리게이트를 사용하자!"고 하는 대신 논리에 호소하라. 예를 들면 다음과 같다.

- 명시적 트랜잭션 경계가 중요한 이유는 무엇일까? 데이터의 일관성을 보호하기 위해서다.

- 데이터베이스 트랜잭션이 애그리게이트의 둘 이상의 인스턴스를 수정할 수 없는 이유는 무엇일까? 일관성 경계가 올바른지 확인하기 위해서다.

- 외부 컴포넌트에서 애그리게이트 상태를 직접 수정할 수 없는 이유는 무엇일까? 모든 관련 비즈니스 로직을 함께 배치하고 중복되지 않게 하기 위해서다.

- 애그리게이트 기능 중 일부를 저장 프로시저로 넘길 수 없는 이유는 무엇일까? 로직이 중복되지 않게 하기 위해서다. 중복된 로직은 특히 논리적으로나 물리적으로 멀리 떨어진 시스템 컴포넌트에서 동기화되지 않고 데이터 손상을 초래하는 경향이 있다.

- 왜 우리는 작은 애그리게이트 경계를 위해 노력해야 할까? 넓은 트랜잭션 범위는 애그리게이트의 복잡성을 증가시키고 성능에 부정적인 영향을 주기 때문이다.

- 이벤트 소싱 대신에 이벤트를 로그 파일에 기록할 수 없는 이유는 무엇일까? 장기적으로 데이터 일관성이 보장되지 않기 때문이다.

이벤트 소싱이라는 말이 나왔으니 하는 말인데, 솔루션이 이벤트 소싱 도메인 모델을 호출할 때 이 패턴의 구현을 설득하기는 어려울 수 있다. 이에 도움이 될 수 있는 제다이 마인드 트릭[4]을 살펴보자.

이벤트 소싱 도메인 모델

많은 장점에도 불구하고 이벤트 소싱은 많은 사람에게 너무 급진적으로 들린다. 이 책에서 논의한 것처럼 해결책은 비즈니스 도메인이 이러한 결정을 주도하게 하는 것이다.

도메인 전문가와 이야기를 나눠라. 그들에게 상태 기반 모델과 이벤트 기반 모델을 보여주라. 특히 시간 차원과 관련하여 이벤트 소싱이 제공하는 차이점과 이점을 설명하라. 종종 그들은 그것이 제공하는 통찰력에 열광하고 스스로 이벤트 소싱을 옹호할 것이다.

그리고 도메인 전문가와 상호작용하는 동안 유비쿼터스 언어를 쓰는 것을 잊지 마라!

결론

이번 장에서는 실제 시나리오에서 도메인 주도 설계 도구를 활용하기 위한 다양한 기술을 배웠다. 다시 말해, 브라운필드 프로젝트와 레거시 코드베이스에서 작업할 때 반드시 DDD 전문가 팀과 함께 작업할 필요는 없다.

그린필드 프로젝트와 마찬가지로 항상 비즈니스 도메인 분석부터 시작하라. 회사의 목표와 이를 달성하기 위한 전략은 무엇인가? 조직 구조와 기존 소프트웨어 설계 의사결정을 사용하여 조직의 하위 도메인과 해당 유형을 식별하라. 이 지식을 바탕으로 현대화 전략을 계획하라. 고충점을 찾아라. 최고의 비즈니스 가치를 얻고자 노력하라. 관련 컴포넌트를 리팩터링하거나 교체함으로써 레거시 코드를 현대화하라. 어떤 방법이든 점진적으로 수행하라. 대대적인 재작성은 비즈니스 가치보다 더 큰 위험을 수반한다!

마지막으로 DDD가 조직에서 널리 채택되지 않은 경우에도 도메인 주도 설계 도구를 사용할 수 있다. 올바른 도구를 사용하고 동료와 논의할 때 항상 각 패턴 뒤에 있는 논리와 원칙을 사용하라.

---

4 (옮긴이) 제다이 마인드 트릭(Jedi mind trick): 스타워즈에서 제다이가 상대의 정신을 조종하거나 조작하는 고차원적 기술이며, 마인드 트릭에 걸린 인물은 꼭두각시로 전락한다. 여기서는 도메인 전문가가 전술적 설계 의사결정을 하도록 설득하는 기술을 비유적으로 표현했다.

이번 장에서 이 책의 도메인 주도 설계에 대한 논의를 마무리한다. 4부에서는 DDD와 다른 방법론 및 패턴의 상호작용에 대해 학습한다.

연습문제

1. 브라운필드 프로젝트에 도메인 주도 설계 도구와 사례를 도입한다고 가정하면 첫 번째 단계는 무엇일까?

   a. 모든 비즈니스 로직을 이벤트 소싱 도메인 모델로 리팩터링하라.

   b. 조직의 비즈니스 도메인과 전략을 분석하라.

   c. 적절한 바운디드 컨텍스트 원칙에 따라 시스템 컴포넌트를 개선하라.

   d. 브라운필드 프로젝트에서 도메인 주도 설계를 사용하는 것은 불가능하다.

2. 스트랭글러 패턴은 어떤 면에서 마이그레이션 프로세스 동안 도메인 주도 설계의 몇몇 핵심 원칙에 모순될까?

   a. 여러 바운디드 컨텍스트가 공유 데이터베이스를 사용한다.

   b. 현대화된 바운디드 컨텍스트가 핵심 하위 도메인인 경우 해당 구현 내용이 이전 구현과 새 구현에 복제된다.

   c. 여러 팀이 동일한 바운디드 컨텍스트에서 작업한다.

   d. A와 B

3. 일반적으로 액티브 레코드 기반 비즈니스 로직을 이벤트 소싱 도메인 모델로 직접 리팩터링하는 것이 바람직하지 않은 이유는 무엇일까?

   a. 상태 기반 모델을 사용하면 학습 과정에서 애그리게이트의 경계를 쉽게 리팩터링할 수 있다.

   b. 큰 변화를 점진적으로 도입하는 것이 더 안전하다.

   c. A와 B

   d. 위의 어느 것도 아니다. 트랜잭션 스크립트도 이벤트 소싱 도메인 모델로 직접 리팩터링하는 것이 합리적이다.

4. 애그리게이트 패턴을 도입할 때 팀 멤버가 애그리게이트가 가능한 모든 엔티티를 참조해서 한곳에서 전체 비즈니스 도메인을 탐색할 수 없는 이유를 묻는다. 여러분이라면 어떻게 답변할 것인가?

Part 4

다른 방법론 및
패턴과의 관계

지금까지 조직의 비즈니스 전략과 필요성에 따라 소프트웨어 솔루션을 설계하는 데 도메인 주도 설계를 사용하는 방법을 배웠다. 그리고 비즈니스 도메인을 인식하고 시스템의 구성요소 간의 경계를 설계하며, 비즈니스 로직을 구현하는 데 DDD 도구와 실무를 적용하는 방법을 확인했다.

도메인 주도 설계는 수많은 소프트웨어 개발 수명주기를 다루지만, 모든 소프트웨어 엔지니어링을 다루지는 못한다. 다른 방법론과 도구는 각자의 역할이 있다. 4부에서는 DDD와 관련 있는 다른 방법론과 패턴에 대해 논의한다.

- 도메인 주도 설계가 마이크로서비스 기반 아키텍처 스타일의 인기 때문에 많이 논의된다는 것은 누구나 아는 사실이다. 14장에서는 마이크로서비스와 도메인 주도 설계 간의 상호작용과 두 접근법이 어떻게 서로 보완하는지 알아본다.

- 이벤트 주도 아키텍처는 확장성과 성능. 회복력 있는 분산 시스템을 설계하는 인기 있는 방법론이다. 15장에서는 이벤트 주도 아키텍처의 원칙과 효과적인 비동기 커뮤니케이션을 설계하는 데 DDD를 활용하는 방법을 배운다.

- 16장에서는 데이터 분석 컨텍스트에서의 효과적인 모델링에 관해 다루면서 책을 마무리한다. 주요 데이터 관리 아키텍처인 데이터 웨어하우스와 데이터 레이크에 대해 배우고 데이터 메시 아키텍처가 어떻게 그 단점을 해결하는지 알아본다. 또한 DDD와 데이터 메시 아키텍처가 어떻게 동일한 설계 원칙과 목표에 근거하는지 분석하고 논의한다.

14

마이크로서비스

2010년대 중반, 마이크로서비스는 소프트웨어 엔지니어링 산업을 강타했다. 그 의도는 빠르게 바뀌고, 확장되며, 클라우드 컴퓨팅의 특성에 맞춰야 하는 현대 시스템의 요구사항을 해결하는 것이었다. 수많은 기업에서 마이크로서비스 기반 아키텍처가 제공하는 유연성을 얻기 위해 모놀리식 코드베이스를 분해하기로 전략적 결정을 내렸다. 불행하게도, 결국 이와 같은 수많은 노력은 좋게 끝나지 못했다. 이런 기업들은 유연한 아키텍처 대신, 쪼개려고 했던 모놀리식보다 더 깨지기 쉽고 투박하고 비싼 분산된 커다란 진흙 덩어리를 만들었다.

역사적으로, 마이크로서비스는 DDD, 특히 바운디드 컨텍스트 패턴과 관련이 있을 때가 많다. 많은 사람은 심지어 **바운디드 컨텍스트**와 **마이크로서비스**를 혼용하기도 한다. 그런데 이것이 정말로 같을까? 이번 장에서는 도메인 주도 설계 방법론과 마이크로서비스 아키텍처 패턴의 관계를 탐구한다. 두 패턴 간의 상호작용뿐만 아니라, 더 중요한 내용으로 마이크로서비스 기반 시스템을 효과적으로 설계하는 데 DDD를 활용하는 방법을 배운다.

그러면 서비스와 마이크로서비스가 정확히 무엇인지 기본적인 정의부터 알아보자.

서비스란 무엇인가?

OASIS[1]에 따르면, 서비스는 미리 정의된 인터페이스를 사용해 하나 이상의 역량에 접근하기 위한 메커니즘이다[2]. 여기서 **미리 정의된 인터페이스**란 서비스로부터 데이터를 넣고 빼는 모든 메커니즘을 말한다. 여기에는 요청/응답 모델과 같은 동기식 또는 이벤트를 제공하고 사용하는 모델과 같은 비동기식이 있다.

그림 14-1에 다른 시스템의 구성요소와 통신하고 연동하는 수단을 제공하는 서비스의 퍼블릭 인터페이스를 나타냈다.

그림 14-1. 서비스 간 커뮤니케이션

랜디 숍(Randy Shoup)[3]은 서비스의 인터페이스를 외부에 노출되는 시스템 영역(front door)에 두는 것을 좋아한다. 서비스를 통해 들어가고 나오는 데이터는 모두 이 외부에 노출되는 시스템 영역을 통한다. 서비스의 퍼블릭 인터페이스는 서비스 자체, 즉 서비스가 노출하는 기능을 정의한다. 잘 표현된 인터페이스는 서비스가 구현한 기능을 설명하기에 충분하다. 예를 들어, 그림 14-2에 표현된 퍼블릭 인터페이스는 서비스의 기능을 명확하게 설명한다.

⊟   Campaign publishing service
+ Publish(CampaignId) : PublishingResult
+ Pause(CampaignId) : Confirmation
+ Reschedule(CampaignId, Schedule) : Confirmation
+ GetStatistics(CampaignId) : PublishingStatistics
+ Deactivate(CampaignId, Reason) : PublishingStatus

그림 14-2. 서비스의 퍼블릭 인터페이스

이를 염두에 두고 마이크로서비스의 정의를 알아보자.

---

1 (옮긴이) Organization for the Advancement of Structured Information Standards의 약자로, 전자 정부, 전자 비즈니스, 웹 서비스 등 인터넷 분야 주요 이슈의 표준화를 위해 활동하고 있는 국제적인 민간 표준화 기구를 말한다.
2 서비스 지향 아키텍처의 레퍼런스 모델 v1.0(날짜 미상). 2021년 6월 14일 기준, OASIS에서 참고(https://oreil.ly/IXhpG)
3 https://oreil.ly/IU6xJ

마이크로서비스란 무엇인가?

마이크로서비스의 정의는 놀랍게도 매우 간단하다. 서비스가 자신의 퍼블릭 인터페이스에 의해 정의되므로 마이크로서비스는 자신의 마이크로 퍼블릭 인터페이스, 즉 마이크로 프런트 도어(micro-front door)에 의해 정의되는 서비스다.

마이크로 퍼블릭 인터페이스가 있으면 단일 서비스의 기능과 그 서비스가 연동하는 다른 시스템 구성요소 모두를 쉽게 이해할 수 있다. 또한 서비스의 기능을 줄이면 변경될 이유가 줄어들고 개발, 관리, 확장을 자율적으로 할 수 있다.

또한 이는 마이크로서비스가 자신의 데이터베이스를 노출하지 않는 관행도 설명한다. 데이터베이스를 노출해서 서비스의 외부 노출 시스템 영역의 일부분으로 만들면 퍼블릭 인터페이스가 거대해질 것이다. 가령 관계형 데이터베이스에서 얼마나 다양한 질의가 실행될 수 있을까? SQL은 매우 유연한 언어이므로 거의 무한대일 것이다. 그래서 마이크로서비스는 자신의 데이터베이스를 내부에 감싸고 있다. 그리고 데이터는 훨씬 간단하고 연동 지향적인 퍼블릭 인터페이스를 통해서만 접근할 수 있다.

서비스형 메서드: 완벽한 마이크로서비스?

마이크로서비스가 마이크로 퍼블릭 인터페이스라고 말하는 것은 믿을 수 없을 정도로 간단하다. 마치 서비스 인터페이스를 단일 메서드로 제한한다면 완벽한 마이크로서비스가 될 것처럼 들린다. 그러면 이와 같은 초보적인 분해를 실제로 적용하면 어떻게 되는지 살펴보자.

그림 14-3에 백로그 관리 서비스가 있다. 이 서비스의 퍼블릭 인터페이스는 여덟 개의 퍼블릭 메서드로 구성되고, '서비스 하나에 메서드 하나' 규칙을 적용할 것이다.

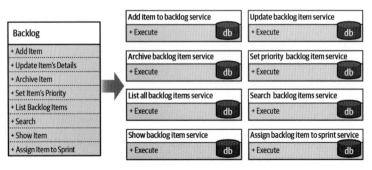

그림 14-3. 초보적인 분해

이 서비스는 잘 동작하는 마이크로서비스이므로 각 서비스가 자신의 데이터베이스를 감싸고 있다. 어떤 서비스도 다른 서비스의 데이터베이스에 직접 접근할 수 없고 퍼블릭 인터페이스를 통해서만 가능하다. 하지만 현재 이를 위한 퍼블릭 인터페이스가 없다. 서비스는 서로 협업해야 하고 각 서비스가 반영하는 변경을 동기화해야 한다. 결과적으로, 이와 같은 연동 관련 관심사를 처리하기 위해 서비스의 인터페이스를 확장해야 한다. 게다가 그림 14-4처럼 도식화해보면 관련된 서비스 간의 연동과 데이터 흐름이 마치 전형적인 분산된 커다란 진흙 덩어리처럼 보인다.

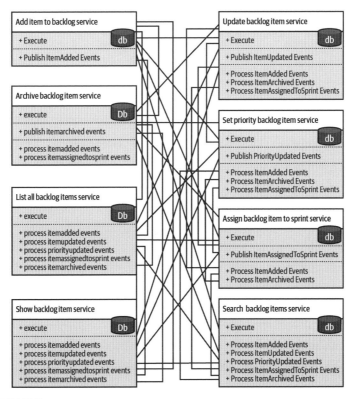

그림 14-4. 연동의 복잡성

랜디 숍의 비유를 들자면, 시스템을 이처럼 작은 단위의 서비스로 분해하면 확실히 서비스의 외부 노출 시스템 영역은 최소화되지만 전체적인 시스템의 기능을 구현하기 위해 각 서비스에 '스태프만 출입 가능한' 수많은 출입구를 추가해야 한다. 이 예제에서 무엇을 배울 수 있는지 살펴보자.

설계 목표

각 서비스가 단일 메서드만 갖도록 분해하는 간단한 휴리스틱을 적용하는 것은 여러 이유로 차선책임이 증명되었다. 우선, 그것은 그냥 불가능하다. 서비스는 서로 협력해야 하므로 연동에 관련된 퍼블릭 메서드를 가진 퍼블릭 인터페이스를 만들어야 했다. 둘째, 우리는 전투(서비스)에서는 승리했지만, 전쟁(전체 시스템)에서는 졌다. 각 서비스는 원래 설계보다 훨씬 간단해졌다. 그러나 결과적으로 전체 시스템은 더 복잡해졌다. 마이크로서비스 아키텍처의 목표는 유연한 시스템을 만드는 것이다. 단일 컴포넌트에만 설계 노력을 집중하고 시스템의 나머지 연동을 무시하는 것은 다음과 같은 시스템의 정의에 전혀 부합하지 않는다.

- 함께 작동하는 연동된 것 또는 디바이스
- 특정 목적을 위해 함께 사용되는 컴퓨터 장비 및 프로그램

그러므로 시스템은 독립적인 컴포넌트로 구축될 수 없다. 그러나 적절히 분리된 마이크로서비스 기반 시스템에서 서비스는 여전히 서로 연동하고 통신한다. 이제 개별 마이크로서비스의 복잡성과 전체 시스템의 복잡성 사이의 관계를 살펴보자.

시스템의 복잡성

클라우드 컴퓨팅이 없던 40년 전에는 글로벌 규모의 요구사항이 없었고, 11.7초마다 시스템을 배포할 필요가 없었다. 그러나 엔지니어는 여전히 시스템의 복잡성을 다루었다. 요즘 사용하는 도구와는 달랐지만, 해결해야 할 과제는 물론이고 특히나 솔루션은 지금도 유의미하고 마이크로서비스 기반 시스템의 설계에 적용할 수 있다.

글렌포드 마이어스(Glenford J. Myers)의 책 ≪Composite/Structured Design≫에서는 절차적 코드의 복잡성을 줄이기 위한 방법을 논의한다. 이 책의 첫 페이지에는 다음과 같은 글이 있다.

> 복잡성이라는 주제에는 프로그램의 한 부분에 대한 로컬 복잡성을 최소화하려는 단순한 시도보다 더 많은 것이 있다. 더 중요한 복잡성의 유형은 글로벌 복잡성, 즉 프로그램 또는 시스템의 전체적인 구조에 관한 복잡성이다. 예를 들어, 시스템의 주요 요소들이 연관되거나 상호 의존하는 정도다.

이 말을 이 책에 적용해보면 **로컬 복잡성**은 각각의 개별 마이크로서비스의 복잡성을 가리키고, **글로벌 복잡성**은 전체 시스템의 복잡성을 말한다. 로컬 복잡성은 서비스의 구현에 따라 달라진다. 글로벌 복잡성은 서비스 간의 상호작용과 의존성으로 정의된다. 마이크로서비스 기반 시스템을 설계할 때 어느 복잡성이 최적화에 더 중요할까? 양쪽 경우를 모두 분석해보자.

글로벌 복잡성을 줄이는 것은 놀랍게도 쉽다. 단지 시스템 구성요소 간의 상호작용을 없애기만 하면 된다. 즉, 모든 기능을 단일 모놀리식 서비스로 구현하는 것이다. 앞에서 봤듯이, 이 전략은 특정 상황에서만 효과적일지도 모른다. 그리고 때에 따라 무시무시한 커다란 진흙 덩어리가 될 수도 있다. 아마 로컬 복잡성은 가능한 최고 수준이 될 것이다.

한편, 로컬 복잡성만 최적화하고 시스템의 글로벌 복잡성을 무시하면 어떻게 되는지 알고 있다. 더 무시무시한 분산된 커다란 진흙 덩어리가 된다. 그림 14-5에 이 관계를 나타냈다.

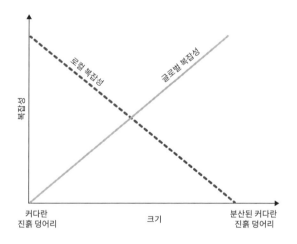

그림 14-5. 서비스의 크기와 시스템의 복잡성

적절한 마이크로서비스 기반 시스템을 설계하려면 글로벌 복잡성과 로컬 복잡성 모두를 최적화해야 한다. 어느 쪽이든 하나를 개별적으로 최적화하는 설계 목표를 가진 것은 로컬 최적화다. 반면에 글로벌 최적화는 두 복잡성의 균형을 최적화한다. 그러면 마이크로 퍼블릭 인터페이스의 개념이 어떻게 글로벌 및 로컬 복잡성의 균형을 최적화하는 데 도움을 주는지 살펴보자.

깊은 서비스로서의 마이크로서비스

소프트웨어 시스템에서 또는 모든 시스템에서 모듈은 자신의 함수와 로직에 의해 정의된다. **함수(function)**는 모듈이 해야 하는 일, 즉 비즈니스 기능을 말한다. **로직(logic)**은 모듈의 비즈니스 로직, 즉 모듈이 자신의 비즈니스 기능을 구현하는 방법이다.

존 우스터하우트(John Ousterhout)는 자신의 책 ≪The Philosophy of Software Design≫에서 모듈화의 개념에 대해 논의하고 모듈의 설계를 평가하기 위한 간단하지만 강력한 시각적 휴리스틱인 '깊이(depth)'를 제시했다.

그림 14-6에서처럼 우스터하우트는 모듈을 사각형으로 시각화하는 것을 제안했다. 사각형의 상단 끝은 모듈의 기능을 표현하거나 퍼블릭 인터페이스의 복잡성을 나타낸다. 넓은 사각형은 폭넓은 기능을 나타내는 반면, 좁은 것은 더욱 제한된 기능을 가져서 간단한 퍼블릭 인터페이스를 갖는다. 사각형의 면적은 모듈의 로직 또는 기능의 구현을 나타낸다.

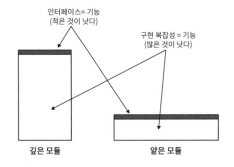

그림 14-6. 깊은 모듈

이 모델에 따르면 복잡성은 도형의 깊이로 나타내는데, 깊이가 깊을수록 복잡성이 높은 것을 나타낸다. 효과적인 모듈은 깊이가 깊다. 이 경우, 간단한 퍼블릭 인터페이스가 복잡한 로직을 내포하는 것을 의미한다. 반면에 효과적이지 못한 모듈은 내포하는 깊이가 얕고 복잡성이 낮다. 다시 말해, 깊이가 얕은 모듈의 퍼블릭 인터페이스는 깊은 모듈보다 훨씬 낮은 복잡성을 내포한다. 다음 예제 메서드를 보자.

```
int AddTwoNumbers(int a, int b)
{
  return a + b;
}
```

이것은 극단적인 얇은 모듈의 예다. 퍼블릭 인터페이스, 즉 메서드의 시그니처와 그 로직(메서드)이 정확히 동일하다. 이 같은 모듈은 수많은 '유동적인 부분'을 만들어내고 결국 복잡성을 내포하는 대신 전체 시스템에 우발적 복잡성을 발생시킨다.

깊은 모듈로서의 마이크로서비스

다른 용어와는 별개로, 깊은 모듈의 개념은 마이크로서비스 패턴과 다르다. 마이크로서비스는 엄밀히 물리적인 경계를 나타내지만 모듈은 논리적 경계와 물리적 경계를 모두 나타낼 수 있기 때문이다. 그것만 아니라면 두 개념과 하부의 설계 원칙은 동일하다.

그림 14-3에 나타낸 단일 비즈니스 메서드를 구현하는 서비스는 얇은 모듈이다. 왜냐하면 연동에 관련된 퍼블릭 메서드를 도입해야 하고 결과적으로 인터페이스는 원래보다 '넓어'지기 때문이다.

시스템의 복잡성 관점에서 보면 깊은 모듈은 시스템의 글로벌 복잡성을 줄여주는 반면, 얇은 모듈은 로컬 복잡성을 감싸지 않는 구성요소를 도입해야 해서 글로벌 복잡성이 증가한다.

또한 얇은 서비스는 수많은 마이크로서비스 지향 프로젝트가 실패하는 원인이다. 마이크로서비스의 잘못된 정의 중 하나는 서비스 하나에 X행 이상의 코드를 제한하는 것이다. 또는 서비스를 수정하는 것보다 재작성을 쉽게 하려고 하거나 아키텍처의 가장 중요한 관점인 '시스템'을 고려하지 않은 채 개별 서비스에 집중하는 것이다.

시스템을 마이크로서비스로 분해할 때 임계치는 마이크로서비스를 시스템의 일부로 사용하려고 하는 유스케이스에 의해 정의된다. 모놀리식 시스템을 서비스로 분리하면 변경에 드는 비용은 감소한다. 시스템이 마이크로서비스로 분리되기 때문에 비용은 줄어든다. 그러나 마이크로서비스 임계치를 지나서 계속 분해하면 깊은 서비스가 점점 얇은 서비스로 변한다. 뒷단에서 도와주는 인터페이스가 많아진다. 이제 통합이 필요하므로 변경 비용은 다시 증가하고 시스템의 전반적인 아키텍처는 무시무시한 분산된 커다란 진흙 덩어리로 변한다. 그림 14-7에 이것을 표현했다.

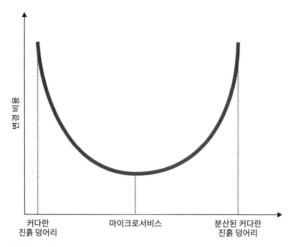

그림 14-7. 서비스의 크기와 변경 비용

이제 마이크로서비스가 무엇인지 배웠으니, 깊은 서비스의 경계를 찾는 데 도메인 주도 설계가 어떻게 도움이 되는지 살펴보자.

도메인 주도 설계와 마이크로서비스의 경계

마이크로서비스와 마찬가지로, 앞 장에서 논의한 도메인 주도 설계 패턴의 대부분은 경계에 관한 것이다. 바운디드 컨텍스트는 모델의 경계다. 하위 도메인은 비즈니스 역량의 경계, 애그리게이트와 밸류 오브젝트는 트랜잭션의 경계다. 그러면 이 중에서 어떤 경계가 마이크로서비스의 개념에 도움을 주는지 알아보자.

바운디드 컨텍스트

마이크로서비스와 바운디드 컨텍스트는 공통점이 많다. 그래서 이 패턴들은 종종 서로 혼용된다. 그러면 바운디드 컨텍스트의 경계가 효과적인 마이크로서비스의 경계와 관련이 있는지 살펴보자.

마이크로서비스와 바운디드 컨텍스트 모두 물리적 경계다. 바운디드 컨텍스트와 마찬가지로 마이크로서비스도 단일 팀이 소유한다. 또한 바운디드 컨텍스트와 동일하게, 충돌하는 모델은 인터페이스가 복잡해지므로 마이크로서비스로 구현할 수 없다. 마이크로서비스가 사실상 바운디드 컨텍스트다. 그러나 이런 관계가 반대로도 가능할까? 즉, 바운디드 컨텍스트가 마이크로서비스라고 말할 수 있을까?

3장에서 배웠듯이, 바운디드 컨텍스트는 유비쿼터스 언어와 모델의 일관성을 보호한다. 충돌하는 모델은 동일한 바운디드 컨텍스트에 구현할 수 없다. 광고 관리 시스템을 구축하고 있다고 생

각해보자. 시스템의 비즈니스 도메인에서 비즈니스 엔티티인 리드(Lead)는 프로모션과 영업 컨텍스트에서 다양한 모델로 표현된다. 그러므로 그림 14-8에서처럼 프로모션과 영업은 각각의 바운디드 컨텍스트에서만 유효한 리드 엔티티 하나만 있는 바운디드 컨텍스트다.

그림 14-8. 바운디드 컨텍스트

간단하게 하기 위해, 시스템에 리드 외에는 충돌하는 모델이 없다고 가정하자. 이렇게 하면 각 바운디드 컨텍스트는 여러 하위 도메인을 포함하게 되어 자연스럽게 폭넓은 바운디드 컨텍스트가 생긴다. 하위 도메인은 하나의 바운디드 컨텍스트에서 다른 것으로 옮길 수 있다. 하위 도메인에 모델 충돌이 없기만 하다면 그림 14-9에 나타낸 모든 분해는 모두 완전하게 유효한 바운디드 컨텍스트다.

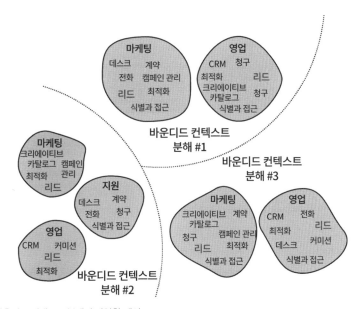

그림 14-9. 바운디드 컨텍스트 분해의 다양한 예시

다양한 요구사항은 바운디드 컨텍스트를 여러 형태로 분해하게 만든다. 예를 들어, 팀의 크기, 구조, 수명주기 의존성 등이 그런 요구사항이다. 하지만 이 예제의 유효한 모든 바운디드 컨텍스트가 반드시 마이크로서비스라고 말할 수 있을까? 아니다. 특히 분해 1의 상대적으로 큰 기능을 포함하는 두 바운디드 컨텍스트를 고려한다면 말이다.

그러므로 마이크로서비스와 바운디드 컨텍스트의 관계는 비대칭이다. 마이크로서비스는 바운디드 컨텍스트로 볼 수 있지만, 모든 바운디드 컨텍스트가 마이크로서비스인 것은 아니다. 한편, 바운디드 컨텍스트는 유효한 거대한 모놀리식의 경계를 표현한다. 하지만 이 같은 모놀리식을 커다란 진흙 덩어리와 혼동해서는 안 된다. 이는 유비쿼터스 언어 또는 비즈니스 도메인 모델의 일관성을 보호하는 유효한 설계 옵션이다. 15장에서 논의하겠지만 경우에 따라 이 같은 광범위한 경계가 마이크로서비스보다 더 효과적일 수 있다.

그림 14-10에 바운디드 컨텍스트와 마이크로서비스의 상관관계를 시각화했다. 바운디드 컨텍스트와 마이크로서비스 사이의 공간이 안전하다. 하지만 시스템이 적절하지 않게 바운디드 컨텍스트를 분해하거나 마이크로서비스 임계치를 넘어서 분해된다면 각각 커다란 진흙 덩어리가 되거나 분산된 커다란 진흙 덩어리가 된다.

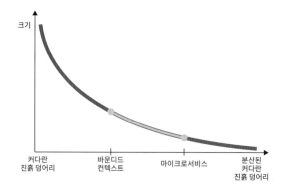

그림 14-10. 크기와 모듈

다음으로 애그리게이트가 마이크로서비스의 경계를 찾는 데 도움을 주는지 알아보자.

애그리게이트

바운디드 컨텍스트는 가장 넓은 유효한 경계를 설정하지만, 애그리게이트 패턴은 그 반대다. 애그리게이트의 경계는 가능한 한 좁게 설정한다. 애그리게이트를 여러 물리적 서비스 또는 바운디드 컨텍스트로 분해하는 것은 최적이 아닌 원치 않는 결과를 초래한다(부록 A에서 배울 것이다).

바운디드 컨텍스트와 마찬가지로, 애그리게이트의 경계 또한 마이크로서비스의 경계를 결정한다고 여겨질 때가 많다. 애그리게이트는 내부 비즈니스 규칙과 불변성, 로직의 복잡성을 감싸는 개별적인 비즈니스 기능 단위다. 그런 의미에서 이번 장의 초반부에 알아봤듯이 마이크로서비스는 개별 서비스가 아니다. 개별 서비스는 시스템의 다른 구성요소와 상호작용하는 컨텍스트에서 고려돼야 한다.

문제의 애그리게이트가 자신의 하위 도메인에 있는 다른 애그리게이트와 통신하는가?

- 다른 애그리게이트에 자신의 밸류 오브젝트를 공유하는가?
- 애그리게이트의 비즈니스 로직이 변경되면 하위 도메인의 다른 구성요소에 영향을 줄 가능성이 얼마나 되는가? 그 반대의 경우는 어떤가?

애그리게이트와 자신의 하위 도메인에 있는 다른 비즈니스 엔티티와의 관계가 강할수록 얕은 개별 서비스가 된다.

애그리게이트를 서비스화해 모듈형 설계를 만들어내는 경우도 있다. 하지만 대부분 이 같은 작은 크기의 서비스는 전체 시스템의 글로벌 복잡성을 증가시킨다.

하위 도메인

마이크로서비스를 설계하는 데 좀 더 균형 잡힌 휴리스틱은 비즈니스 하위 도메인의 경계와 서비스를 일치시키는 것이다. 1장에서 배웠듯이, 하위 도메인은 세분화된 비즈니스 역량과 관련이 있다. 이것은 기업이 자신의 비즈니스 도메인(영역)에서 경쟁하는 데 필요한 비즈니스 구성요소다. 비즈니스 도메인 관점에서 보면 하위 도메인은 역량이 어떻게 구현되는지 설명하지 않고 비즈니스 역량(무엇을 하는 비즈니스인지)을 설명한다. 기술적 관점에서 보면 하위 도메인은 응집된 유스케이스의 집합을 대표한다. 즉, 같은 비즈니스 도메인 모델을 사용하고, 같거나 밀접하게 관련된 데이터를 다루며, 강한 기능 연관성을 갖는다. 그림 14-11에서처럼 유스케이스 중 하나에서 비즈니스 요구사항을 변경하면 다른 유스케이스도 영향을 받을 가능성이 높다.

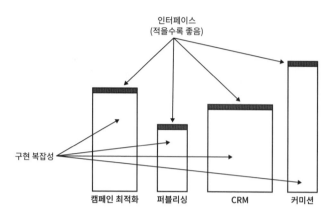

그림 14-11. 하위 도메인

하위 도메인의 크기와 '어떻게'보다는 '무엇을'에 중점을 둔 기능이 하위 도메인을 자연스럽게 깊은 모듈로 만든다. 하위 도메인을 설명하는 '기능'은 더 복잡한 구현 상세인 '로직'을 캡슐화한다. 하위 도메인에 포함된 유스케이스의 응집력이 결과 모델의 깊이를 보장한다. 유스케이스를 작은 케이스로 쪼개면 더 복잡한 퍼블릭 인터페이스를 만들고 모듈은 더욱 얕아진다. 이 모든 것이 하위 도메인을 마이크로서비스 설계를 위한 안전한 경계로 만든다.

하위 도메인을 마이크로서비스로 만드는 것은 대부분의 마이크로서비스를 위한 최적의 솔루션을 만드는 안전한 휴리스틱이다. 한편, 다른 경계가 더 효율적인 경우도 있다. 예를 들어, 더 넓은 바운디드 컨텍스트의 언어적 경계에 머물거나, 또는 비기능적 요구사항 때문에 애그리게이트를 마이크로서비스로 만들 수도 있다. 솔루션은 비즈니스 도메인에 의존할 뿐 아니라 조직의 구조와 비즈니스 전략, 비기능 요구사항에도 의존한다. 11장에서 논의했듯이, 환경의 변화에 따라 소프트웨어 아키텍처와 설계를 끊임없이 적응시키는 것이 중요하다.

마이크로서비스의 퍼블릭 인터페이스 압축하기

도메인 주도 설계는 서비스의 경계를 찾는 데 쓰일 뿐만 아니라, 서비스를 깊게 만드는 데도 도움을 준다. 이번 절에서는 오픈 호스트 서비스와 충돌 방지 계층 패턴이 어떻게 마이크로서비스의 퍼블릭 인터페이스를 간단하게 하는지 보여준다.

오픈 호스트 서비스

그림 14-12에서처럼 오픈 호스트 서비스는 비즈니스 도메인의 바운디드 컨텍스트 모델을 시스템의 다른 구성요소와 연동하는 데 사용되는 모델과 분리해준다.

연동 지향 모델인 공표된 언어를 도입하면 시스템의 글로벌 복잡성이 줄어든다. 우선, 서비스 사용자에게 영향을 미치지 않고 서비스의 구현을 발전시킬 수 있다. 새로운 구현 모델은 기존의 공표된 언어로 변환될 수 있다. 둘째, 공표된 언어는 좀 더 제한된 모델을 노출한다. 이는 연동에 필요한 요구사항에 맞게 설계된다. 서비스 사용자와 상관없는 구현의 복잡성을 감춰준다. 예를 들어, 더 적은 데이터를 사용자에게 좀 더 편리한 모델로 노출한다.

동일한 구현(로직)에 대한 더 간단한 퍼블릭 인터페이스(기능)를 갖게 되면 서비스가 더 '깊이' 있어지고, 더 효과적인 마이크로서비스 설계에 기여하게 된다.

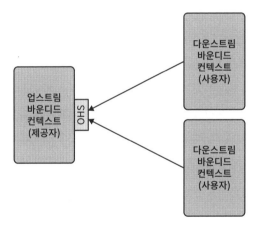

그림 14-12. 공표된 언어를 통한 서비스의 연동

충돌 방지 계층

충돌 방지 계층(ACL) 패턴은 다른 방식으로도 작동한다. 이것은 서비스를 다른 바운디드 컨텍스트와 연동할 때 복잡성을 줄여준다. 그러나 9장에서 논의했듯이 이 개념은 한 걸음 더 나아가 독립적인 서비스로도 구현할 수 있다.

그림 14-13의 ACL 서비스는 바운디드 컨텍스트를 사용하는 로컬 복잡성과 시스템의 글로벌 복잡성을 모두 줄여준다. ACL 서비스 덕분에 바운디드 컨텍스트를 사용할 때의 비즈니스 복잡성

과 연동할 때의 복잡성이 분리된다. 연동의 복잡성은 ACL 서비스가 담당한다. 즉, ACL 서비스는 바운디드 컨텍스트가 제공하는 서비스의 복잡성을 노출하지 않는 연동 지향적인 모델로서, 바운디드 컨텍스트의 사용자는 압축된 퍼블릭 인터페이스와 좀 더 편리하게 동작한다.

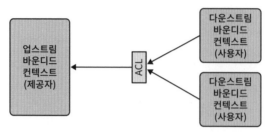

그림 14-13. 독립적 서비스로 구현된 충돌 방지 계층

결론

역사적으로 마이크로서비스 기반 아키텍처 스타일은 도메인 주도 설계와 깊이 연결되어 있다. 그래서 **마이크로서비스**와 **바운디드 컨텍스트**라는 용어도 종종 혼용된다. 이번 장에서는 둘 사이의 연관성을 분석했으며, 서로 같지 않음을 확인했다.

모든 마이크로서비스는 바운디드 컨텍스트다. 그러나 모든 바운디드 컨텍스트가 반드시 마이크로서비스인 것은 아니다. 기본적으로 마이크로서비스는 서비스의 가장 작은 유효한 경계를 정의하는 반면, 바운디드 컨텍스트는 모델 전반의 일관성을 보호하고 가장 넓은 유효한 경계를 나타낸다. 바운디드 컨텍스트보다 넓은 경계를 정의하면 커다란 진흙 덩어리를 만들고, 마이크로서비스보다 작은 경계는 분산된 커다란 진흙 덩어리를 만든다.

그럼에도 불구하고, 마이크로서비스와 도메인 주도 설계는 밀접한 관련이 있다. 이번 장에서 도메인 주도 설계의 도구가 어떻게 효과적으로 마이크로서비스의 경계를 설계하는 데 쓰이는지 살펴봤다.

15장에서는 계속해서 고수준의 시스템 아키텍처를 알아보면서 이벤트 주도 아키텍처를 통한 비동기식 연동 측면을 살펴본다. 그리고 마이크로서비스의 경계를 좀 더 최적화하기 위해 다양한 종류의 이벤트 메시지를 어떻게 사용하는지 배운다.

연습문제

1. 바운디드 컨텍스트와 마이크로서비스의 관계는 무엇인가?

    a. 모든 마이크로서비스는 바운디드 컨텍스트다.

    b. 모든 바운디드 컨텍스트는 마이크로서비스다.

    c. 마이크로서비스와 바운디드 컨텍스트는 같은 개념이고 용어만 다르다.

    d. 마이크로서비스와 바운디드 컨텍스트는 완전히 다른 개념이므로 비교할 수 없다.

2. 마이크로서비스의 어떤 부분이 '마이크로화'되어야 하는가?

    a. 마이크로서비스를 구현하는 팀이 필요로 하는 피자의 수. 메트릭은 팀 멤버의 다양한 식사 선호도와 평균 일일 칼로리를 다뤄야 한다.

    b. 서비스의 기능을 구현하는 데 소요되는 코드의 줄 수. 메트릭은 라인의 길이에 상관없으므로 마이크로서비스를 구현하는 데는 폭이 넓은 모니터가 좋다.

    c. 마이크로서비스 기반 시스템을 설계할 때 가장 중요한 점은 가능하면 마이크로서비스 인증을 받은 벤더의 마이크로서비스 친화적인 미들웨어를 준비하는 것이다.

    d. 서비스의 경계에 노출되고 자신의 퍼블릭 인터페이스에 반영된 비즈니스 도메인 지식과 그 복잡성.

3. 안전한 구성요소의 경계는 무엇인가?

    a. 바운디드 컨텍스트보다 넓은 경계

    b. 마이크로서비스보다 좁은 경계

    c. 바운디드 컨텍스트(가장 넓은)와 마이크로서비스(가장 좁은) 사이의 경계

    d. 모든 경계가 안전하다.

4. 애그리게이트의 경계를 마이크로서비스로 만드는 설계 의사결정은 좋은가?

    a. 그렇다. 애그리게이트는 항상 적절한 마이크로서비스를 만든다.

    b. 아니다. 애그리게이트는 개별 서비스로 노출되면 안 된다.

    c. 단일 애그리게이트를 마이크로서비스로 만드는 것은 불가능하다.

    d. 의사결정은 비즈니스 도메인에 따라 달라진다.

15

이벤트 주도 아키텍처

마이크로서비스와 마찬가지로 이벤트 주도 아키텍처(EDA: Event-Driven Architecture)는 현대 분산 시스템 어디에서나 찾아볼 수 있다. 많은 사람이 느슨하게 결합되고, 확장 가능하며, 내결합성을 가진 분산 시스템을 설계할 때 이벤트 주도 커뮤니케이션을 기본 통합 메커니즘으로 사용할 것을 권고한다.

이벤트 주도 아키텍처는 종종 도메인 주도 설계와 연결된다. 결국 EDA는 이벤트를 기반으로 하고 이벤트는 DDD에서 두드러진다. 우리는 도메인 이벤트를 가지고 있으며 필요할 때 이벤트를 시스템의 원천 데이터로 사용한다. 이벤트 주도 아키텍처를 사용하기 위한 기반으로 DDD의 이벤트를 활용하고 싶을 수 있다. 그런데 이것이 좋은 생각일까?

이벤트는 레거시 시스템에 적용한다고 해서 느슨하게 연결된 분산 시스템으로 전환할 수 있는 일종의 비법 소스가 아니다. 오히려 그 반대다. EDA를 부주의하게 적용하면 모듈식 모놀리스를 분산된 커다란 진흙 덩어리로 만들 수 있다.

이번 장에서는 EDA와 DDD 사이의 상호작용을 탐구할 것이다. 그리고 이벤트 주도 아키텍처의 필수 구성요소와 실패한 EDA 프로젝트의 일반적인 원인, 그리고 DDD 도구를 활용하여 효과적인 비동기식 연동 시스템을 설계하는 방법을 배울 것이다.

이벤트 주도 아키텍처

간단히 말해서 **이벤트 주도 아키텍처**는 시스템 컴포넌트가 이벤트 메시지를 교환하면서 비동기적으로 서로 커뮤니케이션하는 아키텍처 스타일이다(그림 15-1 참조). 서비스의 엔드포인트를 동기적으로 호출하는 대신 컴포넌트가 이벤트를 발행해서 시스템 도메인의 변경사항을 다른 시스템 요소에 알려준다. 해당 컴포넌트는 시스템에서 발생한 이벤트를 구독하고 그에 따라 반응할 수 있다. 이벤트 주도 실행 흐름의 일반적인 예는 9장에서 설명한 사가 패턴이다.

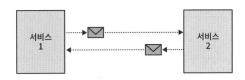

그림 15-1. 비동기 통신

이벤트 주도 아키텍처와 이벤트 소싱의 차이점을 알아두는 것은 중요하다. 7장에서 논의한 것처럼 이벤트 소싱은 상태의 변화를 일련의 이벤트로 캡처하는 방법이다.

이벤트 주도 아키텍처와 이벤트 소싱 모두 이벤트를 기반으로 하지만, 두 패턴은 개념적으로 다르다. EDA는 서비스 간 통신을 의미하는 반면, 이벤트 소싱은 서비스 내부에서 발생한다. 이벤트 소싱을 위해 설계된 이벤트는 서비스에서 구현된(이벤트 소싱 도메인 모델의 애그리게이트의) 상태 전환을 나타낸다. 이는 비즈니스 도메인의 복잡성을 파악하기 위한 것이며, 서비스를 다른 시스템 컴포넌트와 연동하기 위한 것이 아니다.

뒤에서 세 가지 유형의 이벤트에 대해 알아보고, 그중 상대적으로 연동에 더 적합한 이벤트가 무엇인지도 배운다.

이벤트

EDA 시스템에서 이벤트 교환은 구성요소를 연동해서 시스템으로 만들기 위한 핵심 통신 메커니즘이다. 이벤트에 대해 좀 더 자세히 살펴보고 메시지와 어떻게 다른지 알아보자.

이벤트, 커맨드, 메시지

지금까지 이벤트의 정의는 메시지 패턴[1]의 정의와 유사하다. 그러나 둘은 다르다. 이벤트는 메시지이지만 메시지가 반드시 이벤트는 아니다. 메시지에는 두 가지 유형이 있다.

이벤트(Event)

이미 발생한 변화를 설명하는 메시지

커맨드(Command)

수행돼야 할 작업을 설명하는 메시지

이벤트는 이미 일어난 일이고 커맨드는 어떤 일을 하라는 지시다. 이벤트와 커맨드 모두 메시지로 비동기 통신할 수 있다. 그러나 커맨드는 거부될 수 있다. 예를 들어, 커맨드가 유효하지 않거나 시스템의 비즈니스 규칙과 모순되는 경우 커맨드의 대상이 명령 실행을 거부할 수 있다. 반면에 이벤트의 경우 이벤트를 받는 쪽에서는 이벤트를 취소할 수 없다. 이벤트는 이미 발생한 일을 설명한다. 이벤트를 되돌리기 위해 할 수 있는 유일한 일은 사가 패턴에서 수행하는 커맨드인 보상 조치를 발행하는 것이다. 이벤트는 이미 발생한 일을 설명하므로 이벤트 이름은 과거 시제로 표현해야 한다(예: DeliveryScheduled, ShipmentCompleted, DeliveryConfirmed).

구조

이벤트는 선택한 메시징 플랫폼을 사용하여 직렬화하고 전송할 수 있는 데이터 레코드다. 일반적인 이벤트 스키마에는 이벤트의 메타데이터와 페이로드(이벤트가 전달하는 정보)를 포함한다.

```
{
  "type": "delivery-confirmed",
  "event-id": "14101928-4d79-4da6-9486-dbc4837bc612",
  "correlation-id": "08011958-6066-4815-8dbe-dee6d9e5ebac",
  "delivery-id": "05011927-a328-4860-a106-737b2929db4e",
  "timestamp": 1615718833,
  "payload": {
    "confirmed-by": "17bc9223-bdd6-4382-954d-f1410fd286bd",
```

---

1 《기업 통합 패턴 Enterprise Integration Patterns》(에이콘출판, 2014)

```
    "delivery-time": 1615701406
  }
}
```

이벤트의 페이로드(payload)는 이벤트가 전달하는 정보를 설명할 뿐만 아니라 이벤트의 유형도 정의한다. 이벤트의 세 가지 유형에 대해 자세히 알아보고 서로 어떻게 다른지 살펴보자.

이벤트 유형

이벤트는 이벤트 알림, 이벤트를 통한 상태 전송, 도메인 이벤트의 세 가지 유형[2] 중 하나로 분류할 수 있다.

이벤트 알림

이벤트 알림은 다른 컴포넌트가 반응할 비즈니스 도메인의 변경에 관한 메시지다. 그 예로는 PaycheckGenerated, CampaignPublished 등이 있다. 이벤트 알림은 장황하지 않아야 한다. 이해 당사자에게 이벤트를 알리는 것이 목적이므로 구독자가 이벤트에 반응하는 데 필요한 모든 정보를 포함해서는 안 된다. 예를 들면 다음과 같다.

```
{
  "type": "paycheck-generated",
  "event-id": "537ec7c2-d1a1-2005-8654-96aee1116b72",
  "delivery-id": "05011927-a328-4860-a106-737b2929db4e",
  "timestamp": 1615726445,
  "payload": {
    "employee-id": "456123",
    "link": "/paychecks/456123/2021/01"
  }
}
```

앞의 코드에서 이벤트는 외부 구성요소에게 생성된 급여를 알린다. 하지만 급여와 관련된 모든 정보를 담고 있지는 않다. 대신 수신자는 링크를 사용하여 더 자세한 정보를 가져올 수 있다. 이 알림의 흐름이 그림 15-2에 나와 있다.

---

[2] Fowler, M. (날짜 미상). What do you mean by "Event-Driven"? 2021년 8월 12일 기준, 마틴 파울러. https://oreil.ly/aSK5l

그림 15-2. 이벤트 알림 흐름

어떤 의미에서 이벤트 알림 메시지를 통한 통합은 미국의 긴급 재난 문자(WEA: Wireless Emergency Alert) 시스템 및 유럽의 EU-Alert과 유사하다(그림 15-3 참조). 시스템은 기지 국을 사용하여 짧은 메시지를 발송하여 시민들에게 공중 보건 문제, 안전 위협, 기타 비상 상황을 알린다. 시스템은 최대 360자의 메시지 전송으로 제한된다. 이 짧은 메시지는 긴급 상황을 알리기에 충분하지만 더 자세한 내용을 보려면 다른 정보 소스를 적극적으로 사용해야 한다.

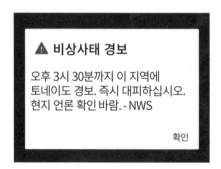

그림 15-3. 비상 경보 시스템

간결한 이벤트 알림은 여러 시나리오에서 선호된다. 보안과 동시성 개념에 대해 좀 더 자세히 살펴보자.

보안. 수신자가 세부 정보를 얻기 위한 질의를 명시적으로 하도록 강제하는 것은 민감한 정보가 메시징 인프라를 통해 공유되는 것을 막고 구독자가 데이터에 접근하기 위해 추가 권한이 필요하게 한다.

동시성. 이벤트 기반 연동의 비동기적인 특성으로 인해 정보가 구독자에게 도착했을 때 이미 만료된 상태로 렌더링될 수 있다. 정보의 특성이 경쟁조건에 민감한 경우 명시적으로 질의하면 최신 상태를 얻을 수 있다.

또한 여러 명의 동시 구독자 중에서 한 명의 구독자만 이벤트를 처리해야 하는 경우 질의 절차에 비관적 잠금(pessimistic locking) 방식을 적용할 수 있다. 이렇게 하면 제공자는 다른 사용자가 메시지를 처리할 수 없음을 확신할 수 있다.

이벤트를 통한 상태 전송

이벤트를 통한 상태 전송(ECST: Event-Carried State Transfer) 메시지는 구독자에게 제공자의 내부 상태에 대한 변경사항을 알려준다. 이벤트 알림 메시지와 달리 ECST 메시지는 상태 변경을 반영하는 모든 데이터를 포함한다.

ECST 메시지는 두 가지 형태로 나타날 수 있다. 첫 번째는 수정된 엔티티의 상태에 대한 완전한 스냅숏이다.

```json
{
  "type": "customer-updated",
  "event-id": "6b7ce6c6-8587-4e4f-924a-cec028000ce6",
  "customer-id": "01b18d56-b79a-4873-ac99-3d9f767dbe61",
  "timestamp": 1615728520,
  "payload": {
    "first-name": "Carolyn",
    "last-name": "Hayes",
    "phone": "555-1022",
    "status": "follow-up-set",
    "follow-up-date": "2021/05/08",
    "birthday": "1982/04/05",
    "version": 7
  }
}
```

이 예제의 ECST 메시지에는 고객의 업데이트된 상태에 대한 전체 스냅숏이 포함되어 있다. 규모가 큰 자료구조를 사용하여 처리하는 경우에는 실제로 수정된 필드만 ECST 메시지에 포함하는 것이 합리적이다.

```json
{
  "type": "customer-updated",
  "event-id": "6b7ce6c6-8587-4e4f-924a-cec028000ce6",
```

```
  "customer-id": "01b18d56-b79a-4873-ac99-3d9f767dbe61",
  "timestamp": 1615728520,
  "payload": {
    "status": "follow-up-set",
    "follow-up-date": "2021/05/10",
    "version": 8
  }
}
```

ECST 메시지에 완전한 스냅숏이 포함되어 있거나 업데이트된 필드만 포함하는 경우 이러한 이벤트 스트림을 통해 사용자는 엔티티 상태의 로컬 캐시를 보유하고 이용할 수 있다. 개념적으로 이벤트를 통한 상태 전송 메시지는 비동기 데이터 복제 메커니즘이다. 이 접근 방식을 사용하면 시스템의 내결함성이 향상되므로 제공자 서비스가 가용하지 않은 경우라도 사용자는 계속해서 작업할 수 있다. 또한 이는 여러 소스의 데이터를 처리해야 하는 컴포넌트의 성능을 향상시킬 수 있다. 데이터가 필요할 때마다 데이터 소스를 질의하는 대신 그림 15-4처럼 모든 데이터를 로컬로 캐시할 수 있다.

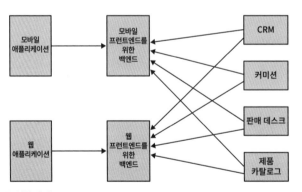

그림 15-4. 프런트엔드를 위한 백엔드

도메인 이벤트

세 번째 유형의 이벤트 메시지는 6장에서 설명한 도메인 이벤트다. 어떤 면에서 도메인 이벤트는 이벤트 알림과 ECST 메시지 사이 어딘가에 있다. 둘 다 비즈니스 도메인에서 중요한 이벤트를 설명하고, 관련된 모든 데이터를 포함한다. 이러한 유사성에도 불구하고 이 유형의 메시지는 개념적으로 다르다.

도메인 이벤트와 이벤트 알림의 관계

도메인 이벤트와 이벤트 알림은 모두 제공자의 비즈니스 도메인에서 발생한 변경사항을 설명한다. 다시 말하면 두 개념에 차이가 있다.

첫째, 도메인 이벤트에는 이벤트를 설명하는 모든 정보를 포함한다. 사용자는 완전한 그림을 얻기 위해 추가 조치를 취할 필요가 없다.

둘째, 모델링 의도가 다르다. 이벤트 알림은 다른 컴포넌트와의 연동을 돕기 위해 설계됐다. 반면 도메인 이벤트는 비즈니스 도메인을 모델링하고 설명하기 위한 것이다. 도메인 이벤트는 외부 사용자가 관심이 없더라도 유용할 수 있다. 가능한 모든 상태 전환을 모델링하는 데 도메인 이벤트가 사용되는 이벤트 소싱 시스템에서 특히 그렇다. 외부 사용자가 가용한 모든 도메인 이벤트에 관심이 있으면 최적이 아닌 설계로 이어진다. 이에 대해서는 이번 장의 뒷부분에서 더 자세히 논의할 것이다.

도메인 이벤트와 이벤트를 통한 상태 전송의 관계

도메인 이벤트에 포함된 데이터는 일반적인 ECST 메시지의 스키마와 개념적으로 다르다.

ECST 메시지는 제공자 데이터를 로컬 캐시로 보유하기에 충분한 정보를 제공한다. 하지만 모든 도메인 이벤트는 이러한 풍부한 모델을 노출해서는 안 된다. 게다가 사용자가 구독하지 않은 다른 도메인 이벤트가 동일한 필드에 영향을 줄 수 있으므로 특정 도메인 이벤트에 포함된 데이터조차도 애그리게이트의 상태를 캐싱하기에 충분하지 않다.

또한 알림 이벤트의 경우와 마찬가지로 두 가지 유형의 메시지에 대한 모델링 의도가 다르다. 도메인 이벤트에 포함된 데이터는 애그리게이트의 상태를 설명하기 위한 것이 아니다. 대신 수명주기 동안 발생한 비즈니스 이벤트를 설명한다.

이벤트 유형: 예제

다음은 세 가지 유형의 이벤트 간 차이점을 보여주는 예다. `결혼 이벤트를 나타내는 다음 세 가지 방법을 살펴보자.

```
eventNotification = {
  "type": "marriage-recorded",
  "person-id": "01b9a761",
  "payload": {
    "person-id": "126a7b61",
    "details": "/01b9a761/marriage-data"
  }
};

ecst = {
  "type": "personal-details-changed",
  "person-id": "01b9a761",
    "payload": {
    "new-last-name": "Williams"
  }
};

domainEvent = {
  "type": "married",
  "person-id": "01b9a761",
  "payload": {
    "person-id": "126a7b61",
    "assumed-partner-last-name": true
  }
};
```

marriage-recorded는 이벤트 알림 메시지다. 지정된 아이디를 가진 사람이 결혼했다는 사실 외에는 어떠한 정보도 포함되어 있지 않다. 이벤트에 대한 최소한의 정보만 포함되어 있으며 더 자세한 내용을 원하는 사용자는 세부 정보 필드의 링크를 따라가야 한다.

personal-details-changed는 이벤트를 통한 상태 전송 메시지다. 그 사람의 개인정보 변경사항, 즉 성이 변경되었음을 보여준다. 메시지는 변경된 이유를 설명하지 않는다. 그 사람이 결혼을 했을지, 아니면 이혼을 했을지 알 수 없다.

마지막으로 married는 도메인 이벤트다. 이것은 비즈니스 도메인의 이벤트 특성에 최대한 가깝게 모델링됐다. 그 사람의 ID와 그 사람이 배우자의 이름을 따르는지를 나타내는 플래그를 포함한다.

이벤트 주도 연동 설계

3장에서 논의한 바와 같이 소프트웨어 설계는 주로 경계에 관한 것이다. 경계는 내부에 속한 것, 외부에 남아있는 것, 그리고 가장 중요한 것은 경계를 넘어서는 것, 즉 기본적으로 컴포넌트가 서로 연동되는 방식을 정의한다. EDA 기반 시스템에서 이벤트는 컴포넌트가 연동하는 방식과 컴포넌트의 경계 자체에 모두 영향을 주는 가장 중요한 설계 요소다. 올바른 유형의 이벤트 메시지를 선택하는 것은 분산 시스템을 제대로 만들거나(느슨한 결합) 망가뜨린다(강한 결합).

이번 절에서는 다양한 이벤트 유형을 적용하기 위한 휴리스틱을 학습할 것이다. 하지만 그 전에 어떻게 이벤트를 사용하면 강한 결합을 가진 분산된 커다란 진흙 덩어리를 설계할 수 있는지 알아보자.

분산된 커다란 진흙 덩어리

그림 15-5에 있는 시스템을 살펴보자.

CRM 바운디드 컨텍스트는 이벤트 소싱 도메인 모델을 적용하여 구현된다. 팀은 CRM 시스템이 마케팅 바운디드 컨텍스트와 연동할 경우, 이벤트 소싱 데이터 모델의 유연성을 활용해서 마케팅 바운디드 컨텍스트의 사용자가 CRM의 도메인 이벤트를 구독하게 한 후 요구사항에 맞는 모델을 프로젝션하기로 결정했다.

광고최적화(AdsOptimization) 바운디드 컨텍스트를 도입했을 때 CRM 바운디드 컨텍스트에서 생성된 정보도 처리해야 했다. 다시 한 번 팀은 광고최적화가 CRM에서 생성된 모든 도메인 이벤트를 구독하고 광고최적화의 요구사항에 맞는 모델을 프로젝션하기로 결정했다.

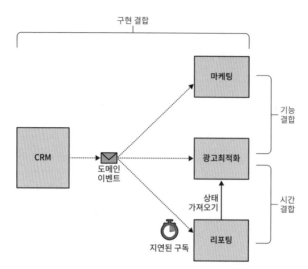

그림 15-5. 강하게 결합된 분산 시스템

흥미롭게도 마케팅 및 광고최적화 바운디드 컨텍스트는 모두 동일한 형식으로 고객의 정보를 제시해야 했고, 따라서 결국 CRM의 도메인 이벤트에서 동일한 모델, 즉 각 고객 상태의 평면 스냅숏을 프로젝션했다.

리포팅 바운디드 컨텍스트는 CRM에서 발행한 도메인 이벤트의 일부만 구독했고, 광고최적화 컨텍스트에서 수행한 계산도 가져오기 위해 이벤트 알림 메시지를 사용했다. 그러나 광고최적화와 리포팅 바운디드 컨텍스트도 동일한 이벤트를 사용하여 계산을 시작하므로 리포팅 모델이 업데이트되는 것을 보장하기 위해 리포팅 모델에서 구독을 지연시키기로 했다. 그래서 메시지를 받은 후 5분 후에 계산을 처리했다.

이 설계는 끔찍하다. 이 시스템의 결합 유형을 분석해 보자.

시간 결합

광고최적화와 리포팅 바운디드 컨텍스트는 시간적으로 결합하여 엄격한 실행 순서에 따라 달라진다. 광고최적화 컴포넌트는 리포팅 모듈이 트리거되기 전에 처리를 완료해야 한다. 순서가 역전되면 리포팅 시스템에서 일관성 없는 데이터가 생성된다.

필요한 실행 순서대로 처리하기 위해 엔지니어는 리포팅 시스템에 처리 프로세스를 지연시켰다. 이 5분의 지연은 광고최적화 컴포넌트가 필요한 계산을 완료할 수 있게 했다. 하지만 이것이 명백하게 잘못된 순서로 실행되는 것을 막지는 못한다.

- 광고최적화가 과부하로 5분 이내에 처리되지 못할 수 있다.
- 네트워크 문제로 수신 메시지가 광고최적화 서비스로 전달되는 것이 지연될 수 있다.
- 광고최적화 컴포넌트가 중단돼서 수신 메시지 처리가 중단될 수 있다.

기능 결합

마케팅과 광고최적화 바운디드 컨텍스트는 모두 CRM의 도메인 이벤트를 구독하고 결국 동일하게 고객 데이터를 프로젝션하도록 구현했다. 즉, 들어오는 도메인 이벤트를 상태 기반 표현 방식으로 변환하는 비즈니스 로직을 양쪽 바운디드 컨텍스트에 모두 복제했고 변경 이유도 같았다. 고객 데이터를 동일한 형식으로 제시해야 했기 때문이다. 따라서 컴포넌트 중 하나에서 프로젝션이 변경된 경우 두 번째 바운디드 컨텍스트에서 변경사항을 복제해야 했다.

이것이 기능 결합의 예다. 같은 비즈니스 기능을 구현하는 여러 컴포넌트가 있을 때 변경이 생기면 양쪽 컴포넌트에 동시에 반영해야 한다.

구현 결합

이 유형의 결합은 더 미묘하다. 마케팅과 광고최적화 바운디드 컨텍스트는 CRM의 이벤트 소싱 모델로 생성된 모든 도메인 이벤트를 구독한다. 결과적으로 새 도메인 이벤트를 추가하거나 기존 이벤트의 스키마를 변경하는 것과 같이 CRM 구현의 변경사항이 발생하면 이것을 구독하는 양쪽 바운디드 컨텍스트에 모두 반영해야 한다! 이렇게 하지 않으면 일관성 없는 데이터가 생성될 수 있다. 예를 들어, 이벤트의 스키마가 변경되면 구독자의 프로젝션 로직이 실패한다. 반면에 CRM 모델에 새로운 도메인 이벤트가 추가되면 추출된 모델에 잠재적으로 영향을 줘서 일관성 없는 상태를 가져올 것이다.

이벤트 주도 연동의 리팩터링

보다시피 시스템에 이벤트를 맹목적으로 적용하면 시스템 결합도가 낮아지지도 회복력이 향상되지도 않는다. 비현실적인 예라고 생각할 수 있지만, 안타깝게도 이 예는 실화를 바탕으로 한 것이다. 이제 이벤트를 조정하여 설계를 극적으로 개선하는 방법을 살펴보자.

CRM 데이터 모델을 구성하는 모든 도메인 이벤트를 노출하면 구독자가 제공자의 구현 상세에 결합된다. 구현 결합은 훨씬 더 제한된 이벤트 집합이나 다른 유형의 이벤트를 노출하여 해결할 수 있다.

마케팅과 광고최적화 구독자는 같은 비즈니스 기능을 구현하여 기능적으로 서로 결합된다.

구현 결합과 기능 결합은 모두 제공자(CRM 바운디드 컨텍스트)에서 프로젝션 로직을 캡슐화하여 결합도를 낮출 수 있다. CRM은 구현 세부 정보를 노출하는 대신 사용자 주도 컨트랙트 패턴을 따를 수 있다. 즉, 사용자가 필요로 하는 모델을 프로젝션하고 이를 바운디드 컨텍스트의 공표된 언어의 일부로 만든다. 이 방법은 연동에 특화된 모델로 내부 구현 모델과의 결합을 분리할 수 있다. 결과적으로 사용자는 필요한 모든 데이터를 얻을 뿐 CRM의 구현 모델은 알지 못한다.

광고최적화와 리포팅 바운디드 컨텍스트 간의 시간 결합을 처리하기 위해 광고최적화 컴포넌트가 이벤트 알림 메시지를 발행하여 리포팅 컴포넌트가 필요한 데이터를 가져오도록 트리거할 수 있다. 이렇게 리팩터링한 시스템이 그림 15-6에 나와 있다.

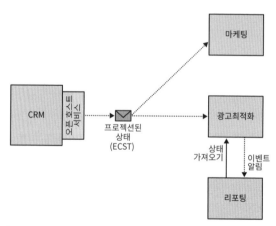

그림 15-6. 리팩터링한 시스템

이벤트 주도 설계 휴리스틱

당면한 작업에 적절한 이벤트 유형을 적용하여 설계하면 결합도가 매우 낮고 더욱 유연하며 내결함성이 향상된다. 이 같은 변경에 숨어 있는 설계에 대한 휴리스틱을 정리해보자.

최악의 상황을 가정하라

앤드류 그로브(Andrew Grove)는 "편집증 환자만 살아남는다"고 말했다[3]. 이것을 이벤트 주도 시스템을 설계할 때의 길잡이가 되는 원칙으로 삼고 다음을 생각해보자.

- 네트워크가 느려질 것이다.

- 가장 어렵거나 중요한 순간에 서버 장애가 발생한다.

- 이벤트가 순서대로 도착하지 않는다.

- 이벤트가 중복된다.

무엇보다 중요한 것은 이러한 이벤트가 주말과 공휴일에 가장 자주 발생한다는 것이다.

이벤트 주도 아키텍처에서 '주도(driven)'라는 단어는 전체 시스템이 메시지의 성공적인 전달에 달려 있음을 의미한다. 그러므로 "다 잘 될 거야"라는 사고방식은 전염병인 것 마냥 피해야 한다. 다음과 같은 방법으로 무조건 이벤트가 항상 일관되게 전달되도록 한다.

- 메시지를 안정적으로 발송하기 위해 아웃박스 패턴을 사용하자.

- 메시지를 발송할 때 구독자가 메시지 중복을 제거하고 순서가 잘못된 메시지를 식별하고 재정렬할 수 있게 하라.

- 보상 조치를 발행해야 하는 교차 바운디드 컨텍스트 프로세스를 조율할 때 사가 패턴과 프로세스 관리자 패턴을 활용하라.

퍼블릭 이벤트와 프라이빗 이벤트를 사용하라

특히 이벤트 소싱 애그리게이트에서 도메인 이벤트를 발송할 때 세부 정보를 노출하지 않도록 주의하라. 이벤트를 바운디드 컨텍스트의 퍼블릭 인터페이스의 내재된 부분으로 취급하라. 따라서 오픈 호스트 서비스 패턴을 구현할 때 이벤트가 바운디드 컨텍스트의 공표된 언어에 반영되게 하라. 이벤트 기반 모델을 변환하는 패턴은 9장에서 이미 설명했다.

바운디드 컨텍스트의 퍼블릭 인터페이스를 설계할 때 다른 유형의 이벤트를 활용하라. 이벤트를 통한 상태 전송 메시지는 구현 모델을 사용자가 필요로 하는 정보만 전달하는 더욱 간결한 모델로 압축한다.

---

3 《승자의 법칙》(한국경제신문사(한경비피), 2003)

이벤트 알림 메시지를 사용하여 퍼블릭 인터페이스를 더욱 최소화할 수 있다.

마지막으로 외부 바운디드 컨텍스트와 통신을 위한 도메인 이벤트는 최소화하여 사용한다. 전용 퍼블릭 도메인 이벤트를 설계하는 것을 고려하라.

일관성 요구사항을 평가하라

이벤트 주도 커뮤니케이션을 설계할 때 이벤트 유형 선택을 위한 또 다른 휴리스틱을 활용하여 바운디드 컨텍스트의 일관성 요구사항을 평가한다.

- 컴포넌트가 궁극적으로 일관된 데이터를 처리할 수 있는 경우 이벤트를 통한 상태 전송 메시지를 사용한다.
- 사용자가 제공자의 마지막으로 변경된 상태를 읽어야 하는 경우 제공자의 최신 상태를 가져오는 후속 질의와 함께 이벤트 알림 메시지를 발행한다.

결론

이번 장에서는 바운디드 컨텍스트의 퍼블릭 인터페이스를 설계하는 관점에서 이벤트 주도 아키텍처를 제시했다. 그리고 바운디드 컨텍스트 간 통신에 사용할 수 있는 세 가지 유형의 이벤트에 대해서 배웠다.

이벤트 알림

중요한 일이 발생했지만 사용자가 제공자에게 추가 정보를 명시적으로 질의해야 하는 알림

이벤트를 통한 상태 전송

메시지 기반 데이터 복제 메커니즘. 각 이벤트에는 제공자 데이터의 로컬 캐시를 유지 관리하는 데 사용할 수 있는 상태 스냅숏을 포함할 수 있다.

도메인 이벤트

제공자의 비즈니스 도메인 내에서 발생하는 이벤트를 설명하는 메시지

부적절한 유형의 이벤트를 사용하면 EDA 기반 시스템이 잘못 설계되어 의도하지 않게 커다란 진흙 덩어리로 변한다. 통합을 위한 올바른 유형의 이벤트를 선택하려면 바운디드 컨텍스트의 일관성 요구사항을 평가하고 구현 상세 노출에 주의하라. 퍼블릭/프라이빗 이벤트를 명시적으

로 구분해서 설계하라. 마지막으로 시스템이 기술적인 문제와 시스템 중단에 직면하더라도 메시지를 전달하는지 확인하라.

연습문제

1. 다음 중 옳은 것은?

    a. 이벤트 주도 아키텍처는 컴포넌트의 경계를 넘어 이동하려는 이벤트를 정의한다.

    b. 이벤트 소싱은 바운디드 컨텍스트의 경계 내에 머물도록 의도된 이벤트를 정의한다.

    c. 이벤트 주도 아키텍처와 이벤트 소싱은 같은 패턴이고, 용어만 다르다.

    d. A와 B가 맞다.

2. 상태 변경사항을 전달하는 데 가장 적합한 이벤트 유형은 무엇일까?

    a. 이벤트 알림

    b. 이벤트를 통한 상태 전송

    c. 도메인 이벤트

    d. 상태 변경사항을 전달하는 데 모든 이벤트 유형이 똑같이 좋다.

3. 퍼블릭 이벤트를 명시적으로 정의해야 하는 바운디드 컨텍스트 연동 패턴은 무엇일까?

    a. 오픈 호스트 서비스

    b. 충돌 방지 계층

    c. 공유 커널

    d. 순응주의자

4. 서비스 S1과 S2는 비동기식으로 연동한다. S1은 데이터를 통신해야 하고 S2는 S1에서 마지막으로 기록된 데이터를 읽을 수 있어야 한다. 이 연동 시나리오에 맞는 이벤트 유형은 무엇일까?

    a. S1은 이벤트를 통한 상태 전송 이벤트를 발행한다.

    b. S1은 퍼블릭 이벤트 알림을 발행해야 하며, 이는 S2가 최신 정보를 얻기 위해 동기 요청을 보내도록 신호를 보낸다.

    c. S1은 도메인 이벤트를 발행한다.

16

데이터 메시

지금까지 이 책에서는 실시간 데이터 처리 시스템(operational system)을 구축하는 데 사용되는 모델에 대해 논의했다. 실시간 데이터 처리 시스템은 시스템의 데이터를 조작하고 시스템 환경에서 일어나는 일상적인 작업을 조율하는 실시간 트랜잭션을 구현한다. 이 같은 모델이 OLTP(Online Transactional Processing) 데이터다. 적절한 모델링을 해야 하는 주목해야 할 다른 유형의 데이터에는 OLAP(Online Analytical Processing)가 있다.

이번 장에서는 분석 데이터 관리 아키텍처(analytical data management architecture), 일명 데이터 메시(data mesh)에 대해 배운다. 데이터 메시 기반 아키텍처가 어떻게 작동하고 전통적인 OLAP 데이터 관리와 접근 방식이 어떻게 다른지 알아본다. 궁극적으로, 도메인 주도 설계와 데이터 메시 아키텍처가 어떻게 조화를 이루는지를 배운다. 그럼 우선 이와 같은 분석 데이터 모델이 무엇이고, 분석 유스케이스에 실시간 데이터 모델을 다시 사용할 수 없는 이유에 대해 알아보자.

분석 데이터 모델과 트랜잭션 데이터 모델의 비교

"아는 것이 힘"이라는 말이 있다. 분석 데이터는 회사에 축적된 데이터를 활용하여 비즈니스를 최적화하는 방법에 대한 통찰을 얻고 고객의 요구사항을 더 잘 이해하며 기계 학습(ML: Machine Learning) 모델의 훈련을 통해 자동으로 의사결정을 내릴 수 있는 힘을 주는 지식이다.

분석 모델(OLAP)과 실시간 데이터 모델(OLTP)은 서로 다른 유형의 사용자를 지원하고, 다른 종류의 유스케이스를 구현하며, 그래서 결국에는 다른 설계 원칙을 따른다.

실시간 데이터 모델은 시스템의 비즈니스 도메인에 속한 다양한 엔티티를 중심으로 구축되고 이들의 수명주기를 구현하며 상호작용을 조율한다. 그림 16-1에 표현된 이 같은 모델은 실시간 데이터 처리 시스템을 위한 것이므로 실시간 비즈니스 트랜잭션을 지원하도록 최적화돼야 한다.

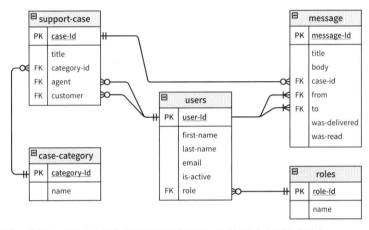

그림 16-1. 실시간 데이터 모델에 속한 엔티티 간의 관계를 설명하는 관계형 데이터베이스 스키마

반면에 분석 모델은 실시간 데이터 처리 시스템에 대한 다양한 통찰을 제공하도록 고안됐다. 분석 모델은 실시간 트랜잭션을 구현하는 대신 비즈니스 활동의 성과에 대한 통찰을 제공하는 것을 목표로 한다. 그러나 더 중요한 점은 더 많은 비즈니스 가치를 얻도록 운영을 최적화하는 방법을 제공하는 것이 목표라는 것이다.

자료구조 관점에서 보면 OLAP 모델은 개별 비즈니스 엔티티를 무시하는 대신 팩트 테이블과 디멘전 테이블을 모델링하여 비즈니스 활동에 집중한다. 그러면 이 두 테이블에 대해 자세히 알아보자.

팩트 테이블

팩트(fact)는 이미 발생한 비즈니스 활동을 나타낸다. 팩트는 과거에 일어난 것에 대해 설명한다는 점에서 도메인 이벤트의 개념과 비슷하다. 그러나 도메인 이벤트와는 달리 과거 시제의 동사로 팩트를 명명하도록 요구하지 않는다. 팩트는 비즈니스 프로세스의 활동을 나타낸다. 예를 들어, 팩트 테이블 `Fact_CustomerOnboardings`는 새로운 고객의 레코드를 담고 `Fact_Sales`는 확약된 판매 레코드를 담는다. 그림 16-2에서 팩트 테이블의 예를 볼 수 있다.

Fact-SolvedCases	
PK	**CaseId**
FK	AgentKey
FK	CategoryKey
FK	OpenedOnDateKey
FK	ClosedOnDateKey
FK	CustomerKey

그림 16-2. 회사의 지원 데스크에서 해결한 사례의 기록을 담은 팩트 테이블

또한 도메인 이벤트와 비슷하게 팩트 레코드는 절대로 삭제되거나 수정되지 않는다. 즉, 분석 데이터는 추가만 가능한 데이터다. 현재 데이터가 만료됐다는 것을 표현하는 유일한 방법은 새로운 레코드를 추가하는 것이다. 그림 16-3에 표현한 `Fact_CaseStatus` 팩트 테이블을 살펴보자. 이 테이블은 시간에 따라 지원 요청의 상태를 측정한 것을 담고 있다. 팩트의 이름에 동사는 없지만 팩트가 나타낸 비즈니스 절차가 바로 이 지원 사례가 처리되는 과정이다.

Fact_CaseStatus					
CaseId	**Timestamp**	**AgentKey**	**CategoryKey**	**CustomerKey**	**StatusKey**
case-141408202228	2021-06-15 10:30:00		12	10060512	1
case-141408202228	15/06/2021 11:00:00	285889	12	10060512	2
case-141408202228	15/06/2021 11:30:00	285889	12	10060512	2
case-141408202228	15/06/2021 12:00:00	285889	12	10060512	3
case-141408202228	15/06/2021 12:30:00	285889	12	10060512	2
case-141408202228	15/06/2021 13:00:00	285889	12	10060512	4

그림 16-3. 지원 사례의 수명주기 동안 상태의 변경을 설명하는 팩트 테이블

OLAP와 OLTP 모델의 또 다른 큰 차이점은 데이터의 세분화 정도(granularity)다. 실시간 데이터 처리 시스템에서는 비즈니스 트랜잭션을 다루기 위해 가장 정밀한 데이터가 필요하다. 반면에 분석 모델의 경우 데이터를 취합하는 것이 다양한 유스케이스에 더 효과적이다. 예를 들어, 그림 16-3의 `Fact_CaseStatus` 테이블을 보면 30분마다 스냅숏을 찍은 것을 알 수 있다. 모델을 다루는 데이터 분석가는 그들의 요구사항에 어떤 수준의 크기가 가장 적합한지 결정한다. 예를 들어, 변경이 측정될 때마다 팩트 레코드를 생성하는 것(예를 들어, 개별 사례 데이터의 변경)은 경우에 따라 낭비일 수 있고 심지어 기술적으로 불가능한 경우도 있다.

디멘전 테이블

분석 모델에서 또 다른 중요한 구성요소는 디멘전(dimension)이다. 팩트가 비즈니스 절차 또는 동작을 표현한다면(동사), 디멘전은 팩트를 묘사한다(형용사). 디멘전은 팩트의 속성을 설명하도록 고안되어 팩트 테이블에 있는 외부 키로 디멘전 테이블을 참조한다. 디멘전으로 모델링된 속성은 다양한 팩트 레코드를 넘나들며 반복되는 모든 측정 또는 데이터이므로 단일 칼럼에는 맞지 않는다. 예를 들어, 그림 16-4의 스키마는 SolvedCases 팩트를 디멘전을 통해 확장한다.

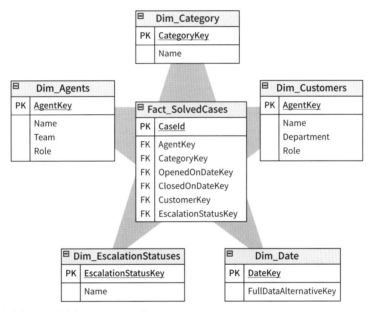

그림 16-4. 디멘전으로 둘러싸인 SolvedCases 팩트

디멘전이 고도로 정규화된 이유는 분석 시스템에서 유연한 질의를 지원해야 하기 때문이다. 이것이 바로 실시간 데이터 모델과 분석 모델의 또 다른 차이점이다. 비즈니스 요구사항을 지원하기 위해 실시간 데이터 모델이 어떻게 질의받을지는 예상할 수 있다. 그러나 분석 모델의 질의 패턴은 예측할 수 없다. 데이터 분석가는 데이터를 들여다보기 위해 유연한 질의가 필요하고, 미래에 어떤 질의가 실행될지 예측하기는 어렵다. 그 결과, 정규화를 통해서 동적인 질의 및 필터링을 지원하고 다양한 디멘전에 걸친 팩트 데이터에 대한 그룹화를 지원한다.

분석 모델

그림 16-5에 표현된 테이블 구조를 **스타 스키마(star schema)**라고 부른다. 팩트와 디멘전의 관계가 다대일(many-to-one)인 경우다. 여기서 각 디멘전 레코드는 여러 팩트에서 사용된다. 단일 팩트의 외부 키들은 각기 하나의 디멘전 레코드를 가리킨다.

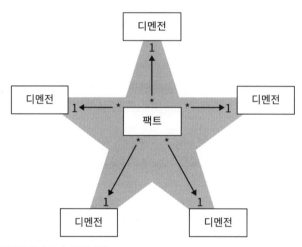

그림 16-5. 팩트와 디멘전의 관계가 다대일인 경우

또 다른 지배적인 분석 모델은 **스노플레이크 스키마(snowflake schema)**다. 스노플레이크 스키마는 동일하게 팩트와 디멘전으로 구성된다. 하지만 스노플레이크 스키마에서 디멘전은 여러 수준으로 구성된다. 즉, 그림 16-6에서처럼 각 디멘전은 더 작은 세밀한 디멘전으로 정규화된다.

추가적인 정규화로 인해 스노플레이크 스키마는 더 작은 공간에 디멘전 데이터를 저장할 수 있고 유지보수가 더 쉽다. 그러나 팩트의 데이터를 조회할 때 더 많은 테이블을 조인해야 하므로 더 많은 컴퓨팅 자원이 필요하다.

스타 스키마와 스노플레이크 스키마 모두 데이터 분석가가 비즈니스 성과를 분석하고 무엇을 최적화할지에 대한 통찰을 얻게 하며 BI(Business Intelligence) 리포트를 만들 수 있게 한다.

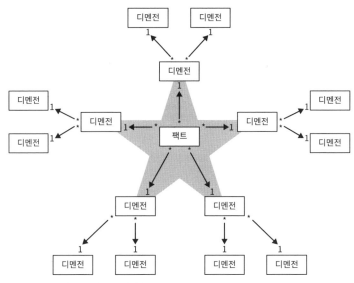

그림 16-6. 스노플레이크 스키마의 여러 수준 디멘전

분석 데이터 관리 플랫폼

이제부터는 데이터를 생성하고 분석 데이터를 제공하는 데이터 관리 아키텍처에 대해 논의해보자. 이번 절에서는 데이터 웨어하우스와 데이터 레이크, 두 개의 일반적인 분석 데이터 아키텍처에 대해 논의한다. 두 아키텍처의 기본적인 작동 원리와 차이점, 그리고 각 접근 방식의 어려운점에 대해 배운다. 두 아키텍처의 동작 방식에 대한 지식은 이번 장의 주제인 데이터 메시 패러다임과 도메인 주도 설계와의 상호작용을 논의하는 데 기초가 된다.

데이터 웨어하우스

데이터 웨어하우스(DWH: data warehouse) 아키텍처는 비교적 간단하다. 기업의 모든 실시간 데이터 처리 시스템에서 데이터를 추출해서 분석 모델로 변환한 후에 분석 지향 데이터베이스(analysis-oriented database)에 적재한다. 이 데이터베이스가 바로 데이터 웨어하우스다.

데이터 관리 아키텍처는 기본적으로 ETL(extract-transform-load) 스크립트를 기반으로 한다. 데이터는 실시간 데이터 처리 데이터베이스, 스트림 이벤트(streaming event), 로그 등의 다양한 원천에서 수집된다. 원천 데이터를 팩트/디멘전 기반 모델로 변환하는 것과 더불어 변환 단계에는 민감한 데이터를 제거하고 중복 레코드를 삭제하며, 이벤트의 순서 조정 및 작은 크기의 이벤트를 합치는 등의 추가적인 작업이 포함될 수도 있다. 변환할 때 유입되는 데이터를 저장하기 위한 임시 저장소가 필요할 수 있다. 이 공간은 스테이징 영역으로 알려져 있다.

그림 16-7에 표현된 결과 데이터 웨어하우스는 기업의 모든 비즈니스 프로세스를 아우르는 분석 데이터를 포함한다. 데이터 분석가와 BI 엔지니어는 SQL 언어(또는 다른 파생 언어)를 통해 데이터를 조회하여 사용한다.

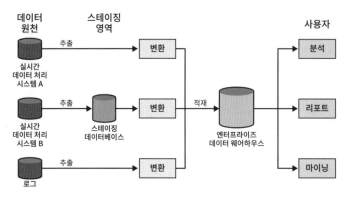

그림 16-7. 전형적인 엔터프라이즈 데이터 웨어하우스 아키텍처

세심한 독자라면 이 데이터 아키텍처에 2장 및 3장에서 논의한 몇 가지 도전과제가 있다는 것을 눈치챘을 것이다.

우선, 데이터 웨어하우스 아키텍처의 중심에는 엔터프라이즈 전반의 모델을 구축하는 목표가 있다. 모델은 기업의 모든 시스템에서 생성되는 데이터를 묘사하고, 다양한 분석 데이터의 사용 사례를 다뤄야 한다. 예를 들어, 분석 모델은 비즈니스 최적화, 운영 비용 절감, 지능적인 비즈니스 의사결정, 리포팅, 그리고 심지어 ML 모델 훈련까지 가능하게 한다. 3장에서 배웠듯이 이 같은 접근 방식은 작은 규모의 조직에서는 모두 실용적이지 못하다. 리포트를 구축하거나 ML 모델을 훈련하는 것 같은 당면한 과제를 위한 모델의 설계가 훨씬 더 효과적이고 확장 가능한 접근 방식이다.

모든 상황을 아우르는 모델을 구축하는 것의 어려운 점은 데이터 마트(data mart)를 사용하여 부분적으로 해결할 수 있다. 데이터 마트는 단일 비즈니스 부서의 분석과 같이, 잘 정의된 분석 요구사항에 관련된 데이터를 저장하는 일종의 데이터베이스다.

그림 16-8에 표현된 데이터 마트 모델에서 어떤 마트는 ETL 프로세스가 실시간 데이터 처리 시스템으로부터 직접 추출되는 반면, 데이터 웨어하우스에서 데이터를 추출하는 마트도 있다.

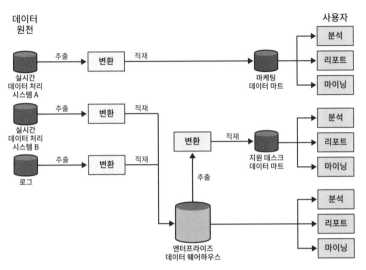

그림 16-8. 데이터 마트로 확장한 엔터프라이즈 데이터 웨어하우스 아키텍처

엔터프라이즈 데이터 웨어하우스로부터 데이터 마트로 데이터가 유입될 때 여전히 데이터 웨어하우스에 전사적 모델을 정의할 필요가 있다. 대안으로, 데이터 마트가 실시간 데이터 처리 시스템으로부터 데이터를 직접 가져오는 전담 ETL 프로세스를 구현할 수도 있다. 이 경우, 결과 모델을 구현할 때 어려운 점은 여러 부서를 아우르는 다양한 마트에서 데이터를 조회하는 것이다. 왜냐하면 이를 구현할 때 여러 데이터베이스에 걸친 질의가 필요하고 이것이 성능에 상당한 영향을 미치기 때문이다.

데이터 웨어하우스 아키텍처의 다른 어려운 점은 ETL 프로세스가 분석(OLAP) 시스템과 실시간 데이터 처리(OLTP) 시스템 간에 강력한 결합을 만든다는 것이다. ETL 스크립트가 사용하는 데이터가 반드시 시스템의 퍼블릭 인터페이스를 통해 노출될 필요는 없다. 종종 DWH 시스템은 단순하게 실시간 데이터 처리 시스템의 데이터베이스로부터 데이터를 가져온다. 실시간 데이터 처리 시스템 데이터베이스에서는 퍼블릭 인터페이스가 아닌, 내부적으로 구현된 상세 스키마를 사용한다. 그 결과, 스키마가 조금만 바뀌어도 데이터 웨어하우스의 ETL 스크립트가 작동하지 않는다. 실시간 데이터 처리 시스템과 분석 시스템은 다소 멀리 떨어진 조직에서 구현 및 유지보수를 하기 때문에 두 조직 간의 커뮤니케이션이 어려우며 많은 마찰이 발생한다. 이런 커뮤니케이션 패턴을 그림 16-9에서 확인할 수 있다.

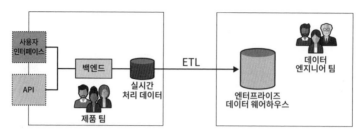

그림 16-9. 연동 지향 퍼블릭 인터페이스를 무시한 채 실시간 데이터 처리 시스템 데이터베이스에서 데이터를 직접 가져오는 데이터 웨어하우스

데이터 레이크 아키텍처(data lake architecture)는 데이터 웨어하우스 아키텍처의 이 같은 몇 가지 단점을 해결한다.

데이터 레이크

데이터 웨어하우스와 마찬가지로, 데이터 레이크 아키텍처는 실시간 데이터 처리 시스템의 데이터를 유입하고 분석 모델로 변환하는 동일한 개념에 기반한다. 그러나 이 두 가지 접근 방식에는 개념적인 차이가 있다.

데이터 레이크 기반 시스템은 실시간 데이터 처리 시스템으로부터 데이터를 받는다. 그러나 데이터를 바로 분석 모델로 변환하는 대신 원본 형태, 즉 원래의 실시간 데이터 모델로 보관한다.

그러므로 원본 데이터는 데이터 분석의 요건에 맞지 않는다. 데이터 엔지니어와 BI 엔지니어는 데이터 레이크의 데이터를 이해하고 분석 모델을 생성하는 ETL 스크립트를 구현하며, 이를 데이터 웨어하우스에 제공해야 한다. 그림 16-10에 데이터 레이크 아키텍처를 표현했다.

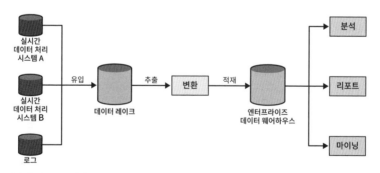

그림 16-10. 데이터 레이크 아키텍처

실시간 데이터 처리 시스템의 데이터는 원본 형태로 저장되고 나중에 변환되므로 데이터 레이크에서는 여러 가지 작업 지향 분석 모델을 작동시키는 것이 가능하다. 예를 들어, 어떤 모델은 리포팅에, 다른 모델은 ML 훈련에 사용하는 식이다. 게다가 미래에 새로운 모델을 추가하고 이를 기존의 원본 데이터로 초기화할 수도 있다.

이처럼 분석 모델을 나중에 생성하게 되면 전체적인 시스템의 복잡성이 증가한다. 그림 16-11의 예시처럼 데이터 엔지니어가 다양한 버전의 실시간 데이터 모델을 수용하기 위해 동일한 ETL 스크립트를 여러 버전으로 구현하고 지원하는 것은 흔한 일이다.

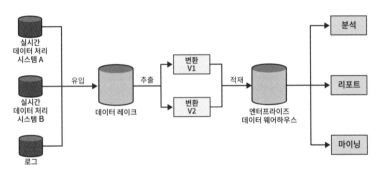

그림 16-11. 다양한 버전의 실시간 데이터 모델을 수용하기 위한 여러 버전의 동일한 ETL 스크립트

또한 데이터 레이크는 유입되는 데이터에 스키마를 강제하지 않는 무(無)스키마이며, 수신 데이터의 품질을 제어하지 않는다. 따라서 데이터 레이크는 특정 규모 이상이 되면 혼란스러워진다. 데이터 레이크를 사용하면 데이터를 쉽게 수집할 수 있지만 사용하기는 훨씬 더 어렵다. 흔히, "데이터 레이크가 데이터의 늪이 된다"라고 이야기한다. 그래서 이와 같은 혼돈을 이해하고 유용한 분석 데이터를 추출하는 데이터 과학자의 일은 훨씬 더 복잡해진다.

데이터 웨어하우스와 데이터 레이크 아키텍처의 도전과제

데이터 웨어하우스와 데이터 레이크 아키텍처는 둘 다 동일한 가정에 기반한다. 즉, 분석을 위한 더 많은 데이터를 유입하면 조직은 더 많은 통찰을 얻는다. 그러나 두 접근 방법 모두 데이터의 '방대한 규모'에 대한 무게로 인해 유명무실해지는 경향이 있다. 실시간 데이터 모델을 분석 모델로 변환하면 유지보수가 어려운 대규모의 임시방편용 ETL 스크립트가 무수히 생성된다.

모델링 관점에서 보면 두 아키텍처 모두 실시간 데이터 처리 시스템의 경계를 침범해서 구현 상세에 대한 의존성을 생성한다. 이 같은 구현 모델에 대한 결합도는 종종 분석 시스템의 ETL 작업이 깨지지 않도록 실시간 데이터 모델에 대한 변경을 막는 지경까지 이르게 되어 실시간 데이터 처리 시스템 및 분석 시스템 팀 간에 마찰을 야기한다.

설상가상으로 데이터 분석가와 데이터 엔지니어는 다른 조직에 소속되므로 실시간 데이터 처리 시스템의 개발 팀이 소유한 비즈니스 도메인에 대한 깊이 있는 지식이 부족하다. 이들은 비즈니스 도메인 지식이 아니라 주로 빅데이터 도구에 대한 전문가다.

마지막으로, 구현 모델의 결합은 비즈니스 도메인의 모델을 지속해서 개선하고 발전하는 것을 강조하는 도메인 주도 설계 기반의 프로젝트에서 특히 심하다. 실시간 데이터 모델에 대한 변경은 분석 모델에 예측할 수 없는 결과를 만든다. 이 같은 변경은 DDD 프로젝트에서 흔하고 종종 R&D 팀과 데이터 팀 간의 마찰을 유발하기도 한다.

데이터 웨어하우스와 데이터 레이크의 이러한 한계는 새로운 분석 데이터 관리 아키텍처인 데이터 메시의 탄생에 영감을 주었다.

데이터 메시

어떤 의미에서 데이터 메시 아키텍처는 분석 데이터를 위한 도메인 주도 설계라고 볼 수 있다. DDD에서 다양한 패턴이 경계를 긋고 내용을 프로젝션하듯이, 데이터 메시 아키텍처는 분석 데이터에 대한 모델과 소유 경계를 정의하고 프로젝션한다.

데이터 메시 아키텍처는 도메인 기준의 데이터 분리, 제품 관점에서 데이터 다루기(data as a product), 자율성 활성화, 에코시스템 구축의 네 가지 핵심 원칙을 기반으로 한다. 그러면 각 원칙에 대해 상세히 논의해보자.

도메인 기준의 데이터 분리

데이터 웨어하우스와 데이터 레이크의 접근 방식은 모두 엔터프라이즈의 모든 데이터를 하나의 큰 모델로 통합하는 것이 목표다. 결과 분석 모델은 전사적 실시간 데이터 모델과 정확하게 같은 이유로 효과적이지 못하다. 게다가 모든 시스템의 데이터를 수집해서 하나의 장소에 넣으면 다양한 데이터 요소의 소유권 경계가 흐려진다.

데이터 메시 아키텍처는 모놀리식 분석 모델을 구축하는 대신, 3장에서 논의한 실시간 데이터 데이터를 위한 솔루션, 즉 원천 데이터에 분석 모델을 일치시켜서 데이터를 사용하므로 여러 분석 모델을 사용할 수 있다. 이렇게 하면 그림 16-12의 예시처럼, 분석 모델의 소유권 경계를 자연스럽게 바운디드 컨텍스트의 경계와 일치시키게 된다. 시스템의 바운디드 컨텍스트에 따라 분석 모델을 분해하고 나면 분석 데이터의 생성은 관련 제품 팀에서 담당한다.

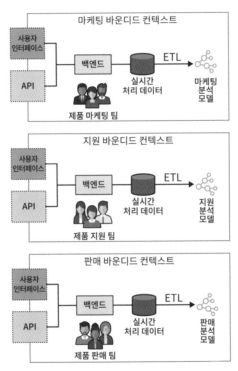

그림 16-12. 분석 모델의 소유권 경계와 바운디드 컨텍스트 경계의 일치

각 바운디드 컨텍스트는 이제 자신의 실시간 데이터 처리(OLTP) 모델과 분석(OLAP) 모델을 소유한다. 결과적으로 실시간 데이터 모델을 소유한 팀이 이제 그것을 분석 모델로 변환하는 책임을 진다.

제품 관점에서 데이터 다루기

고전적인 데이터 관리 아키텍처는 양질의 분석 데이터를 찾고 이해하고 가져오기가 어렵다. 이는 데이터 레이크의 경우에 특히 심각하다.

제품 관점에서 데이터 다루기 원칙에서는 분석 데이터를 제일 중요하게 다뤄야 한다. 분석 시스템이 의심스러운 원천(내부 데이터베이스, 로그 파일 등)에서 실시간 데이터를 가져오게 하는 대신, 데이터 메시 기반 시스템에서는 그림 16-13의 예시처럼 바운디드 컨텍스트가 잘 정의된 출력 포트를 통해 분석 데이터를 제공한다.

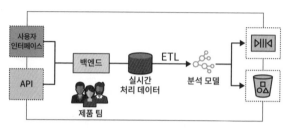

그림 16-13. 분석 데이터를 사용자에게 노출하는 다양한 데이터 엔드포인트

분석 데이터는 통상적인 퍼블릭 API와 동일하게 취급돼야 한다.

- 필요한 엔드포인트인 데이터 출력 포트를 쉽게 찾을 수 있어야 한다.

- 분석 엔드포인트는 제공하는 데이터와 형식을 설명하는 잘 정의된 스키마를 가져야 한다.

- 분석 데이터는 신뢰할 수 있어야 하고 다른 API와 마찬가지로 서비스 수준 계약(SLA: service-level agreement)을 정의하고 모니터링해야 한다.

- 분석 모델은 일반적인 API처럼 버전 관리를 하고 그에 따라 모델에서 연동을 망가뜨리는 변경을 관리해야 한다.

또한 분석 데이터는 제품 관점에서 제공되므로 사용자의 요구를 반영해야 한다. 바운디드 컨텍스트 팀은 도출된 결과 모델에 사용자의 요구사항이 반영되도록 보장해야 한다. 데이터 메시는 데이터 웨어하우스 및 데이터 레이크 아키텍처와는 대조적으로 데이터 품질에 대한 책임이 가장 중요한 관심사다.

분산 데이터 관리 아키텍처의 목표는 조직의 데이터 분석 요건을 충족할 수 있도록 작은 크기의 분석 모델이 엮일 수 있게 하는 것이다. 예를 들어, BI 리포트가 다양한 바운디드 컨텍스트로부터 얻는 데이터를 반영해야 한다면 필요에 따라 분석 데이터를 쉽게 가져오고 로컬 변환을 적용하며 리포트를 생성할 수 있어야 한다.

마지막으로, 사용자마다 여러 형태의 분석 데이터가 필요할 수도 있다. 예를 들어, 일부 사용자는 SQL 질의를 실행하는 것을 선호하고, 다른 사용자는 객체 저장소로부터 분석 데이터를 가져오는 것을 원하는 식이다. 결국, 데이터 제품은 다양한 사용자의 요구사항을 충족하는 여러 형태의 데이터를 제공하도록 다양한 언어를 제공해야 한다.

전통적으로는 제품 팀에 실시간 데이터 처리 시스템 관련 전문가만 포함했지만, 데이터를 제품 관점의 원칙에서 구현하려면 데이터 지향 전문가가 필요하다. 이것이 다기능 팀의 퍼즐에서 빠진 조각이다.

자율성 활성화

제품 팀은 자신의 데이터 제품을 만들 수도 있고 다른 바운디드 컨텍스트에서 제공하는 데이터 제품도 사용할 수 있어야 한다. 바운디드 컨텍스트에서와 마찬가지로, 데이터 제품은 상호운용이 가능해야 한다.

분석 데이터를 제공하기 위해 각 팀이 자신의 솔루션을 구축하는 것은 소모적이고 효과적이지도 않으며 연동도 어렵다. 이를 방지하려면 플랫폼이 상호운용이 가능한 데이터 제품의 구축, 실행, 유지보수의 복잡성을 추상화할 필요가 있다. 이 같은 플랫폼을 설계하고 구축하려면 상당한 노력과 전담 데이터 인프라스트럭처 플랫폼 팀이 필요하다.

데이터 인프라스트럭처 플랫폼 팀은 데이터 제품의 청사진, 단일화된 접근 패턴, 접근 제어, 그리고 제품 팀이 사용할 다양한 저장소를 정의해야 할 뿐만 아니라 플랫폼을 모니터링해서 SLA와 목적을 만족하는지 보장할 책임이 있다.

에코시스템 구축

데이터 메시 시스템을 만드는 마지막 단계는 분석 데이터 도메인 관점에서 상호운용과 에코시스템을 가능하게 할 연합 거버넌스 기구를 임명하는 것이다. 이것은 그림 16-14의 예시처럼 바운디드 컨텍스트의 데이터 및 제품 소유자, 그리고 데이터 인프라스트럭처 플랫폼 팀의 대표로 구성되는 그룹이다.

거버넌스 그룹은 상호운용이 가능한 정상적인 에코시스템을 보장하는 규칙을 정의할 책임이 있다. 이 규칙은 모든 데이터 제품과 그 인터페이스에 적용돼야 하고, 거버넌스 그룹은 전사적으로 이 규칙을 따르도록 보장할 책임이 있다.

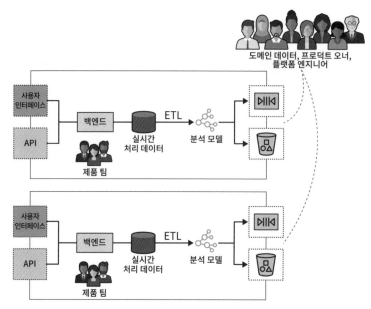

그림 16-14. 분산 데이터 분석 에코시스템이 상호운용이 가능하고 정상적이며 조직의 요구사항을 해결하도록 보장하는 거버
넌스 그룹

데이터 메시와 도메인 주도 설계를 엮기

데이터 메시 아키텍처가 기반으로 하는 네 가지 원칙이 있다. 경계를 정의하도록 강조하고 잘 정
의된 출력 포트 뒤에 있는 구현의 상세 내용을 감추는 것은 데이터 메시 아키텍처가 도메인 주도
설계와 동일한 추론에 근거한다는 확실한 증거다. 게다가 일부 도메인 주도 설계 패턴은 데이터
메시 아키텍처를 구현하는 데 상당한 도움을 줄 수 있다.

첫째, 유비쿼터스 언어와 결과 도메인 지식은 분석 모델 설계를 위한 필수 요소다. 데이터 웨어
하우스와 데이터 레이크를 다룬 절에서 논의했듯이 전통적인 아키텍처에서는 도메인 지식이 부
족하다.

둘째, 자신의 실시간 데이터 모델과 다른 모델로 바운디드 컨텍스트 데이터를 노출하는 것은 오
픈 호스트 패턴이다. 이 경우 분석 모델이 부가적인 공표된 언어다.

CQRS 패턴은 동일한 데이터에 대한 여러 모델을 쉽게 생성하게 해준다. 이것을 활용하면 실시
간 데이터 모델을 분석 모델로 변환할 수 있다. 그림 16-15의 예시처럼, 처음부터 모델을 생성
하는 CQRS 패턴의 능력은 다양한 버전의 분석 모델을 동시에 생성하고 제공하는 것을 쉽게 해
준다.

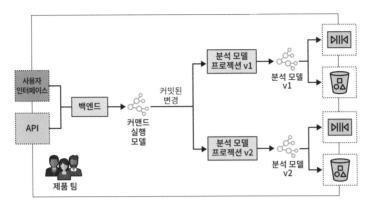

그림 16-15. 분석 데이터를 동시에 두 개의 다른 스키마 버전에 제공하는 데 활용된 CQRS 패턴

마지막으로, 데이터 메시 아키텍처는 분석 유스케이스를 구현하기 위해 다양한 바운디드 컨텍스트의 모델을 묶기 때문에 실시간 데이터 모델을 위한 바운디드 컨텍스트의 연동 패턴은 분석 모델에도 적용된다. 서로 다른 제품을 담당하는 두 팀은 파트너십 패턴을 적용해서 각자의 분석 모델을 발전시킬 수 있다. 효과가 없는 분석 모델로부터 스스로를 보호하기 위해 충돌 방지 계층을 구현할 수도 있다. 또는 팀이 분리형 노선 패턴을 선택해서 분석 모델의 구현을 중복해서 만들 수도 있다.

결론

이번 장에서는 다양한 관점의 소프트웨어 시스템 설계, 특히 분석 데이터를 정의하고 관리하는 것을 배웠다.

스타 및 스노플레이크 스키마를 포함한 지배적인 분석 데이터 모델과 데이터 웨어하우스 및 데이터 레이크에서 전통적인 데이터의 관리 방법에 대해 논의했다.

데이터 메시 아키텍처는 전통적인 데이터 관리 아키텍처의 어려움을 해결하는 데 목적이 있다. 이 아키텍처의 중심에는 도메인 주도 설계와 동일한 원칙이 적용된다. 즉, 분석 모델을 관리 가능한 단위로 분해하고 자체의 퍼블릭 인터페이스를 통해 분석 데이터에 안정적으로 접근하고 사용하도록 보장한다는 것이다. 결국, CQRS와 바운디드 컨텍스트 연동 패턴은 데이터 메시 아키텍처의 구현을 지원한다.

연습문제

1. 트랜잭션(OLTP)과 분석(OLAP) 모델의 차이점에 대한 올바른 설명은?

    a. OLAP 모델은 OLTP 모델보다 더 유연한 질의 옵션을 노출해야 한다.

    b. OLAP 모델은 OLTP 모델보다 더 업데이트가 많을 것으로 예측되므로 쓰기 최적화를 해야 한다.

    c. OLAP 데이터는 실시간 동작에 최적화되는 반면, OLAP 질의의 응답은 수초 또는 심지어 수분을 기다리는 것이 가능하다.

    d. A와 C가 옳다.

2. 다음 중 데이터 메시 아키텍처를 구현하는 데 필수인 바운디드 컨텍스트 연동 패턴은?

    a. 공유 커널

    b. 오픈 호스트 서비스

    c. 충돌 방지 계층

    d. 파트너십

3. 다음 중 데이터 메시 아키텍처를 구현하는 데 필수인 아키텍처 패턴은?

    a. 계층형 아키텍처

    b. 포트와 어댑터

    c. CQRS

    d. 아키텍처 패턴은 OLAP 모델을 구현하는 것을 지원할 수 없다.

4. 데이터 메시 아키텍처의 정의에 따르면 '도메인'을 중심으로 데이터를 구분하여 취급해야 한다. 데이터 메시의 도메인을 설명하는 DDD의 용어는 무엇인가?

    a. 바운디드 컨텍스트

    b. 비즈니스 도메인

    c. 하위 도메인

    d. DDD에는 데이터 메시의 도메인과 유사어가 없다.

도메인 주도 설계의 여정을 마무리하며, 이 책의 앞부분에서 인용했던 문구로 돌아가 보자.

"우리가 해결하고자 하는 문제가 무엇인지 합의하기 전에 해결책을 얘기하는 것은 의미가 없다. 또한 해결책에 대해 합의하기 전에 어떻게 구현하는지 얘기하는 것도 의미가 없다."

– 에프랏 골드랫–아쉬라그

이 인용문은 우리의 DDD 여정을 깔끔하게 요약한다.

문제

소프트웨어 솔루션을 제공하려면 먼저 문제를 이해해야 한다. 우리가 작업하고 있는 **비즈니스 도메인**은 무엇이며, 비즈니스 목표는 무엇이고, 이를 달성하기 위한 전략은 무엇인가?

우리는 **유비쿼터스 언어**를 사용하여 소프트웨어에서 구현해야 하는 비즈니스 도메인과 해당 로직에 대한 깊은 이해를 얻었다.

비즈니스 문제를 **바운디드 컨텍스트**로 분리하여 복잡성을 관리하는 방법을 배웠다. 각 바운디드 컨텍스트는 특정 문제를 해결하기 위한 하나의 비즈니스 도메인 모델을 구현한다.

핵심, 지원, 일반 하위 도메인과 같은 비즈니스 도메인의 구성요소를 식별하고 분류하는 방법에 대해 논의했다. 표 E-1은 이 세 가지 유형의 하위 도메인을 비교한다.

표 E-1. 세 가지 유형의 하위 도메인

하위 도메인 유형	경쟁 우위	복잡성	변동성	구현 방식	문제
핵심	예	높음	높음	사내 개발	흥미로움
일반	아니오	높음	낮음	구매/도입	해결됨
지원	아니오	낮음	낮음	사내 개발/아웃소싱	뻔함

솔루션

이 지식을 활용하여 각 하위 도메인 유형에 최적화된 솔루션을 설계하는 방법을 배웠다. **트랜잭션 스크립트, 액티브 레코드, 도메인 모델, 이벤트 소싱 도메인 모델**의 네 가지 비즈니스 로직 구현 패턴과 각 패턴이 적용된 시나리오에 대해 논의했다. 또한 비즈니스 로직 구현에 필요한 발판을 제공하는 세 가지 아키텍처 패턴(**계층화된 아키텍처, 포트와 어댑터, CQRS**)을 살펴봤다. 그림 E-1은 이러한 패턴을 사용한 전술적 의사결정을 위한 휴리스틱을 요약한 것이다.

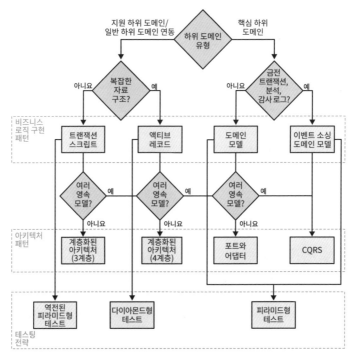

그림 E-1. 전술적 의사결정을 위한 휴리스틱을 요약한 의사결정 트리

구현

3부에서는 이론을 실무로 옮기는 방법에 대해 논의했다. 이벤트스토밍 세션을 진행해서 유비쿼터스 언어를 효과적으로 구축하는 방법, 비즈니스 도메인이 발전함에 따라 설계를 유지하는 방법, 브라운필드 프로젝트에서 도메인 주도 설계를 도입하고 사용하는 방법을 배웠다.

4부에서는 도메인 주도 설계와 다른 방법론 및 패턴(마이크로서비스, 이벤트 주도 아키텍처, 데이터 메시) 간의 상호작용에 대해 논의했다. DDD가 이러한 기술과 함께 사용될 수 있을 뿐만 아니라 실제로 서로를 보완한다는 것을 알게 되었다.

추가 자료

이 책을 통해 도메인 주도 설계에 관심을 갖게 되었기를 바란다. 계속 배우고 싶다면 여기 진심으로 추천하는 몇 권의 책이 있다.

고급 도메인 주도 설계

《도메인 주도 설계: 소프트웨어의 복잡성을 다루는 지혜》(위키북스, 2011)

도메인 주도 설계 방법론을 소개한 에릭 에반스의 도서. 도메인 이벤트와 이벤트 소싱과 같은 DDD의 새로운 측면을 반영하지는 않지만 여전히 DDD 전문가가 되기 위한 필독서.

Martraire, C. (2019). Living Documentation: Continuous Knowledge Sharing by Design[1]. Boston: Addison-Wesley.

이 책에서 시릴 마르트래르(Cyrille Martraire)는 지식 공유, 문서화, 테스트에 대한 도메인 주도 설계 기반의 접근 방식을 제안한다.

《도메인 주도 설계 구현: Implementing Domain-Driven Design》[2] (에이콘출판, 2016)

시대를 초월한 또 다른 DDD의 고전. 반 버논(Vaughn Vernon)은 도메인 주도 설계 사고와 전략적 및 전술적 도구 사용에 대한 심층 토론과 자세한 예를 소개한다. 버논은 DDD로 실패한 이니셔티브와 중요한 방향을 수정해서 회복한 팀의 실제 사례를 학습용으로 소개한다.

---

1 https://www.oreilly.com/library/view/living-documentation-continuous/9780134689418/
2 https://www.oreilly.com/library/view/implementing-domain-driven-design/9780133039900/

Young, G. (2017). Versioning in an Event Sourced System[3]. Leanpub.

이 책의 7장에서는 이벤트 소싱 시스템을 발전시키는 것이 어려울 수 있다는 것에 대해 논의했다. 이 책은 그 주제에 관한 책이다.

아키텍처 및 통합 패턴

Dehghani, Z.(2022년 출판 예정). Data Mesh: Delivering DataDriven Value at Scale[4]. Boston: O'Reilly.

자막 데가니(Zhamak Dehghani)는 16장에서 논의한 데이터 메시 패턴의 저자다. 이 책에서 데가니는 데이터 관리 아키텍처의 원리와 실제로 데이터 메시 아키텍처를 구현하는 방법에 대해 설명한다.

《엔터프라이즈 애플리케이션 아키텍처 패턴》(위키북스, 2015)[5].

5장과 6장에서 여러 번 인용한 애플리케이션 아키텍처 패턴의 고전. 이 책은 트랜잭션 스크립트, 액티브 레코드, 도메인 모델 패턴을 처음으로 정의한 책이다.

《기업 통합 패턴 Enterprise Integration Patterns》(에이콘출판, 2014)[6].

9장에서 논의한 여러 패턴을 처음으로 소개한 책이다. 더 많은 컴포넌트 연동 패턴을 보려면 이 책을 읽어보자.

《마이크로서비스 패턴》(길벗, 2020)[7]

이 책에서 크리스 리처드슨(Chris Richardson)은 마이크로서비스 기반 솔루션을 설계할 때 자주 사용하는 패턴의 자세한 예를 많이 제공한다. 이 책의 9장에서 논의한 사가, 프로세스 관리자, 아웃박스 패턴을 포함한다.

레거시 시스템 현대화

Kaiser, S.(2022년 출판 예정). Adaptive Systems with Domain-Driven Design, Wardley Mapping, and Team Topologies. Boston: Addison-Wesley.

수잰 카이저(Susanne Kaiser)는 도메인 주도 설계, 워들리(Wardley) 매핑, 팀 토폴로지를 활용하여 레거시 시스템을 현대화한 경험을 공유한다.

---

3 https://leanpub.com/esversioning/read
4 https://www.oreilly.com/library/view/data-mesh/9781492092384/
5 https://www.oreilly.com/library/view/patterns-of-enterprise/0321127420/
6 https://www.oreilly.com/library/view/enterprise-integration-patterns/0321200683/
7 https://www.manning.com/books/microservices-patterns

Tune, N. (2022년 출판 예정). Architecture Modernization: Product, Domain, & Team Oriented[8]. Leanpub.

이 책에서 닉 튠은 도메인 주도 설계와 다른 기술을 활용하여 브라운필드 프로젝트에서 아키텍처를 현대화하는 방법에 대해 자세히 설명한다.

Vernon, V., & Jaskula, T. (2021). Implementing Strategic Monoliths and Microservices. Boston: Addison-Wesley.

혁신적인 비즈니스 전략 제공이라는 가장 중요한 관점에 초점을 맞춰서 빠른 발견과 학습, 도메인 주도 접근 방식, 모놀리식 및 마이크로서비스 기반 솔루션의 복잡성을 처리하면서 적절하게 구현하는 방법을 포함한 시대를 초월한 소프트웨어 엔지니어링 도구를 보여주는 실습서다.

Vernon, V., & Jaskula, T. (2021). Strategic Monoliths and Microservices. Boston: Addison-Wesley.

이 책에서 버논(Vaughn)과 토마스(Tomasz)는 도메인 주도 접근 방식과 발견 기반 학습(discovery-based learning)을 함께 사용하여 가장 중요한 혁신을 달성하는 방법을 소개하고, 마이크로서비스, 모놀리스 또는 마이크로서비스와 모놀리스가 함께 작동하는 경우 가장 적합한 아키텍처와 도구를 선택하는 소프트웨어 전략적 사고를 장려한다.

이벤트스토밍

Brandolini, A. (미출판). Introducing EventStorming[9]. Leanpub.

알베르토 브랜돌리니는 이벤트스토밍 워크숍의 창시자이며, 이 책에서 그는 이벤트스토밍 프로세스와 근거를 자세히 설명한다.

Rayner, P. (미출판). The EventStorming Handbook[10]. Leanpub.

폴 레이너(Paul Rayner)는 성공적인 이벤트스토밍 세션을 진행하기 위한 팁과 요령을 포함한 실제로 이벤트스토밍을 사용하는 방법을 설명한다.

---

8 https://leanpub.com/arch-modernization-ddd
9 https://leanpub.com/introducing_eventstorming
10 https://leanpub.com/eventstorming_handbook

결론

우리의 여정은 여기서 끝이다! 이 책을 읽어줘서 진심으로 감사하다. 이 책을 읽는 동안 즐거웠기를 바라며, 이 책에서 배운 내용을 앞으로 활용하기를 바란다.

이 책에서 여러분이 꼭 기억했으면 하는 것은 도메인 주도 설계 도구의 논리와 원칙이다. 맹목적으로 도메인 주도 설계를 따르지 말고, 오히려 이것을 기반으로 추리하고 이해해보라. DDD를 더 잘 이해하면 실무에 적용할 기회가 더 많아지고 DDD의 가치를 느낄 수 있을 것이다. 또한 도메인 주도 설계의 철학을 이해하게 되면 특히 브라운필드 프로젝트를 진행할 때 DDD 방법론의 개념을 모두 녹이면서 가치를 극대화할 수 있을 것이다.

마지막으로 항상 유비쿼터스 언어를 살펴보고 의심스러운 경우 이벤트스토밍을 진행하기를 바란다. 행운을 빈다!

A

DDD 적용: 사례 연구

이 부록에서는 나의 도메인 주도 설계 여정이 어떻게 시작되었는지 공유할 것이다. 이 사례의 목적을 달성하기 위해서 '마켓노퍼스(Marketnovus)'라는 스타트업 이야기를 할 것이다. 우리는 마켓노퍼스에서 회사가 설립된 날부터 DDD 방법론을 사용했다. 수년에 걸쳐 DDD를 적용하면서 가능한 모든 실수를 저질렀고, 이러한 실수로부터 배우고 고칠 기회도 있었다. 이 스타트업 이야기와 우리가 저지른 실수를 활용하여 성공적인 소프트웨어 프로젝트에서 DDD 패턴과 프랙티스가 하는 역할을 보여줄 것이다.

이 사례 연구는 두 부분으로 구성된다. 첫 번째는 마켓노퍼스의 다섯 가지 바운디드 컨텍스트를 설명하고, 이 스타트업에서 어떤 설계 의사결정을 내렸고 그 결과는 어땠는지 소개한다. 두 번째는 이 책에서 배운 내용을 실제 사례에서 어떻게 반영했는지 설명한다.

시작하기 전에 마켓노퍼스가 더 이상 존재하지 않는 회사라는 점을 강조한다. 결과적으로 이 부록은 홍보 글이 아니다. 더군다나 폐업한 회사이기 때문에 경험담을 솔직하게 털어놓을 수 있다.

다섯 가지 바운디드 컨텍스트

바운디드 컨텍스트와 이러한 컨텍스트가 어떻게 설계되었는지, 그리고 DDD 실무자가 제대로 하는지 제대로 알아보기 전에 먼저 마켓노퍼스의 비즈니스 도메인을 정의해야 한다.

비즈니스 도메인

여러분이 제품이나 서비스를 생산하고 있다고 상상해보자. 마켓노퍼스를 사용하면 마케팅 관련 업무를 모두 아웃소싱할 수 있다. 마켓노퍼스의 전문가가 여러분 회사의 제품에 대한 마케팅 전략을 제시한다. 카피라이터와 그래픽 디자이너는 제품을 홍보하는 광고 캠페인에 사용하는 배너, 랜딩 페이지 등 수많은 크리에이티브 자료를 만들 것이다. 마켓노퍼스의 판매 대리인이 전화를 걸어 제품을 판매하고, 이 캠페인에서 생성된 모든 리드를 처리한다. 이 프로세스를 그림 A-1에 정리했다.

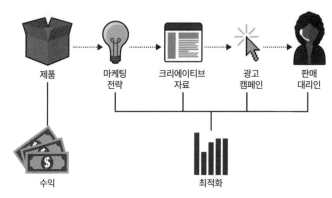

그림 A-1. 마케팅 프로세스

무엇보다 중요한 것은 이 마케팅 과정을 통해 최적화의 기회가 많아진 것이다. 이는 기존에 분석 부서에서 담당했던 일이다. 그들은 모든 데이터를 분석하여 가장 성공적인 캠페인을 정확히 찾아내고, 가장 효과적인 크리에이티브를 축하하고, 판매 대리인이 가장 유망한 리드에 대해 작업하고 있는지 확인함으로써 마켓노퍼스의 고객이 비용 대비 더 큰 성과를 거두고 있는지 검증했다.

마켓노퍼스는 자체 자금으로 운영되는 회사라서 최대한 빨리 움직여야 했다. 결과적으로 회사가 설립된 직후 우리 소프트웨어 시스템의 첫 번째 버전은 다음과 같이 가치 사슬의 첫 번째 삼분의 일을 구현해야 했다.

- 외부 퍼블리셔와 계약 및 통합 관리 시스템
- 디자이너가 크리에이티브 자료를 관리할 수 있는 카탈로그
- 광고 캠페인을 실행하는 캠페인 관리 솔루션

나에게는 너무 벅찬 일이었고, 비즈니스 도메인의 모든 복잡한 문제를 해결할 방법을 찾아야 했다. 다행스럽게도 일을 시작하기 얼마 전에 에릭 에반스의 책, 《도메인 주도 설계》(위키북스, 2011)를 읽었다.

이 책의 서문을 읽었다면 에릭 에반스의 책이 내가 꽤 오랫동안 찾던 비즈니스 로직을 설계하고 구현하는 방법에 대한 정답을 제공했다는 것을 알고 있을 것이다. 에릭 에반스의 책은 처음 읽을 때 이해하기 쉬운 책은 아니었다. 그럼에도 불구하고 전술적 설계를 다룬 장을 읽는 것만으로도 이미 DDD를 제대로 파악한 것 같은 기분이 들었다.

시스템이 처음에 어떻게 설계되었는지 들어보겠는가? 이 이야기는 분명 DDD 커뮤니티에서 매우 저명한 한 사람[1]을 위풍당당하게 만들 것이다.

바운디드 컨텍스트 #1: 마케팅

첫 번째 솔루션의 아키텍처 스타일은 '어디에나 있는 애그리게이트'로 깔끔하게 요약할 수 있다. 대행사, 캠페인, 광고, 마케팅 퍼널, 퍼블리셔와 같이 요구사항의 모든 명사를 애그리게이트로 선언했다.

소위 애그리게이트라고 하는 모든 것은 거대한 하나의 바운디드 컨텍스트 안에 있다. 그렇다, 크고 무시무시한 모놀리스, 오늘날 모두가 경고하는 유형이다.

물론 그것들은 애그리게이트가 아니었다. 그것들은 트랜잭션의 경계를 정의하지 않았으며, 거의 아무런 행동도 하지 않았다. 모든 비즈니스 로직은 거대한 서비스 계층에서 구현했다.

도메인 모델 구현을 목표로 하지만 액티브 레코드 패턴으로 끝나는 경우 이를 '빈약한 도메인 모델(anemic domain model)' 안티패턴이라고 부른다. 돌이켜보면 이 설계는 도메인 모델을 사용하지 않고 구현하는 방법을 기술한 책에 있는 예시였다. 그러나 비즈니스 관점에서는 매우 다른 결과가 나왔다.

비즈니스 관점에서 이 프로젝트는 대성공으로 여겨졌다! 결함이 있는 아키텍처에도 불구하고 우리는 매우 빠르게 소프트웨어를 출시할 수 있었다. 어떻게 그럴 수 있었을까?

---

1 @DDDBorat은 도메인 주도 설계에 대한 나쁜 조언을 공유하는 것으로 알려진 패러디 트위터 계정이다.

일종의 마법

우리는 어떻게든 강력한 유비쿼터스 언어를 생각해냈다. 우리 중 누구도 온라인 마케팅에 대한 사전 경험이 없었지만 여전히 도메인 전문가와 대화를 나눌 수 있었다. 우리는 도메인 전문가와의 대화를 이해할 수 있었고, 그들도 우리의 대화를 이해했다. 그리고 놀랍게도 도메인 전문가는 매우 좋은 사람들이었다! 도메인 전문가는 우리가 그들의 경험으로부터 적극적으로 배우려고 하는 사실에 진심으로 감사해했다.

도메인 전문가들과의 원활한 의사소통을 통해 비즈니스 도메인을 빠르게 파악하고 비즈니스 로직을 구현할 수 있었다. 그렇다. 꽤 큰 모놀리스지만 차고에 있는 두 명의 개발자에게는 충분했다. 다시 말하지만 우리는 매우 공격적인 시장 출시일에 맞춰서 작동하는 소프트웨어를 만들었다.

도메인 주도 설계에 대한 초기 이해

이 단계에서 도메인 주도 설계에 대한 우리의 이해는 그림 A-2와 같은 간단한 다이어그램으로 표현할 수 있다.

그림 A-2. 도메인 주도 설계에 대한 초기 이해

바운디드 컨텍스트 #2: CRM

캠페인 관리 솔루션을 배포한 직후 리드가 유입되기 시작했고 우리는 서두르고 있었다. 우리의 판매 대리인은 리드의 수명주기를 관리하기 위해 강력한 고객 관리 시스템(CRM)이 필요했다.

CRM은 들어오는 모든 리드를 집계하고 다양한 매개변수를 기반으로 그룹화하고 전 세계 여러 판매 대리인에 배포해야 했다. 또한 리드 수명주기의 변경사항을 고객에게 알려주고 리드를 보완하기 위한 추가 정보를 제공하기 위해 고객의 내부 시스템과 연동해야 했다. 그리고 물론 CRM은 가능한 한 많은 최적화 기회를 제공해야 했다. 예를 들어, 판매 대리인이 가장 유망한 리드에 대해 작업하고 있는지 확인하고, 판매 대리인의 자격과 과거 실적에 따라 리드를 할당하고, 판매 대리인의 수수료를 계산할 수 있는 매우 유연한 솔루션을 제공해야 했다.

우리의 요구사항에 맞는 상용제품이 없었기 때문에 자체 CRM 시스템을 출시하기로 결정했다.

더 많은 '애그리게이트'!

초기 방식은 전술적 패턴을 중심으로 계속해서 구현하는 것이었다. 다시 말하지만 우리는 모든 명사를 애그리게이트처럼 말했고, 하나의 모놀리스 안에 모두 집어넣었다. 그러나 이번에는 시작부터 뭔가 잘못된 느낌이 들었다.

CRM리드(CRMLead), 마케팅리드(MarketingLead), 마케팅캠페인(MarketingCampaign), CRM캠페인(CRMCampaign)처럼 '애그리게이트' 이름에 어색한 접두사를 너무 많이 추가했다는 사실을 알게 되었다. 흥미롭게도 우리는 도메인 전문가와 대화할 때 이러한 접두사를 사용하지 않았다. 어쨌든 그들은 항상 해당 문맥에서 의미를 이해했다.

그런 다음 도메인 주도 설계에 우리가 지금까지 무시해왔던 바운디드 컨텍스트라는 개념이 있다는 것을 상기했다. 에릭 에반스 책의 관련 장을 다시 읽어보고 바운디드 컨텍스트가 우리가 경험한 것과 똑같은 문제를 해결한다는 것을 알아냈다. 바로 그것이 유비쿼터스 언어의 일관성을 보호하는 것이다. 또한 그 무렵 반 버논은 "효과적인 애그리게이트 설계"라는 논문을 발표했다. 이 논문은 애그리게이트를 설계할 때 우리가 저지른 모든 실수를 명백하게 보여줬다. 우리는 애그리게이트를 자료구조로 취급했지만 애그리게이트는 시스템 데이터의 일관성을 보호함으로써 훨씬 더 큰 역할을 할 수 있었다.

이러한 사실을 반영하기 위해 한 발 물러서서 CRM 솔루션을 재설계했다.

솔루션 설계: 두 번째 시도

우리는 모놀리스를 마케팅과 CRM이라는 두 가지 별개의 바운디드 컨텍스트로 나누는 것으로 시작했다. 물론 여기에서 마이크로서비스까지 가지는 않았고, 유비쿼터스 언어를 보호하기 위해 최소한의 조치를 취했을 뿐이다.

그러나 새로운 바운디드 컨텍스트인 CRM에서는 마케팅 시스템에서 했던 실수를 반복하지 않으려 했다. 더 이상 빈약한 도메인 모델은 없었다! 우리는 실제 도메인 모델을 책에 쓰인 대로의 애그리게이트를 사용하여 구현하고자 했다. 특히 다음과 같이 맹세했다.

- 각 트랜잭션은 애그리게이트의 한 인스턴스에만 영향을 준다.

- CRM 대신 각 애그리게이트가 트랜잭션 범위를 정의한다.

- 서비스 계층은 매우 엄격한 규정을 따르고 모든 비즈니스 로직은 해당 애그리게이트로 리팩터링했다.

우리는 올바른 방식으로 일하는 데 매우 열성적이었다. 하지만 곧 적절한 도메인 모델을 모델링하는 것이 어렵다는 것을 확실히 알 수 있었다!

마케팅 시스템에 비해 모든 것이 훨씬 더 오래 걸렸다! 처음에 트랜잭션 경계를 올바르게 설정하는 것은 거의 불가능했다. 적어도 몇 가지 모델을 평가하고 테스트해야 했지만 나중에야 전혀 생각하지 못했던 것이 올바른 모델이었다는 사실을 알 수 있었다. '올바른' 방식으로 일하는 데 매우 많은 시간이 소요됐다.

우리가 마감일을 맞출 가능성은 죽어도 없다는 것이 곧 모두에게 명백해졌다! 우리를 돕기 위해 경영진은 데이터베이스 관리자 팀에서 일부 기능을 구현하기로 결정했다.

그렇다. 저장 프로시저에서 비즈니스 로직을 구현했다.

이 하나의 결정으로 많은 피해가 발생했다. SQL이 비즈니스 로직을 설명하는 데 가장 적합한 언어가 아니기 때문이다. 아니, 진짜 문제는 좀 더 미묘하고 근본적인 것이었다.

바벨탑 2.0

이번 일로 우리는 가장 복잡한 비즈니스 엔티티 중 하나인 리드를 분해한 바운디드 컨텍스트를 암시적으로 만들었다.

그 결과, 두 팀이 동일한 비즈니스 컴포넌트에 대해 작업하고 밀접하게 관련된 기능을 구현했지만 그들 간의 상호작용은 거의 없었다. 유비쿼터스 언어? 나에게 휴식을 줘! 말 그대로 각 팀은 비즈니스 도메인과 해당 규칙을 설명하는 고유한 어휘를 가지고 있었다.

모델은 일관성이 없었고, 공유된 정보도 없었다. 지식이 중복되었고 같은 규칙이 두 번 구현되었다. 로직을 변경해야 했을 때는 당연히 구현 내용이 즉시 동기화되지 않았다.

말할 것도 없이, 프로젝트는 제시간에 완료되지 못했고 버그로 가득 차 있었다. 실시간 데이터 처리 시스템의 이슈가 수년 동안 눈에 띄지 않게 가장 소중한 자산인 데이터를 손상시켰다.

이 혼란에서 벗어날 수 있는 유일한 방법은 리드 애그리게이트를 완전히 다시 작성하는 것이었다. 이번에는 적절한 경계를 사용하여 코드를 재작성했고 이 작업은 수년이 걸렸다. 쉽지는 않았지만 너무 엉망인 상태라 다른 방법이 없었다.

도메인 주도 설계에 대한 폭넓은 이해

비즈니스 관점에서 이 프로젝트는 매우 비참하게 실패했지만 도메인 주도 설계에 대한 우리의 이해도는 약간 높아졌다. 유비쿼터스 언어를 구축하고, 바운디드 컨텍스트를 사용하여 무결성을 보호하고, 어디에서나 빈약한 도메인 모델을 구현하는 대신 모든 곳에서 적절한 도메인 모델을 구현했다. 이 모델이 그림 A-3에 있다.

그림 A-3. 도메인 주도 설계에 대한 이해에 전략적 설계 개념을 도입

물론 여기에는 하위 도메인, 하위 도메인의 유형, 시스템 설계에 미치는 영향 등 도메인 주도 설계의 중요한 부분이 누락되었다.

처음에는 가능한 한 최선을 다하고 싶었지만, 결국 하위 도메인을 지원하기 위한 도메인 모델을 구축하는 데 시간과 노력을 낭비하게 되었다. 에릭 에반스가 말했듯이 모든 대규모 시스템이 잘 설계된 것은 아니다. 우리는 그것을 어렵게 배웠고 우리가 얻은 지식을 다음 프로젝트에 사용하고 싶었다.

바운디드 컨텍스트 #3: 이벤트 크런처

CRM 시스템이 출시된 후 우리는 마케팅과 CRM 전반에 하위 도메인이 암시적으로 퍼져 있다고 생각했다. 유입되는 고객 이벤트를 처리하는 프로세스를 수정할 때마다 마케팅과 CRM 바운디드 컨텍스트 모두 변경해야 했다.

이 프로세스는 개념적으로 보면 어느 바운디드 컨텍스트에도 속하지 않았기 때문에 그림 A-4에 표시된 '이벤트 크런처'라는 전용 바운디드 컨텍스트에서 이 로직을 추출하기로 결정했다.

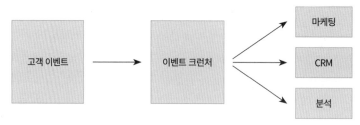

그림 A-4. 유입되는 고객 이벤트를 처리하는 이벤트 크런처 바운디드 컨텍스트

데이터 이동으로 돈을 벌 수 없기 때문에 활용할 수 있는 상용 솔루션이 없었다. 따라서 이벤트 크런처는 지원 하위 도메인과 비슷했고, 우리는 이벤트 크런처를 그렇게 설계했다.

이번에는 복잡한 것은 없었고, 계층화된 아키텍처와 간단한 트랜잭션 스크립트만 포함됐다. 이 솔루션은 훌륭했지만 효과는 잠시뿐이었다.

비즈니스가 발전함에 따라 이벤트 크런처에서 점점 더 많은 기능을 구현했다. 비즈니스 인텔리전스(BI) 사람들이 새 연락처를 표시하는 플래그, 다양한 최초 이벤트를 표시하는 플래그, 일부 비즈니스 불변성을 나타내는 플래그 등 몇 가지 플래그를 만드는 것으로 시작했다.

결국 이러한 단순한 플래그는 복잡한 규칙과 불변성을 가진 실제 비즈니스 로직으로 발전했다. 트랜잭션 스크립트로 시작한 것이 완전한 핵심 비즈니스 하위 도메인으로 발전했다.

불행히도 복잡한 비즈니스 로직을 트랜잭션 스크립트로 구현하면 좋은 일은 일어나지 않는다. 복잡한 비즈니스 로직을 처리하기 위한 설계를 하지 않았기 때문에 결국 매우 커다란 진흙 덩어리를 갖게 되었다. 코드베이스를 수정할 때마다 비용이 점점 더 많이 들고 품질이 저하되어 이벤트 크런처 설계를 다시 생각해야 했다. 우리는 1년 후에나 그럴 수 있었다. 그 당시에는 비즈니스 로직이 너무 복잡해져서 이벤트 소싱으로만 해결할 수 있었다. 이벤트 크런처의 로직을 이벤트 소싱 도메인 모델로 리팩터링했으며 다른 바운디드 컨텍스트는 해당 이벤트를 구독했다.

바운디드 컨텍스트 #4: 보너스

어느 날 영업 데스크 관리자가 기존에 수동으로 했던 간단하면서도 지루한 판매 대리인의 수수료 계산 절차를 자동화해달라고 요청했다.

다시 한 번 간단하게 시작했다. 한 달에 한 번 각 대리인의 판매 비율을 계산하고 관리자에게 보고서를 보냈다. 이전과 마찬가지로 이것이 핵심 하위 도메인인지를 먼저 고려했다. 이것은 핵심 하위 도메인이 아니었다. 우리는 새로운 것을 발명하지도 않았고, 그 과정에서 돈을 벌지도 않았고, 활용 가능한 솔루션을 구입할 수 있다면 분명히 그렇게 했을 것이다. 핵심이 아니고 일반도 아니며 또 다른 지원 하위 도메인이었다.

그래서 우리는 솔루션을 설계했다. 그림 A-5처럼 액티브 레코드 객체는 '똑똑한' 서비스 계층에 의해 조율되었다.

그림 A-5. 액티브 레코드와 계층화된 아키텍처 패턴을 사용하여 구현된 보너스 바운디드 컨텍스트

프로세스가 자동화되면서 회사의 모든 사람은 이 프로세스에 대해 점점 창의적으로 변하기 시작했다. 분석가들은 이 프로세스를 최적화하기를 원했다. 다른 비율을 시도하고, 비율을 판매 금액과 가격에 연결하고, 다른 목표를 달성하기 위한 커미션을 추가하는 등 끝도 없었다. 초기 설계가 언제 무너졌는지 맞춰보라.

다시 코드베이스는 관리할 수 없는 진흙 덩어리로 변하기 시작했다. 새로운 기능을 추가하는 데 점점 더 많은 비용이 들었고 버그가 나타나기 시작했다. 돈 관련해서는 매우 작은 버그라도 큰 문제를 초래할 수 있다.

설계: 두 번째 시도

이벤트 크런처 프로젝트와 마찬가지로 어느 시점이 되니 더 이상 견딜 수 없었다. 이전 코드를 버리고 솔루션을 처음부터 다시 작성해야 했다. 이번에는 이벤트 소싱 도메인 모델을 사용했다.

이벤트 크런처 프로젝트와 마찬가지로 비즈니스 도메인은 처음에는 지원 하위 도메인으로 분류했다. 시스템이 발전함에 따라 점차 핵심 하위 도메인으로 변형되었다. 우리는 이러한 프로세스에서 돈을 버는 방법을 찾았다. 그러나 이 두 바운디드 컨텍스트 사이에는 현저한 차이가 있다.

유비쿼터스 언어

보너스 프로젝트를 위해 유비쿼터스 언어를 만들었다. 초기 구현이 액티브 레코드를 기반으로 했지만 여전히 유비쿼터스 언어를 만들 수 있었다.

도메인의 복잡성이 증가함에 따라 도메인 전문가가 사용하는 언어도 점점 더 복잡해졌다. 어느 시점이 되니 액티브 레코드로는 더 이상 모델링할 수 없었다! 이러한 깨달음을 통해 이벤트 크런처 프로젝트에서보다 훨씬 일찍 설계 변경의 필요성을 알 수 있었다. 유비쿼터스 언어 덕분에 둥근 구멍에 네모난 못을 맞추려고 하지 않아 많은 시간과 노력을 절약했다.

도메인 주도 설계의 전형적인 모델 이해

이 시점에서 우리는 도메인 주도 설계에 대한 전형적인 모델을 이해하는 수준으로 발전했다. 그림 A-6과 같이 유비쿼터스 언어, 바운디드 컨텍스트, 다양한 유형의 하위 도메인이 필요에 따라 각각 설계되었다.

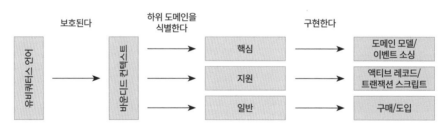

그림 A-6. 도메인 주도 설계의 전형적인 모델

그러나 다음 프로젝트에서는 상황이 예상치 못한 방향으로 흘러갔다.

바운디드 컨텍스트 #5: 마케팅 허브

경영진은 수익성 있는 새로운 업종을 찾고 있었다. 그들은 엄청난 숫자의 리드를 생성하기 위해 우리의 능력을 사용하길 원했고, 이전에 함께 일한 적이 없는 소규모 고객에게 판매하기로 결정했다. 이 프로젝트를 '마케팅 허브'라고 불렀다.

경영진이 이 비즈니스 도메인을 새로운 수익 창출의 기회로 정의했기 때문에 분명히 핵심 비즈니스 도메인이었다. 따라서 설계적으로는 이벤트 소싱 도메인 모델과 CQRS라는 중무기를 꺼냈다. 또한 그 당시에는 **마이크로서비스**라는 새로운 유행어가 많은 주목을 받기 시작했다. 그래서 그것을 시도하기로 결정했다.

우리의 솔루션은 그림 A-7에 표시된 구현과 유사했다.

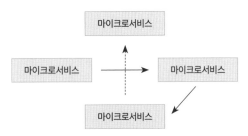

그림 A-7. 마케팅 허브 바운디드 컨텍스트의 마이크로서비스 기반 구현

서비스를 작게 만들었고, 서비스마다 자체 데이터베이스가 있으며, 서비스 간에 동기 및 비동기 통신을 하는, 문서로만 보면 완벽한 솔루션 설계처럼 보였다. 하지만 실제로는 그렇지 않았다.

마이크로 뭐라고?

서비스는 작을수록 좋다는 생각으로 순진하게 마이크로서비스에 접근했다. 그래서 애그리게이트 주위에 서비스 경계를 그렸다. DDD에서 각 애그리게이트는 그 자체로 바운디드 컨텍스트가 되었다.

다시 말하지만 처음에는 이 설계가 멋져 보였다. 이를 통해 특정 요구사항에 따라 각 서비스를 구현할 수 있었다. 하나만 이벤트 소싱을 사용하고 나머지는 상태 기반 애그리게이트를 사용했다. 게다가 모두 독립적으로 유지되고 발전될 수 있었다.

그러나 시스템이 성장함에 따라 이러한 서비스는 점점 더 복잡해졌다. 결국 각 서비스의 일부 작업을 완료하기 위해 다른 모든 서비스의 데이터가 거의 다 필요했다. 결과는 어땠을까? 시스템을 분리하려고 의도했던 것이 결국에는 분산형 모놀리스가 되어 유지보수하기가 완전히 악몽 같았다.

불행히도 이 아키텍처에는 훨씬 더 근본적인 문제가 또 하나 있었다. 마케팅 허브 구현에 비즈니스 도메인 모델링에서 가장 복잡한 패턴인 도메인 모델과 이벤트 소싱 도메인 모델을 사용했다는 것이다. 이 서비스를 신중하게 제작했지만 모든 노력이 허사였다.

진짜 문제

비즈니스에서 마케팅 허브를 핵심 하위 도메인으로 간주했음에도 불구하고 기술적으로는 복잡한 것이 없었다. 그 복잡한 아키텍처 뒤에는 매우 단순한 비즈니스 로직이 있었고, 하나는 너무 단순해서 일반 액티브 레코드를 사용하여 구현할 수 있었다.

결과적으로 비즈니스 담당자는 기발한 알고리즘을 사용하지 않고 다른 회사와의 기존 관계를 활용하여 이익을 내는 방법을 찾고 있었다.

기술적 복잡성은 결국 비즈니스 복잡성보다 훨씬 더 높아졌다. 복잡성의 이러한 불일치를 설명하기 위해 **우발적 복잡성**이라는 용어를 사용했고, 우리의 초기 설계는 정확히 이와 같았다. 시스템이 필요 이상으로 복잡하게 설계되었다.

논의

지금까지 마케팅, CRM, 이벤트 크런처, 보너스, 마케팅 허브라는 5가지 바운디드 컨텍스트에 대해 이야기를 나눴다. 물론 마켓노퍼스처럼 광범위한 비즈니스 도메인에는 더 많은 바운디드 컨텍스트가 수반되지만 우리가 가장 많이 배웠던 바운디드 컨텍스트를 여러분과 공유하고 싶었다.

5개 바운디드 컨텍스트를 살펴봤으니 이제 이를 다른 관점에서 살펴보자. 도메인 주도 설계의 핵심 요소를 잘 적용하거나 잘못 적용한 경우 성과에는 어떤 영향을 미쳤을까? 한번 살펴보자.

유비쿼터스 언어

경험상 유비쿼터스 언어는 도메인 주도 설계의 '핵심 하위 도메인'이다. 도메인 전문가와 같은 언어를 구사하는 능력은 우리에게 없어서는 안 될 필수 요소다. 유비쿼터스 언어는 시험이나 문서보다 지식을 공유하는 훨씬 더 효과적인 방법으로 판명되었다.

게다가 유비쿼터스 언어의 존재는 프로젝트 성공을 예측할 수 있는 주요 변수였다.

- 시작했을 때는 마케팅 시스템의 구현이 완벽하지 않았다. 그러나 강력한 유비쿼터스 언어가 아키텍처의 단점을 보완하고 프로젝트 목표를 달성할 수 있게 해줬다.

- CRM 컨텍스트에서 망쳤다. 의도치 않게 같은 비즈니스 도메인을 설명하는 두 가지 언어가 사용됐다. 적절하게 잘 설계하려고 노력했지만 의사소통 문제로 큰 혼란을 겪었다.

- 이벤트 크런처 프로젝트는 단순한 지원 하위 도메인으로 시작했으며, 유비쿼터스 언어를 만들지 않았다. 시스템이 복잡해지기 시작했을 때 이 결정을 크게 후회했다. 처음부터 유비쿼터스 언어를 만들기 시작했다면 시간이 훨씬 덜 걸렸을 것이다.

- 보너스 프로젝트에서 비즈니스 로직은 훨씬 더 복잡해졌지만, 유비쿼터스 언어를 통해 구현 전략의 변경 필요성을 훨씬 더 일찍 알 수 있었다.

따라서 핵심, 지원, 일반 하위 도메인에서 작업하는지 여부에 관계없이 유비쿼터스 언어는 선택 사항이 아니다.

우리는 가능한 한 일찍 유비쿼터스 언어를 만드는 것의 중요성을 배웠다. 회사에서 한동안 사용했던 언어를 '수정'하려면 엄청난 노력과 인내가 필요하다(CRM 시스템처럼). 우리는 구현한 시스템을 수정할 수 있었다. 쉬운 일이 아니었지만 결국 해냈다. 그러나 언어의 경우에는 그렇지 않다. 어떤 사람들은 초기 구현 단계에서 정의한 상충되는 용어를 몇 년 동안 계속해서 사용했다.

하위 도메인

1장에서 배웠듯이 세 가지 유형의 하위 도메인(핵심, 지원, 일반)이 있으며, 솔루션을 설계할 때 적절한 하위 도메인을 식별하는 것은 중요하다.

하위 도메인의 유형을 식별하는 것은 어려울 수 있다. 1장에서 논의한 바와 같이 지금 만들고 있는 소프트웨어 시스템과 관련된 세분화 수준에서 하위 도메인을 식별하는 것이 중요하다. 예를 들어, 마케팅 허브 이니셔티브는 회사의 추가 수익원을 위한 것이었다. 이 기능을 소프트웨어 측면에서 보면 지원 하위 도메인이지만 다른 회사와의 관계와 계약을 활용하는 것은 회사에 새로운 경쟁 우위를 확보할 수 있는 진정한 핵심 하위 도메인이다.

또한 11장에서 배웠듯이 하위 도메인의 유형을 식별하는 것만으로는 충분하지 않다. 하위 도메인이 다른 유형으로 발전할 수 있음을 알아야 한다. 우리는 마켓노퍼스에서 하위 도메인 유형이 바뀔 때 나올 수 있는 거의 모든 조합을 목격했다.

- 이벤트 크런처와 보너스는 모두 지원 하위 도메인으로 시작했지만, 이 프로세스를 통해 수익을 창출할 수 있는 방법을 찾은 후에는 핵심 하위 도메인이 되었다.

- 마케팅 컨텍스트에서 자체 크리에이티브 카탈로그를 구현했다. 딱히 특별하거나 복잡한 것은 없었다. 그러나 몇 년 후 우리가 구현했던 기능보다 훨씬 더 많은 기능을 제공하는 오픈소스 프로젝트가 나왔다. 우리 솔루션을 이 제품으로 교체한 후 지원 하위 도메인이 일반 하위 도메인으로 바뀌었다.

- CRM 컨텍스트에서 가장 유망한 리드를 식별하는 알고리즘이 있었다. 시간이 지남에 따라 이를 개선하고 다른 방법으로도 구현해봤지만, 결국 클라우드 업체의 관리형 서비스에서 실행하는 기계 학습 모델로 대체됐다. 기술적으로 핵심 하위 도메인이 일반 하위 도메인으로 바뀌었다.

- 마케팅 허브 시스템은 핵심 하위 도메인으로 시작했지만, 경쟁 우위가 완전히 다른 차원에 있었기 때문에 결국 지원 하위 도메인이 되었다.

이 책에서 배웠듯이 하위 도메인 유형은 광범위한 설계 의사결정에 영향을 미친다. 예를 들어, 이벤트 크런처와 마케팅 허브 사례처럼 하위 도메인을 올바르게 식별하지 못하면 비용이 많이 드는 실수를 할 수 있다.

설계 의사결정을 하위 도메인에 매핑

다음은 마켓노퍼스의 사례에서 생각해낸, 실패할 염려 없이 하위 도메인을 식별할 수 있는 트릭이다. 바로 하위 도메인과 전술적 설계 의사결정 사이의 관계를 뒤집는 것이다. 비즈니스 로직 구현 패턴을 선택하라. 추측하거나 불필요한 과도한 패턴은 안 된다. 요구사항에 맞는 패턴을 선택하기만 하면 된다. 그런 다음, 선택한 패턴을 적절한 하위 도메인 유형에 매핑한다. 마지막으로 식별한 하위 도메인 유형이 비즈니스 비전에 연계되는지 확인한다.

하위 도메인과 전술적 설계 의사결정 간의 관계 뒤집기는 여러분과 비즈니스 담당자 사이의 더 많은 대화를 이끌어낼 것이다. 때때로 비즈니스 담당자는 우리가 그들을 필요로 하는 만큼 우리를 필요로 한다.

그들이 핵심 비즈니스라고 생각하지만 하루만에 다 파악할 수 있다면 더 세분화된 하위 도메인을 찾거나 해당 비즈니스의 생존 가능성에 대해 의문을 제기해야 한다는 신호다.

반면에 비즈니스에서 지원 하위 도메인으로 생각하지만, 고급 모델링 기법(도메인 모델 또는 이벤트 소싱 도메인 모델)을 통해서만 구현할 수 있다면 상황이 흥미로워진다.

첫째, 비즈니스 담당자가 요구사항을 과도하게 창의적으로 만들면 결국 우발적 비즈니스 복잡성이 발생할 수 있다. 그리고 이러한 상황은 발생한다. 이러한 요구사항은 단순화될 수 있으며, 단순화되는 게 맞을 것이다.

둘째, 비즈니스 담당자가 새로운 경쟁 우위를 확보하기 위해 이 하위 도메인을 사용한다는 사실을 깨닫지 못했을 수 있다. 이러한 상황은 보너스 프로젝트에서 발생했다. 이러한 불일치를 찾아내면 비즈니스가 새로운 수익원을 더 빨리 파악하게 도울 수 있다.

고충을 무시하지 마라

다른 무엇보다도 가장 중요한 것은 시스템의 비즈니스 로직을 구현할 때 '고충'을 절대 간과하지 말라는 것이다. 이는 비즈니스 도메인의 모델이나 전술적 설계 의사결정을 발전시키고 개선하기 위한 중요한 신호다. 후자의 경우 하위 도메인이 진화했음을 의미하며, 하위 도메인 유형과 구현 전략을 재고해야 할 때다. 유형이 변경된 경우 비즈니스 컨텍스트를 이해하기 위해 도메인 전문 가와 상의하라. 새로운 비즈니스 현실에 맞게 구현을 다시 설계해야 하는 경우 이러한 변화를 두 려워하지 마라. 비즈니스 로직을 모델링하는 방법에 대한 결정을 의식적으로 하고, 가능한 모든 옵션을 알고 있으면 이러한 변경에 대응하고 좀 더 정교한 패턴으로 리팩터링하는 것이 훨씬 쉬 워진다.

바운디드 컨텍스트의 경계

마켓노퍼스에서 바운디드 컨텍스트의 경계를 설정하기 위해 몇 가지 전략을 시도했다.

- 언어적 경계: 유비쿼터스 언어를 보호하기 위해 초기 모놀리스를 마케팅과 CRM 컨텍스트로 분할했다.
- 하위 도메인 기반 경계: 여러 하위 도메인이 고유한 바운디드 컨텍스트에서 구현됐다. 대표적인 예가 이벤 트 크런처와 보너스다.
- 엔티티 기반 경계: 앞에서 논의한 바와 같이 이 접근 방식은 마케팅 허브 프로젝트에서 제한적인 성공을 거 두었지만 다른 분야에서는 효과가 있었다.
- 자살 경계: CRM의 초기 구현에서 애그리게이트를 두 개의 서로 다른 바운디드 컨텍스트로 분할했다. 알다 시피 자살은 절대 안 된다.

다음 중 권장되는 전략은 무엇일까? 이들 중 어느 것도 모든 경우에 적용되는 만능은 없다. 경험 상 너무 작은 서비스로 시작하는 것보다 큰 서비스에서 서비스를 추출하는 것이 훨씬 안전했다. 따라서 큰 경계로 시작하여 나중에 비즈니스에 대한 더 많은 지식을 얻게 되면서 경계를 작게 분 해해 나갔다. 초기 경계는 얼마나 넓을까? 11장에서 논의했듯이 모든 정답은 비즈니스 도메인에 있다. 비즈니스 도메인에 대한 지식이 얕으면 얕을수록 초기 경계는 더 넓어진다.

이 휴리스틱은 우리에게 큰 도움이 되었다. 예를 들어, 마케팅과 CRM 바운디드 컨텍스트의 경 우 각각 여러 하위 도메인을 포함한다. 시간이 지남에 따라 초기의 넓은 경계를 마이크로서비스 로 점차 분해했다. 14장에서 정의한 것처럼 바운디드 컨텍스트의 진화를 통해 안전한 경계의 범 위에 도달했다. 비즈니스 도메인에 대한 충분한 지식을 얻은 후에야 리팩터링을 수행하여 안전 한 경계를 넘지 않을 수 있었다.

결론

마켓노퍼스의 바운디드 컨텍스트에 대한 이야기는 시간이 지남에 따라 도메인 주도 설계를 어떻게 더 잘 이해하게 되었는지 보여줬다(복습을 위해 그림 A-6 참조).

- 우리는 항상 비즈니스 도메인에 대해 최대한 많이 배우기 위해 도메인 전문가와 유비쿼터스 언어를 만드는 것부터 시작했다.
- 서로 충돌하는 모델의 경우 유비쿼터스 언어의 언어적 경계에 따라 솔루션을 바운디드 컨텍스트로 분해했다.
- 각 바운디드 컨텍스트에서 하위 도메인의 경계와 유형을 식별했다.
- 각 하위 도메인에 대해 전술적 설계 휴리스틱을 사용하여 구현 전략을 선택했다.
- 전술적 설계에 따른 초기 하위 도메인 유형을 확인했다. 유형이 일치하지 않는 경우 해당 비즈니스 담당자와 논의했다. 이 대화는 프로덕트 오너에게 프로젝트에 대한 새로운 관점을 제공했고, 때로는 요구사항을 변경했다.
- 우리는 더 많은 지식을 얻을 수 있었고, 필요한 경우 바운디드 컨텍스트를 더 작은 바운디드 컨텍스트로 분해했다.

초기 비전과 도메인 주도 설계의 비전을 비교하면 '모든 것을 애그리게이트로'에서 '모든 것을 유비쿼터스 언어'로 바꾼 것이 가장 큰 차이점이다.

내가 마켓노퍼스를 어떻게 시작했는지에 대한 이야기를 했으니 이 스타트업이 어떻게 끝났는지도 공유하면서 마무리하고 싶다.

회사는 매우 빠르게 수익을 냈고 결국 가장 큰 고객에게 인수되었다. 물론 그 성공을 도메인 주도 설계의 공으로만 돌릴 수는 없다. 하지만 회사를 운영하던 기간에 우리는 항상 '스타트업 모드'에 있었다.

우리가 이스라엘에서 '스타트업 모드'라고 부르는 것을 나머지 세계에서는 '혼돈(chaos)'이라고 부른다. 여기엔 끊임없이 변화하는 비즈니스 요구사항과 우선순위, 급박한 프로젝트 일정, 소규모 R&D 팀이 있다. 우리는 DDD를 통해 이러한 복잡한 문제를 모두 해결하고 소프트웨어를 계속 출시할 수 있었다. 따라서 돌이켜보면 우리가 도메인 주도 설계에 투자한 노력이 완전히 결실을 맺었다고 볼 수 있다.

---

1. D: B와 C. 핵심 하위 도메인만이 업계의 다른 회사와 차별화되는 경쟁 우위를 제공한다.

2. B: 일반. 일반 하위 도메인은 복잡하지만 경쟁 우위를 수반하지 않는다. 따라서 이미 입증된 기존 솔루션을 사용하는 것이 좋다.

3. A: 핵심. 핵심 하위 도메인은 회사가 새로운 솔루션을 제공하는 것을 목표로 하는 영역이기 때문에 가장 변동성이 클 것으로 예상되며 가장 최적화된 솔루션을 찾기 위해 몇 번의 상호작용이 필요하다.

4. 울프데스크의 비즈니스 도메인은 헬프 데스크 관리 시스템이다.

5. 울프데스크가 경쟁업체와 차별화하고 비즈니스 모델을 지원하기 위해 다음과 같은 핵심 하위 도메인을 식별할 수 있다.

   a. 티켓을 종료하고 사용자가 새 티켓을 열도록 권장하는 티켓 수명주기 관리 알고리즘

   b. 비즈니스 모델 남용 방지를 위한 사기 탐지 시스템

   c. 입주사 지원 상담원의 작업을 용이하게 하고 티켓 수명을 더욱 단축하는 오토파일럿 지원

6. 회사에 대한 설명을 보면 다음의 지원 하위 도메인을 식별할 수 있다.

   a. 입주사 티켓 카테고리 관리

   b. 고객이 지원 티켓을 열 수 있는 입주사의 제품 관리

   c. 입주사 지원 상담원의 근무 일정 입력

7. 회사에 대한 설명을 보면 다음과 같은 일반 하위 도메인을 식별할 수 있다.

 a. 사용자를 인증하고 권한을 부여하는 '산업 표준' 방식

 b. 인증 및 권한 부여(SSO)에 외부 공급자 사용

 c. 탄력적인 확장성을 보장하고 새로운 입주사를 온보딩하는 컴퓨팅 비용을 최소화하기 위해 회사가 활용하는 서버리스 컴퓨팅 인프라

2장

1. D: 프로젝트의 모든 이해관계자는 비즈니스 도메인에 대한 지식과 이해를 프로젝트에 기여해야 한다.

2. D: 유비쿼터스 언어는 모든 프로젝트 관련 커뮤니케이션에 사용돼야 한다. 소프트웨어의 소스코드 또한 자신의 유비쿼터스 언어로 '말'해야 한다.

3. 울프데스크의 고객은 **테넌트(tenant)**다. 시스템의 사용을 시작할 때 테넌트는 간단한 **온보딩(onboarding)** 과정을 거친다. 회사의 과금 모델은 **과금 기간(charging period)** 동안 열린 **티켓(ticket)**의 개수를 기반으로 한다. 티켓의 수명주기 관리 알고리즘은 **비활성 티켓(inactive ticket)**을 자동으로 닫는다. 울프데스크의 **사기 탐지(fraud detection)** 알고리즘은 테넌트가 자신의 비즈니스 모델을 오용하는 것을 방지한다. **지원 오토파일럿(support autopilot)** 기능은 새로운 티켓에 대한 솔루션을 자동으로 제시하려고 한다. 티켓은 지원 **범주(category)**에 속하고 테넌트를 지원하는 **제품(product)**에 연관된다. **지원 에이전트(support agent)**는 **교대 스케줄(shift schedule)**에 정의된 **업무시간(work time)** 동안 한 개의 티켓만 처리할 수 있다.

3장

1. B: 하위 도메인이 발견되고, 바운디드 컨텍스트는 설계한다.

2. D: 모두 정답. 바운디드 컨텍스트는 모델의 경계이며, 모델은 해당 바운디드 컨텍스트에서만 적용할 수 있다. 바운디드 컨텍스트는 독립적인 프로젝트/솔루션에서 구현되므로 각 바운디드 컨텍스트는 자체 개발 수명주기를 가질 수 있다. 마지막으로 바운디드 컨텍스트는 단일 개발 팀에서 구현해야 하므로 소유권의 경계이기도 하다.

3. D: 때에 따라 다르다. 모든 프로젝트와 사례에 적용되는 바운디드 컨텍스트의 완벽한 크기는 없다. 모델, 조직적 제약, 비기능적 요구사항과 같은 다양한 요인이 바운디드 컨텍스트의 최적 범위에 영향을 준다.

4. D: B와 C가 맞다. 바운디드 컨텍스트는 한 팀만 소유해야 한다. 한 팀이 동시에 여러 개의 바운디드 컨텍스트를 소유할 수 있다.

5. 티켓(ticket)의 수명주기를 구현하는 실시간 데이터 모델이 사기 탐지와 오토파일럿 기능에 사용되는 것과 다를 것이라고 가정하는 것이 안전하다. 사기 탐지 알고리즘에는 일반적으로 더 많은 분석 중심 모델링이 필요하지만, 오토파일럿 기능은 기계 학습 알고리즘과 함께 사용하도록 최적화된 모델을 사용할 가능성이 높다.

4장

1. D: 분리형 노선. 이 패턴은 여러 바운디드 컨텍스트에 중복된 기능 구현을 수반한다. 복잡성, 변동성, 그리고 비즈니스에서 중요한 비즈니스 로직의 중복은 반드시 피해야 한다.

2. A: 핵심 하위 도메인. 핵심 하위 도메인은 서비스 제공자가 공개한 효과적이지 못한 모델 또는 서비스 제공자의 퍼블릭 인터페이스의 잦은 변경으로부터 스스로를 보호하려 할 때 대부분 충돌 방지 계층을 활용할 것이다.

3. A: 핵심 하위 도메인. 핵심 하위 도메인은 대부분 오픈 호스트 서비스를 구현할 것이다. 공개된 언어인 퍼블릭 인터페이스로부터 구현 모델을 분리하는 것은 서비스 사용자 측에 영향을 주지 않고 핵심 하위 도메인을 발전시키는 데 더욱 편리하다.

4. B: 공유 커널. 공유 커널 패턴은 바운디드 컨텍스트의 단일 팀 소유 규칙에 대해서 예외다. 모델에서 작은 부분을 정의해서 공유하고 여러 바운디드 컨텍스트에서 동시에 발전시킨다. 이 같이 모델에서 공유된 부분은 항상 가능한 한 작게 유지해야 한다.

5장

1. C: 이러한 패턴 중 어느 것도 핵심 하위 도메인을 구현하는 데 사용할 수 없다. 트랜잭션 스크립트와 액티브 레코드는 모두 단순한 비즈니스 로직에 적합하지만, 핵심 하위 도메인은 더 복잡한 비즈니스 로직을 포함한다.

2. D: 위의 모든 문제가 가능하다.

   a. 6행 이후 실행이 실패하고 호출자가 작업을 재시도하고 FindLeastBusyAgent 메서드에 의해 같은 상담원이 선택되면 상담원의 활성 티켓 카운터가 1개 이상 증가한다.

   b. 6행 이후 실행이 실패했지만 호출자가 작업을 재시도하지 **않으면** 카운터가 증가하지만 티켓 자체는 생성되지 않는다.

   c. 12행 이후 실행이 실패하면 티켓이 생성되어 할당되지만 14행의 알림은 전송되지 않는다.

3. 12행 이후 실행이 실패하고 호출자가 작업을 재시도해서 성공하면 같은 티켓이 유지되고 두 번 할당된다.

4. 울프데스크의 모든 지원 하위 도메인은 비즈니스 로직이 비교적 간단하기 때문에 트랜잭션 스크립트 또는 액티브 레코드로 구현하기에 좋은 후보다.

   a. 입주사 티켓 카테고리 관리

   b. 고객이 지원 티켓을 열 수 있는 입주사의 제품 관리

   c. 입주사 지원 상담원의 근무 일정 입력

6장

1. C: 밸류 오브젝트는 불변이다. (또한 이것은 데이터와 동작을 동시에 담을 수 있다.)

2. B: 비즈니스 도메인의 데이터 일관성이 온전해야 하는 요건이라면 애그리게이트는 가능한 한 작게 설계해야 한다.

3. B: 올바른 트랜잭션 경계를 보장하기 위해

4. D: A와 C

5. B: 애그리게이트는 자신의 모든 비즈니스 로직을 묶지만 액티브 레코드를 사용하는 비즈니스 로직은 경계 밖에 있을 수 있다.

7장

1. A: 도메인 이벤트는 밸류 오브젝트를 사용하여 비즈니스 도메인에서 발생한 일을 설명한다.

2. C: 여러 상태 표현 방식을 가져올 수 있으며, 나중에 언제든지 추가로 가져올 수 있다.

3. D: B와 C 모두 맞다.

4. 티켓 수명주기 알고리즘은 이벤트 소싱 도메인 모델로 구현하기에 좋은 후보다. 모든 상태 전환에 대한 도메인 이벤트를 생성하면 사기 탐지 알고리즘과 지원 오토파일럿 기능에 최적화된 상태 표현을 더욱 편리하게 추출할 수 있다.

8장

1. D: A와 C

2. D: B와 C

3. C: 인프라스트럭처 계층

4. E: A와 D

5. CQRS 패턴에서 프로젝션된 여러 모델로 개발하는 것은 바운디드 컨텍스트의 단일 모델 경계에 대한 요건을 위반하지 않는다. 왜냐하면 모델 중 하나만 데이터의 원천으로 정의되고, 애그리게이트의 상태에서 변경에 사용되기 때문이다.

9장

1. D: B와 C

2. B: 안정적으로 메시지를 발행

3. 아웃박스 패턴은 외부 컴포넌트의 비동기 실행을 구현하는 데 사용할 수 있다. 예를 들어, 이메일 메시지를 보내는 데 사용할 수 있다.

4. E: A와 D가 맞다.

10장

1. 이벤트 소싱 도메인 모델, CQRS 아키텍처, 그리고 단위 테스트에 중점을 두는 테스팅 전략

2. 이 교대는 계층형 아키텍처 패턴에서 동작하는 액티브 레코드로 모델링할 수 있다. 테스트 전략은 통합 테스트에 우선적으로 집중해야 한다.

3. 비즈니스 로직은 계층형 아키텍처에 구성된 트랜잭션 스크립트로 구현될 수 있다. 테스트 관점에서 보면 전체 연동 흐름을 검증하는 엔드-투-엔드 테스트에 집중하는 것이 의미 있다.

11장

1. A: 파트너십에서 사용자-제공자로(순응주의자, 충돌 방지 계층, 오픈 호스트 서비스). 조직이 성장함에 따라 바운디드 컨텍스트를 임시방편식으로 통합하는 것은 더 어려워진다. 결과적으로 좀 더 공식적인 통합 패턴으로 전환한다.

2. D: A와 B. 중복으로 인한 비용이 공동 작업의 비용보다 낮을 때 바운디드 컨텍스트가 비협조적 분리로 진행되기 때문에 A가 맞다. C는 핵심 하위 도메인을 중복해서 구현하는 것은 끔찍한 생각이기 때문에 올바르지 않다. 결과적으로 지원 및 일반 하위 도메인은 비협조적 분리 패턴을 사용할 수 있기 때문에 B도 맞다.

3. D: B와 C

4. F: A와 C

5. 특정 성장 수준에 도달하면 울프데스크는 아마존의 발자취를 따라 자체 컴퓨팅 플랫폼을 구현하여 탄력적으로 확장하고 인프라 비용을 최적화하는 능력을 더욱 최적화할 수 있다.

12장

1. D: 탐구하려는 비즈니스 도메인에 대한 지식을 가진 모든 이해관계자

2. F: 모든 답은 이벤트스토밍 세션을 진행할 정당한 이유가 있다.

3. E: 모든 답은 이벤트스토밍 세션에서 가능한 결과다. 기대 결과는 세션을 진행하기 위해 초기에 설정한 목적에 달렸다.

13장

1. B: 조직의 비즈니스 도메인과 전략을 분석하라.

2. D: A와 B

3. C: A와 B

4. 전체 바운디드 컨텍스트에 걸쳐 경계가 있는 애그리게이트는 바운디드 컨텍스트의 모든 데이터를 하나의 큰 트랜잭션의 일부로 만들 수 있다. 이 접근 방식의 경우 성능 문제도 처음부터 분명하게 나타날 것이다. 이런 일이 발생하면 트랜잭션 경계가 제거된다. 결과적으로 애그리게이트에 있는 정보가 확실하게 일관성이 있다고 더는 가정하기 어렵다.

14장

1. A: 모든 마이크로서비스는 바운디드 컨텍스트다. (그러나 모든 바운디드 컨텍스트가 마이크로서비스인 것은 아니다.)

2. D: 서비스의 경계에 노출되고 자신의 퍼블릭 인터페이스에 반영된 비즈니스 도메인 지식과 그 복잡성이다.

3. C: 바운디드 컨텍스트(가장 넓은)와 마이크로서비스(가장 좁은) 사이의 경계

4. D: 의사결정은 비즈니스 도메인에 따라 달라진다.

15장

1. D: A와 B가 맞다.

2. B: 이벤트를 통한 상태 전송

3. A: 오픈 호스트 서비스

4. B: S1은 퍼블릭 이벤트 알림을 발행해야 하며, 이는 S2가 최신 정보를 얻기 위해 동기 요청을 보내도록 신호를 보낸다.

16장

1. D: A와 C가 맞다.

2. B: 오픈 호스트 서비스. 오픈 호스트 서비스로 노출되는 공표된 언어 중 하나는 분석 처리를 위한 최적화된 OLAP 데이터다.

3. C: CQRS. 트랜잭션 모델로부터 OLAP 모델의 프로젝션을 생성하는 데 CQRS 패턴을 사용할 수 있다.

4. A: 바운디드 컨텍스트

참고 문헌

Brandolini, A. (n.d.). *Introducing EventStorming*. Leanpub.

Brooks, F. P., Jr. (1974). *The Mythical Man Month and Other Essays on Software Engineering*. Reading, MA: Addison–Wesley.

Eisenhardt, K., & Sull, D. (2016). *Simple Rules: How to Succeed in a Complex World*. London: John Murray.

Esposito, D., & Saltarello, A. (2008). *Architecting Applications for the Enterprise: Microsoft® .NET*. Redmond, WA: Microsoft Press.

Evans, E. (2003). *Domain–Driven Design: Tackling Complexity in the Heart of Software*. Boston: Addison–Wesley.

Feathers, M. C. (2005). *Working Effectively with Legacy Code*. Upper Saddle River, NJ: Prentice Hall PTR.

Fowler, M. (2002). *Patterns of Enterprise Application Architecture*. Boston: Addison–Wesley.

Fowler, M. (2019). *Refactoring: Improving the Design of Existing Code* (2nd ed.). Boston: Addison–Wesley.

Fowler, M. (n.d.). *What do you mean by "Event–Driven"?* Retrieved August 12, 2021, from *https://martinfowler.com/articles/201701–event–driven.html*.

Gamma, E., Helm, R., & Johnson, R. (1994). *Design Patterns: Elements of Reusable Object–Oriented Software*. Reading, MA: Addison–Wesley.

Gigerenzer, G., Todd, P. M., & ABC Research Group (Research Group, Max Planck Institute, Germany). (1999). *Simple Heuristics That Make Us Smart*. New York: Oxford University Press.

Goldratt, E. M. (2005). *Beyond the Goal: Theory of Constraints*. New York: Gildan Audio.

Goldratt, E. M., & Goldratt-Ashlag, E. (2018). *The Choice*. Great Barrington, MA: North River Press Publishing Corporation.

Goldratt-Ashlag, E. (2010). "The Layers of Resistance—The Buy-In Process According to TOC." (Chapter 20 of the *Theory of Constraints* handbook.) Bedford, England: Goldratt Marketing Group.

Garcia-Molina, H., & Salem K. (1987). *Sagas*. Princeton, NJ: Department of Computer Science, Princeton University.

Helland, P. (2020). Data on the outside versus data on the inside. *Communications of the ACM, 63*(11), 111–118.

Hohpe, G., & Woolf, B. (2003). *Enterprise Integration Patterns: Designing, Building,and Deploying Messaging Solutions*. Boston: Addison-Wesley.

Khononov, V. (2022). *Balancing Coupling in Software Design*. Boston: Addison-Wesley.

Khononov, V. (2019). *What Is Domain-Driven Design?* Boston: O'Reilly.

Martraire, C. (2019). *Living Documentation: Continuous Knowledge Sharing by Design*. Boston: Addison-Wesley.

Millett, S., & Tune, N. (2015). *Patterns, Principles, and Practices of Domain-Driven Design* (1st ed.). Nashville: John Wiley & Sons.

Myers, G. J. (1978). *Composite/Structured Design*. New York: Van Nostrand Reinhold.

Ousterhout, J. (2018). *A Philosophy of Software Design*. Palo Alto, CA: Yaknyam Press

Richardson, C. (2019). *Microservice Patterns: With Examples in Java*. New York: Manning Publications.

Vernon, V. (2013). *Implementing Domain-Driven Design*. Boston: Addison-Wesley.

Vernon, V. (2016). *Domain-Driven Design Distilled*. Boston: Addison-Wesley.

West, G. (2018). *Scale: The Universal Laws of Life and Death in Organisms, Cities and Companies*. Oxford, England: Weidenfeld & Nicolson.

Wright, D., & Meadows, D. H. (2009). *Thinking in Systems: A Primer*. London: Earthscan.

저자 소개

블라드 코노노프

여러 규모의 회사에서 웹 마스터부터 최고 아키텍트까지 다양한 역할을 수행한 20년 이상의 경력을 가진 소프트웨어 엔지니어다. 블라드는 주요 미디어에서 연설자, 블로거, 그리고 저자로 활동하고 있다. 세계를 무대로 도메인 주도 설계, 마이크로서비스, 소프트웨어 아키텍처 전반에 대해 컨설팅과 강연을 한다. 블라드는 기업이 그 비즈니스 도메인을 이해하고 복잡한 아키텍처 문제를 다룰 수 있게 도움을 주고 있다. 그는 이스라엘 북부에서 아내와 고양이들과 함께 살고 있다.

옮긴이 소개

김민석 (옮긴이)

개발자로 시작해 소프트웨어 아키텍트, 플랫폼 엔지니어로 20년 이상 일하고 있다. 대규모 프로젝트에서 소프트웨어 수명주기와 관련된 방법론을 적용했고 소프트웨어 품질 개선을 위한 자동화 시스템 구축 및 성능 테스트 경험이 있다. 인터넷 기업에서 대규모 분산 캐시 시스템 구축에 참여했고 빅데이터 전문기업에서 대규모 데이터를 다루는 시스템 개발에도 참여했다. 피보탈 소프트웨어에서 클라우드 파운드리 플랫폼 아키텍트로 활동했고 현재는 VMware에서 클라우드 네이티브 아키텍트로서 고객이 쿠버네티스 플랫폼을 잘 활용하도록 돕고 있다. 옮긴 책으로 《마스터링 스프링 클라우드》(위키북스, 2018)와 《마이크로서비스 인 액션》(위키북스, 2019)이 있다.

오창윤 (옮긴이)

브이엠웨어 탄주 랩스(VMware Tanzu Labs)에서 아시아 태평양 지역의 주요 기업을 대상으로 컨설팅 서비스를 담당하고 있다. 또한 탄주 랩스 서울 오피스의 창립 멤버이며, 아시아 지역 최초로 VMware의 도메인 주도 설계 방법론인 스위프트(SWIFT)의 공인 강사이자 전문 퍼실리테이터로 임명되었다.

특히 애플리케이션 현대화, 애자일 팀 육성, 린 프로덕트 매니지먼트, 디지털 트랜스포메이션 분야에서 17년 이상의 글로벌 경험을 가지고 있는 전문가다. VMware 이전에는 한국씨티은행장이 후원하는 한국 씨티 이노베이션랩을 창립하여, 인공지능, 블록체인 등 신기술 기반의 디지털 혁신 프로그램을 총괄했다. 혁신적인 리더로서, 고객 중심 혁신과 창의적인 문제 해결을 통해 인력과 조직을 발전시키는 데 열정을 가지고 있다. 또한 기술, 핀테크 및 금융 국제 콘퍼런스와 포럼에서 기조연설자로 활동하고 있다.

표지 그림

이 책의 표지에 있는 동물은 서아프리카와 카리브해 제도의 열대우림에서 볼 수 있는 **모나원숭이**(Cercopithecus mona)로, 노예 무역 시대에 발견되었다. 모나원숭이는 균형을 잡기 위해 긴 꼬리를 사용하여 나무의 중간이나 꼭대기에서 뛸 수 있다

모나원숭이는 얼굴, 팔다리, 꼬리 주변에 진한 갈색 털이 있다. 다리 안쪽을 포함한 하체는 흰색이다. 암컷은 길이가 평균 40센티미터인 반면, 수컷은 평균 50센티미터 가량 된다. 그리고 꼬리 길이는 66센티미터 이상이다. 뺨에 있는 긴 털뭉치는 노란색이나 회색을 띠고 코는 약간 연한 분홍색을 띤다. 볼은 먹이를 구할 때 먹이를 담는 주머니 역할을 하며, 위가 담을 수 있는 만큼의 양을 담는다.

이 원숭이는 과일, 씨앗, 곤충, 나뭇잎을 먹고 야생에서 대략 30년을 산다. 매일 큰 무리를 지어 여러 번 먹이를 구한다. 40마리 이상의 무리도 기록되었는데, 보통 수컷이 무리를 지배하고 여러 암컷과 짝을 짓고 경쟁하는 수컷과 싸운다. 이런 무리는 매우 시끄러울 수 있다.

모나 원숭이는 인간의 활동으로 인해 준위협[1] 상태의 종으로 분류된다. 오라일리 표지의 수많은 동물들은 멸종 위기에 있다. 그것들 모두 세계에 중요하다.

표지 삽화는 카렌 몽고메리(Karen Montgomery)가 **라이데커(Lydekker)의** The Royal Natural History에 있는 흑백 판화를 바탕으로 그렸다.

---

1 (옮긴이) 아직 멸종 위기 상황은 아니지만 그렇게 될 확률이 점점 높아지고 있는 종

ㅈ - ㅎ